Crescendo.

Quaderno degli esercizi
e Manuale d'ascolto

Francesca Italiano
University of Southern California

Irene Marchegiani Jones
California State University at Long Beach

D. C. HEATH AND COMPANY
Lexington, Massachusetts   Toronto

Address editorial correspondence to

D. C. Heath and Company
125 Spring Street
Lexington, MA 02173

Published simultaneously in Canada.

Printed in the United States of America.

International Standard Book Number: 0–669–28776–8

10 9 8 7 6 5 4 3 2

Preface

The *Workbook/Laboratory Manual* is an integral part of the *Crescendo!* intermediate Italian program. Each of the fourteen chapters of the manual is based on the corresponding chapter in your textbook and contains the same grammatical structures and vocabulary. The manual is divided into two parts: *Quaderno degli esercizi* and *Manuale d'ascolto*.

Quaderno degli esercizi

The written work in the workbook section comprises both contextualized exercises designed to help you reinforce grammatical structures and vocabulary and open-ended activities that require you to use the structures and vocabulary in creative, meaningful ways. Several of the activities are based on illustrations and authentic documents, and all recycle and expand on the themes presented in your textbook. In each chapter, the exercises and activities follow the order of presentation of the textbook, and, within each section, they are arranged by progressive levels of difficulty. Headings indicate the grammatical structures being covered.

After every even-numbered chapter, the *Quaderno degli esercizi* also includes a cultural section entitled **Che cosa sappiamo degli italiani?** In each of these sections, you will find a cultural reading that is directly related to the themes covered in the chapters of your textbook. These readings are designed to provide you with the background information necessary to understand and appreciate the many facets of contemporary Italian culture. A **Verifichiamo** section with a variety of exercises to check different levels of reading comprehension follows each cultural reading.

Manuale d'ascolto

The activities of the laboratory manual section are designed to be done in conjunction with the *Crescendo! Cassette Program,* which provides approximately fourteen hours of materials recorded by native speakers of Italian. Each of the fourteen chapters is divided into two sections: **Strutture** and **Comprensione auditiva.**

The exercises and activities in the **Strutture** section reinforce correct pronunciation, encourage sound discrimination, and develop oral skills in conjunction with aural comprehension as they support the acquisition of grammatical structures. Here, you will find a selection of listening-and-speaking and listening-and-writing practice. The pages of your laboratory manual provide the direction lines, models, cues, illustrations, and writing lines for all of the **Strutture** exercises. Headings indicate the grammatical structures being covered.

The **Comprensione auditiva** section will help you improve your listening comprehension skills as you work with recordings that simulate real-life situations. A set of prelistening activities entitled **Prepariamoci ad ascoltare,** many of which are based on illustrations and authentic documents, will facilitate your understanding of the recordings by activating your background knowledge and previewing key vocabulary. In view of the preparatory function of the prelistening activities, we suggest that you complete them before you start listening to the recordings. Next, the **Strategie** section explains different strategies that you can utilize to become a more effective listener. Read this section carefully, and then practice the strategies as you listen to the recordings. Each **Comprensione auditiva** section ends with a set of activities entitled **Ascoltiamo.** These activities will verify your comprehension of the recordings and encourage you to listen for meaning by using the listening techniques of the **Strategie** section. As you work through the **Ascoltiamo** activities, feel free to stop the cassette to think about the meaning of the recordings or to rewind in order to listen to a recording more than once. Also, don't expect to understand every word you hear; focus instead on the general meaning of the recordings and make guesses based on their context. If you would like to listen to the cassettes at home or in your car, ask your laboratory director to make a copy of them. The *Cassette Program* is also available for student purchase.

Chiavi

The *Chiavi* section at the end of the manual provides answers to the written exercises and activities in the *Quaderno degli esercizi* section, including the **Che cosa sappiamo degli italiani?** readings, and the *Manuale d'ascolto* section. Whenever applicable, possible answers to open-ended activities in the *Workbook/Laboratory Manual* are also included.

Francesca Italiano
Irene Marchegiani Jones

Indice generale

Quaderno degli esercizi

1

Manuale d'ascolto

167

Chiavi

Quaderno degli esercizi

L'individuo e la famiglia

Strutture

L'articolo determinativo

A. Rosanna descrive gli zii della sua amica Claudia. Completa il brano seguente con la forma corretta dell'articolo determinativo. Indica con una X quando l'articolo non è necessario.

1. _____ zio di Claudia è molto ricco e molto intelligente. **2.** Parla molte lingue, anche _____ tedesco. **3.** Passa _____ estate in Germania, _____ inverno in Spagna e _____ primavera in Italia. **4.** Odia _____ freddo. **5.** Preferisce _____ caldo. **6.** _____ moglie dello zio di Claudia apprezza _____ intelligenza del marito. **7.** Anche lei studia _____ lingue straniere. **8.** Passa _____ giornate in biblioteca. **9.** Anche lei ama _____ Europa.

B. Rosanna descrive i nonni di Claudia. Completa il brano seguente con la forma corretta dell'articolo determinativo.

1. _____ nonni di Claudia vivono in America. **2.** _____ signor Tondini e _____ signora Tondini hanno quattro figli. **3.** _____ lunedì e _____ giovedì fanno sempre una visita ai figli e giocano con _____ nipoti. **4.** Qualche volta portano _____ bambini al parco. **5.** _____ sabato e _____ domenica fanno spesso gite in montagna. **6.** Si mettono _____ scarponi da montagna e fanno belle passeggiate. **7.** _____ mesi e _____ anni passano per loro serenamente.

C. Rosanna descrive i genitori di Claudia. Completa il brano seguente con la forma corretta dell'articolo determinativo. Indica con una X quando l'articolo non è necessario.

1. _____ genitori di Claudia sono molto raffinati e colti. **2.** _____ loro casa è molto bella.
3. _____ madre di Claudia insegna _____ matematica in un liceo della città. **4.** Lei è una bella signora. Ha _____ occhi blu e _____ capelli neri. **5.** _____ suo marito lavora in una grande azienda (*company*). **6.** _____ azienda non è molto lontano dalla loro casa. **7.** Lui è un

bell'uomo. Ha _____ carnagione scura e porta _____ occhiali. 8. _____ Claudia è proprio

fortunata. 9. _____ sua famiglia è veramente eccezionale. 10. A volte _____ domenica io e

_____ mia madre facciamo una visita a Claudia e ai suoi genitori.

I nomi

A. Completa il modulo seguente.

I MIEI DATI PERSONALI

☐ Signore   ☐ Signora   ☐ Coniugato/a   ☐ Celibe/Nubile

Nome _____

Cognome _____

Il mio indirizzo è

CAP _____ Città _____

Prov. _____ Tel. (_____) _____ Abito qui dal (anno) _____

☐ Casa di proprietà   ☐ Casa in affitto

Comune di nascita _____

Data di nascita ⌶⌶⌶ ⌶⌶⌶ ⌶⌶⌶

Nazionalità _____

B. Giulia è una ragazza molto disordinata. Si fa sempre prestare (*borrows*) qualcosa dagli amici, ma non ha l'abitudine di restituire le cose prese in prestito. Oggi decide di fare un po' di ordine nella sua stanza e trova molti oggetti che non sono suoi. Completa le seguenti frasi con la forma corretta dell'articolo determinativo e poi cambia le frasi al plurale.

    ESEMPIO: Ecco **il** quaderno di Giorgio.

                     Ecco i quaderni di Giorgio.

1. Questa è _____ borsa di Luisa.

    _____

2. Ecco _____ orologio di Mario.

    _____

3. Ecco _____ rossetto di Luisa.

    _____

4. Questo è _____ zaino di Gianni.

    _____

5. Ecco _____ chiave della macchina di Carlo.

_____

6. Questa è _____ agenda di Marta.

_____

7. Questo è _____ orecchino di Rosalba.

_____

8. Ed ecco _____ golf di Pietro.

_____

9. Questo è _____ maglione di Luca.

_____

10. Questa è _____ giacca a vento di Alba.

_____

C. Il marito della signora Biagini non ci vede bene per niente e rifiuta di portare gli occhiali. Spesso scambia (*he mistakes*) le persone e la moglie lo deve correggere. Completa le seguenti frasi con la forma corretta dell'articolo determinativo e poi correggi le affermazioni del signor Biagini dando il genere opposto del nome e facendo i cambiamenti necessari.

    ESEMPIO: Ecco **il** fratello di Luigi.

                No, è la sorella di Luigi.

1. Ecco _____ madre di Roberto.

_____

2. Ecco _____ professoressa di Paolo.

_____

3. Ecco _____ giornalista americano.

_____

4. Ecco _____ scrittore di questo best seller.

_____

5. Ecco _____ autore di quel bel romanzo.

_____

6. Ecco _____ poeta che ha scritto quelle famose rime.

_____

7. Ecco _____ direttrice del reparto (*department*).

_____

8. Ecco _____ moglie del nostro vicino.

_____

9. Ecco _____ collega tedesca di Franca.

_____

10. Ecco _____ famoso protagonista di quel nuovo telefilm.

_____

11. Ecco _____ cugino di Pietro.

_____

12. Ecco _____ psicologo di Serena.

_____

13. Ecco _____ bravissima musicista della Scala.

_____

Gli aggettivi

A. Il signor Luchini e la moglie discutono dei loro figli. La moglie contraddice tutto quello che il marito afferma. Riscrivi le frasi usando aggettivi opposti a quelli dati.

ESEMPIO: Lorenzo è debole.

No, Lorenzo è forte.

1. Lorenzo è disinvolto.

_____

2. Ilaria è dinamica e generosa.

_____

3. Matteo e Stefano sono estroversi.

_____

4. Ilaria è bassa e grassa.

_____

5. Lorenzo ha i capelli lunghi e ondulati.

_____

6. Stefano è ottimista.

   _____

7. Ilaria è altruista.

   _____

B. La signora Luchini e la signora Settembrini discutono dei pregi e difetti dei loro vicini. Completa le seguenti frasi con la forma corretta dell'articolo determinativo e poi cambia le frasi al plurale.

1. _____ psicologo è sposato. Porta sempre una giacca larga e nera.

   _____

   _____

   _____

2. _____ dottoressa non è sposata; è nubile. È socievole, simpatica ed energica. Ha una bici

   rossa.

   _____

   _____

   _____

3. _____ giornalista vive da solo. È un uomo introverso e poco loquace. Porta sempre un vestito

   blu e una camicia beige.

   _____

   _____

   _____

4. _____ avvocato è ambizioso e sempre molto stanco. Guida un'auto vecchia. Anche la moglie

   lavora.

   _____

   _____

   _____

5. _____ dentista è giovane e brava. Ha un figlio simpatico, gentile e altruista.

   _____

   _____

   _____

6. _____ farmacista è ostinato. Porta sempre il camice bianco.

_____

_____

_____

7. _____ medico è tedesco. È paziente. Ha un magnifico cuoco francese.

_____

_____

_____

C. La signora Luzi è una signora vanitosa e orgogliosa. Le piace sempre vantarsi delle sue cose e di quelle della sua famiglia. Completa il seguente brano con la forma corretta dell'aggettivo bello, buono o santo.

Vivo in un _____ (1.) appartamento nel centro di una _____ (2.)

città. L'altro giorno ho comprato un _____ (3.) tavolino di vetro e dei

_____ (4.) mobili antichi. Ho anche comprato una _____ (5.)

auto di un _____ (6.) colore metallizzato.

Ho una _____ (7.) famiglia. Mio figlio ha due _____ (8.)

bambini. I suoi figli sono _____ (9.) ed educati. Mio figlio e la sua famiglia

vivono in un _____ (10.) quartiere della città. Mio figlio ha un

_____ (11.) amico che vive lì vicino. Anche la moglie di mio figlio ha una

_____ (12.) amica che abita vicino casa. È una _____ (13.)

signora ed una _____ (14.) vicina. La moglie di mio figlio porta sempre abiti

_____ (15.) ed eleganti. Mio figlio le ha appena comprato un

_____ (16.) orologio e _____ (17.) orecchini d'oro. L'anno

scorso per la festa di _____ (18.) Giovanni sono andati a Firenze. Quest'anno

vanno a Padova per la festa di _____ (19.) Antonio. Io invece voglio andare

alla festa di _____ (20.) Stefano.

D. Il signor Pallavicini è un uomo superbo (_conceited_) che ama parlare delle origini aristocratiche della sua famiglia. Completa le seguenti frasi con la forma corretta dell'aggettivo grande.

1. Io provengo da una _____ e nobile famiglia.

2. I miei genitori sono nati in un _____ palazzo signorile.

3. Il palazzo aveva più di cento _____ stanze.

4. Il palazzo era situato nel mezzo di un _____ parco.

5. La sorella più _____ di mio nonno era una _____ bella

   donna, corteggiata dai nobili delle famiglie più _____ d'Europa.

6. Lei fece un _____ errore.

7. Sposò un uomo povero e causò un _____ scandalo.

8. Mia nonna era di statura _____ .

9. Aveva _____ occhi neri.

10. Mio nonno era un _____ uomo.

11. Frequentava i più _____ salotti d'Europa.

Gli aggettivi e i pronomi possessivi

A. Il signor Rinaldi è un padre autoritario. Vuole sapere tutto dei suoi figli e fa sempre molte domande. Completa le domande e le risposte seguenti con la forma corretta dell'aggettivo possessivo.

1. —Giuseppe, dov'è _____ cartella?

   —_____ cartella è sul tavolo.

2. —Marta, a che ora arrivano _____ amici?

   —_____ amici arrivano alle sette.

3. —Ragazzi, dov'è _____ madre?

   —_____ madre è in centro.

4. —Luisa, dov'è _____ fratello?

   —_____ fratello non è ancora arrivato.

5. —Giuseppe, dove vai questa sera?

   —Papà, sono affari _____ .

6. —Luisa, dove hai messo _____ scarpe da tennis?

   —_____ scarpe da tennis sono sotto il letto.

7. —Luisa, dove sono i libri di Marta e Giuseppe?

   —_____ libri sono sul tavolo.

8. —Giuseppe, quando partono _____ cugini?

   —_____ cugini partono domani.

9. —Luisa e Giuseppe, questi libri sono _____ ?

—Sì, questi libri sono _____ .

B. Arianna ha l'abitudine di mettersi i vestiti della mamma. La signora Anselmi vuole sapere dove la figlia ha messo le sue cose. Completa le seguenti frasi con la forma corretta dell'aggettivo o del pronome possessivo.

ESEMPIO: Questa borsa è __tua__ . Dov'è **la mia** ?

1. Queste scarpe nere sono _____ . Dove sono _____ ?

2. Ecco _____ camicia bianca. Dov'è _____ ?

3. Questi sono _____ pantaloni. Dove sono _____ ?

4. Ecco _____ vestaglia rosa! Dov'è _____ ?

5. Questo è _____ pigiama! Dov'è _____ ?

6. Ecco _____ pettine e _____ spazzola. Dove sono

_____ ?

I verbi essere e avere

Gianni telefona al suo amico Ezio. Completa il seguente dialogo con la forma corretta del verbo **essere** o **avere**.

GIANNI: Ezio, _____ (1.) fame? Vuoi uscire?

EZIO: No, _____ (2.) stanco, _____ (3.) sonno e

_____ (4.) solo voglia di dormire. Telefona a Cinzia e Ambra. Loro

_____ (5.) sempre pronte ad uscire.

GIANNI: Tu _____ (6.) il loro numero di telefono?

EZIO: No, però il numero _____ (7.) sull'elenco telefonico.

GIANNI: Sai se Ambra e Cinzia _____ (8.) la macchina?

EZIO: Perché, tu e tuo fratello _____ (9.) bisogno della macchina?

GIANNI: Sì, io _____ (10.) senza macchina. Io e mio fratello

_____ (11.) la nostra dal meccanico.

EZIO: Io _____ (12.) paura di non poterti aiutare.

La vita di tutti i giorni e i rapporti con gli altri

Strutture

I pronomi personali soggetto

A. La signora Borelli descrive i caratteri diversi e le abitudini dei suoi familiari. Completa il seguente brano con la forma corretta del pronome personale soggetto.

Tutti nella mia famiglia hanno caratteri diversi. _____ (**1.**) sono un tipo estemporaneo ed impulsivo. Mio marito invece preferisce una vita regolata e tranquilla. _____ (**2.**) ama la routine. _____ (**3.**) al contrario detesto tutto quello che è ripetitivo. Infatti _____ (**4.**) non andiamo per niente d'accordo quando si tratta di organizzare una giornata speciale. Mia figlia è simile al padre. Anche _____ (**5.**) è abitudinaria. Mio figlio, invece, è come me. Neanche _____ (**6.**) ama la monotonia. Infatti, non vanno mai d'accordo nemmeno _____ (**7.**).

    Spesso la domenica mio marito mi dice:— _____ (**8.**) resto a casa, che cosa fate _____ (**9.**) e i ragazzi?—Mia figlia risponde sempre:—Neanch'_____ (**10.**) esco oggi. — _____ (**11.**) e mio figlio, invece, diciamo:— _____ (**12.**) usciamo, _____ (**13.**) potete anche restare a casa da soli.

B. Parla di alcuni tuoi amici. Descrivi il loro carattere e le loro abitudini. Usa i pronomi personali soggetto.

_____

_____

_____

_____

_____

_____

_____

Il presente indicativo

A. Fabrizio e Claudio discutono delle abitudini del loro amico Paolo. Completa il seguente brano con la forma corretta del presente indicativo.

Paolo _____ (**1.** lavorare) otto ore al giorno. Tutti i giorni (lui)

_____ (**2.** prendere) l'autobus per andare in centro. I suoi amici lo

_____ (**3.** aspettare) ogni mattina al solito bar. (Loro) _____ (**4.**

prendere) un caffè insieme e poi _____ (**5.** scambiare) due chiacchiere.

Quando Paolo _____ (**6.** arrivare) in ufficio, _____ (**7.**

salutare) i colleghi, _____ (**8.** rispondere) ad alcune lettere e

_____ (**9.** scrivere) molte circolari (*memos*). Lui _____ (**10.**

pranzare) sempre allo stesso bar. A mezzogiorno _____ (**11.** preferire)

mangiare solo un panino. Paolo _____ (**12.** rientrare) sempre presto la

sera.

B. Fabio è un giovane studente universitario. È molto attivo ed energico. Leggi come passa una tipica giornata e completa il brano con la forma corretta del presente indicativo.

Fabio _____ (**1.** uscire) di casa ogni mattina alle sette.

_____ (**2.** Salire) in macchina e _____ (**3.** andare)

in palestra. Quando _____ (**4.** arrivare) in palestra,

_____ (**5.** prendere) il borsone e _____ (**6.** scendere)

dalla macchina. Gli amici gli _____ (**7.** chiedere) sempre:—Fabio, come

_____ (**8.** andare) gli studi? Tu non _____ (**9.** avere)

lezioni oggi?—Fabio _____ (**10.** dire):—Appena (io)

_____ (**11.** finire) qui, _____ (**12.** andare) all'univer-

sità.—Fabio _____ (**13.** sollevare) pesi per più di un'ora e poi

_____ (**14.** fare) una doccia. Alle dieci _____ (**15.** es-

sere) nel suo bar preferito. Il cameriere lo _____ (**16.** conoscere) da molto

tempo e gli _____ (**17.** dare) sempre un cappuccino. Fabio

_____ (**18.** sorridere) e lo _____ (**19.** ringraziare).

C. Sandro è uno studente universitario che preferisce una vita tranquilla. Completa il seguente brano con la forma corretta del presente indicativo.

Sandro non _____ (**1.** amare) lo sport. La mattina

_____ (**2.** rimanere) a casa e qualche volta _____ (**3.**

telefonare) a sua madre. Lei gli _____ (**4.** domandare) sempre:—Sandro,

che cosa _____ (**5.** fare) oggi?—Sandro di solito _____

(**6.** dire):—Io e Carlo _____ (**7.** andare) all'università.

_____ (**8.** Dovere) studiare molto. Dopo cena poi, Carlo

_____ (**9.** venire) a trovarmi. Noi _____ (**10.** uscire)

insieme e _____ (**11.** fare) una passeggiata. Come tu

_____ (**12.** vedere), noi _____ (**13.** condurre) una vita

molto tranquilla. Che cosa _____ (**14.** fare) tu e papà stasera?—La madre

spesso _____ (**15.** aggiungere):—Niente di speciale. Tuo padre la sera

non _____ (**16.** volere) uscire quasi mai. Io _____ (**17.**

tradurre) alcuni articoli di medicina dall'inglese. Io _____ (**18.** supporre)

che anche stasera sarà una serata come le altre.

D. Una giornalista intervista una diva del cinema e le fa domande riguardo alla sua vita giornaliera. Completa il seguente dialogo con la forma corretta del presente indicativo.

GIORNALISTA: Da quanto tempo _____ (**1.** abitare) a Roma, Lei?

DIVA: Da pochi mesi. La mia famiglia _____ (**2.** vivere) ancora a Milano.

I miei figli _____ (**3.** venire) a trovarmi ogni fine settimana.

GIORNALISTA: Lei _____ (**4.** sentire) la loro mancanza?

DIVA: Sì, io _____ (**5.** soffrire) molto quando loro _____ (**6.**

essere) lontani.

GIORNALISTA: Voi _____ (**7.** riuscire) a passare molto tempo insieme durante il

week-end?

DIVA: Sì, quando loro _____ (**8.** arrivare) a Roma, io non

_____ (**9.** uscire) di casa. Noi _____ (**10.** giocare)

insieme tutto il giorno. Loro mi _____ (**11.** costringere) a fare i giochi

più infantili. Io _____ (**12.** obbedire) sempre perché

_____ (**13.** sapere) che i figli _____ (**14.** crescere)

troppo in fretta.

GIORNALISTA: Che cosa _____ (15. fare) Lei durante la settimana?

DIVA: Durante la settimana a volte la sera _____ (16. rimanere) a casa.

Generalmente (io) _____ (17. dovere) studiare i copioni (*scripts*).

Qualche volta invece _____ (18. raggiungere) un amico in piazza.

Noi _____ (19. scegliere) quasi sempre lo stesso bar e

_____ (20. bere) un aperitivo insieme. A volte noi

_____ (21. andare) in qualche piccola trattoria che i miei amici

_____ (22. conoscere).

E. Da' un nome ad ogni persona del disegno e descrivi che cosa fa.

1. _____

_____

_____

2. _____

_____

_____

3. _____

_____

_____

4. _____

_____

_____

Il presente indicativo dei verbi riflessivi

A. Gianni Pauletta, un giovane professionista, descrive le sue abitudini giornaliere. Completa il seguente brano con la forma corretta del presente indicativo.

La mattina generalmente _____ (**1.** svegliarsi) alle sei e mezza.

_____ (**2.** Alzarsi) poco dopo, _____ (**3.** farsi) la

doccia e poi _____ (**4.** asciugarsi). Dopo _____ (**5.**

radersi) attentamente, _____ (**6.** spruzzarsi) con il dopobarba e

_____ (**7.** spazzolarsi) i capelli. Infine _____ (**8.** met-

tersi) i pantaloni e una camicia e _____ (**9.** andare) in cucina dove

_____ (**10.** prepararsi) il caffè. Poi _____ (**11.** lavarsi)

i denti, _____ (**12.** guardarsi) allo specchio, _____ (**13.** pettinarsi) e

_____ (**14.** uscire) di casa.

B. La signora Domenichini descrive come si preparano i suoi figli ogni mattina. Completa il seguente brano con la forma corretta del presente indicativo.

Giulia e Carla _____ (**1.** alzarsi) tardi. Roberto, invece,

_____ (**2.** svegliarsi) molto presto. La mattina di solito loro

_____ (**3.** bisticciarsi) per l'uso del bagno. Giulia

_____ (**4.** dire) sempre: —Roberto, perché non _____ (**5.**

sbrigarsi)? Anche noi _____ (**6.** dovere) usare il bagno. —Roberto, invece,

_____ (**7.** passare) molto tempo in bagno. _____ (**8.**

Pettinarsi) i capelli con molta cura. Poi _____ (**9.** lavarsi) i denti con lo

spazzolino e il dentifricio. Alla fine _____ (**10.** togliersi) il pigiama e

_____ (**11.** vestirsi). Le mie figlie _____ (**12.** arrab-

biarsi) perché _____ (**13.** avere) sempre fretta. Giulia

_____ (**14.** mettersi) davanti allo specchio e _____ (**15.**

truccarsi). Carla _____ (**16.** specchiarsi) e _____ (**17.**

infilarsi) in fretta un vestito. I miei figli di rado (*rarely*) _____ (**18.** fare)

colazione a casa. Generalmente _____ (**19.** fermarsi) a un bar.

C. La signora Domenichini descrive come passa le sue giornate. Completa il seguente brano con la forma corretta del presente indicativo.

Dopo che i miei figli e mio marito _____ (**1.** uscire) di casa, io

_____ (**2.** sedersi) al tavolo di cucina e _____ (**3.**

riposarsi) qualche minuto. _____ (**4.** Distrarsi) a leggere il giornale. Non

_____ (**5.** annoiarsi) mai. Presto _____ (**6.** mettersi) a

riordinare la casa, _____ (**7.** sciacquare) le tazzine del caffè e

_____ (**8.** rifare) i letti. Qualche volta io e i miei amici

_____ (**9.** telefonarsi) e noi _____ (**10.** raccontarsi)

tante cose. I miei figli e mio marito _____ (**11.** tornare) a casa all'ora di

pranzo. Il pomeriggio noi _____ (**12.** rilassarsi). Io

_____ (**13.** sdraiarsi) sul letto con un libro mentre mio marito

_____ (**14.** coricarsi) sul divano e qualche volta _____ (**15.**

addormentarsi) davanti alla televisione. Mio figlio _____ (**16.** giocare) a

calcio con i compagni e qualche volta _____ (**17.** allenarsi) in palestra.

Anche le mie figlie _____ (**18.** fare) dello sport e _____ (**19.**

mantenersi) in forma.

D. Per ognuna delle seguenti situazioni indica almeno quattro cose che le persone fanno per prepararsi.

1. Giovanna va a conoscere per la prima volta i genitori del suo fidanzato.

_____

_____

_____

_____

2. Il signor Poli parte per l'Australia per un mese di lavoro.

_____

_____

_____

_____

3. I signori Tommasini vanno ad un ricevimento all'ambasciata americana a Roma.

_____

_____

_____

_____

E. Descrivi le persone del disegno. Immagina chi sono. Cosa fa ognuno di loro? Quali effetti personali usa?

1. _____

_____

_____

2. _____

_____

_____

3. _____

_____

F. Descrivi la tua routine giornaliera e quella delle altre persone che abitano con te. A che ora vi svegliate? Che cosa fate ogni mattina prima di uscire di casa? Come passate la giornata? Cosa fate la sera?

_____

_____

_____

_____

_____

_____

_____

_____

_____

_____

Le preposizioni

A. Giuliana descrive le sue giornate. Completa il seguente brano con la forma corretta della preposizione semplice o articolata solo quando è necessaria.

1. Ogni giorno io esco _____ ufficio _____ cinque di sera. **2.** Incontro i miei amici _____ un bar vicino _____ centro. **3.** I miei amici mi accompagnano _____ casa _____ macchina. **4.** Abito _____ campagna _____ miei genitori. **5.** La sera guardo il telegiornale _____ televisione e leggo le ultime notizie _____ giornale.

B. Il signor Marini insegna in una scuola elementare. Descrive la sua classe e una sua giornata tipica. Completa le frasi con la forma corretta della preposizione semplice o articolata solo quando è necessaria.

1. Entro _____ classe ogni giorno _____ otto. **2.** Metto i libri _____ cattedra e scrivo il compito _____ lavagna. **3.** Gli alunni (*students*) prendono una matita _____ cartella e scrivono i compiti _____ quaderni. **4.** Ogni giorno faccio molte domande _____ alunni. **5.** La lezione finisce _____ una e mezzo. **6.** Gli alunni salgono _____ autobus e vanno _____ casa.

L'articolo indeterminativo

Luigi parla della famiglia di Rosalba. Completa il seguente brano con la forma corretta dell'articolo indeterminativo solo quando è necessario. Indica con una X quando l'articolo non è necessario.

1. Rosalba ha _____ famiglia eccezionale. **2.** Il padre di Rosalba è _____ artista famoso. **3.** Lui ha _____ studio vicino casa. **4.** L'anno scorso ha vinto _____ premio molto importante. **5.** La madre è _____ professoressa. **6.** Insegna in _____ scuola privata. **7.** La sorella di Rosalba ha _____ laurea in Lingue e Letterature Straniere. **8.** Lavora per _____ giornale francese. **9.** Il fratello di Rosalba, invece, è _____ bravo pianista. **10.** Suona in _____ orchestra.

I giorni della settimana

Immagina di essere il segretario o la segretaria del Presidente degli Stati Uniti. Spiega che cosa fa il Presidente i seguenti giorni e da' l'equivalente in italiano delle parole in corsivo.

1. _____ (*On Mondays*) il Presidente rimane sempre in ufficio fino a tardi.

2. _____ (*On Tuesdays and Wednesdays*) incontra i suoi ministri.   3. Questa settimana, _____ (*Thursday*) ha un appuntamento con l'ambasciatore italiano e _____ (*Friday*) ha una riunione importante alla Casa Bianca.   4. Questa _____ (*Sunday*) vuole stare con la sua famiglia, però _____ (*Saturday*) deve fare un breve viaggio.   5. Generalmente passa _____ (*Saturdays*) da solo, e _____ (*Sundays*) con la famiglia.

Che cosa sappiamo degli italiani?

1

Lo stato della famiglia italiana

Negli ultimi anni la famiglia italiana è notevolmente cambiata, anche se resta alla base della società. I vincoli° familiari infatti sono sempre molto importanti, e servono a dare l'appoggio° e l'assistenza che le istituzioni pubbliche non riescono sempre ad offrire.

Fino all'inizio di questo secolo, prima dello sviluppo industriale, la società italiana era prevalentemente agricola e una famiglia numerosa aveva una funzione economica precisa. I figli erano importanti sia per il lavoro nei campi che come sostegno dei genitori nella vecchiaia. I rapporti familiari erano estesi, infatti spesso almeno tre generazioni abitavano insieme: nonni, figli e nipoti. Lo stesso modello della famiglia contadina si ripeteva, con le debite° differenze, nelle altre classi sociali, operaie° o medio-borghesi.

L'urbanizzazione e l'avvento della società più largamente industrializzata sono intervenuti, tra gli altri fattori, a cambiare la struttura della famiglia. Spesso, cercando lavoro in città, o trasferendosi° da una città ad un'altra, la coppia si è allontanata dalla famiglia d'origine, creando così un nucleo familiare molto più ristretto°. Anche vivendo nella stessa città, poi, le giovani coppie scelgono di abitare per conto proprio, lontano dai genitori. Da una struttura di tipo piccolo patriarcale si è quindi passati alla famiglia mononucleare. È perciò mutata° anche la nozione di coppia e la funzione tradizionale del capofamiglia°. Egli infatti non è più il solo e incontestato padrone e signore di numerosi familiari più o meno sottoposti a lui e dipendenti dalle sue decisioni.

Inserendosi° nel mondo urbano, anche le donne hanno iniziato a lavorare nell'industria, lentamente affermandosi° a tutti i livelli. Infatti per la famiglia mononucleare che vive in città e non ha più l'appoggio dei genitori e degli altri parenti, è spesso necessario che lavori non solo l'uomo, ma anche la donna. Da qui il diverso ruolo della donna, sia all'interno della famiglia che nella società. Un tempo la sua funzione era di vivere principalmente come madre, figlia, sorella e moglie, sempre in relazione all'uomo. Oggi invece sono sempre più numerosi i rapporti° di coppia basati sulla completa parità° fra l'uomo e la donna. Sono quindi cambiate anche le mete° fondamentali delle donne: il desiderio principale della maggior parte di esse oggi non è più solo quello di formarsi una famiglia, ma è anche soprattutto quello di raggiungere° un elevato livello culturale e indipendenza e soddisfazioni nel campo del lavoro.

Glossa (margine):
- ties
- support
- due, appropriate
- working-class
- moving
- smaller
- changed
- head of the family
- Becoming a part
- becoming successful
- relationships
- equality
- goals
- achieve

Le donne che lavorano, comunque, in Italia, in caso di maternità, hanno diritti° molto avanzati, anche rispetto agli altri paesi europei: infatti possono rimanere a casa diversi mesi e conservare sia lo stipendio che il posto di lavoro. Nonostante questo, però, in
45 Italia è diminuito notevolmente il numero delle nascite°, infatti per ora la media è al di sotto di° due figli per famiglia e la crescita demografica è zero.

Oggi poi le coppie non si sposano necessariamente per formarsi una famiglia e avere figli, ma piuttosto° per una convivenza
50 basata sull'amore e sulla solidarietà reciproca.

A cambiare la struttura familiare di un tempo hanno contribuito soprattutto leggi come quella del 1970 sul divorzio, quella del 1977 che legalizza l'aborto e quella del 1975 che ha sancito° la parità completa tra moglie e marito da un punto di vista legale,
55 abolendo il secolare° concetto dell'uomo come capofamiglia. I coniugi hanno quindi gli stessi diritti e doveri° sia l'uno verso l'altro che verso i figli.

rights

births
al... lower than

rather

sanctioned

old
duties

Verifichiamo

In base alle informazioni lette, rispondi alle seguenti domande.

1. Come è cambiata la struttura della famiglia italiana negli ultimi anni?

_____

_____

_____

_____

_____

2. Qual era il ruolo del capofamiglia nella famiglia tradizionale? E qual era quello della donna?

_____

_____

_____

_____

_____

3. Come è cambiato il ruolo del capofamiglia negli ultimi anni? E quello della donna?

_____

_____

_____

_____

_____

4. Quali sono alcuni dei cambiamenti sociali ed economici che hanno contribuito a modificare la struttura della famiglia?

_____

_____

_____

_____

_____

5. Parla dell'istituzione del matrimonio e della famiglia nella tua società. Come sono cambiate queste due istituzioni negli ultimi anni?

_____

_____

_____

_____

_____

Capitolo

I giovani e il tempo libero

Strutture

Il passato prossimo

A. Alcuni giovani parlano di quello che hanno fatto ieri sera. Completa il seguente dialogo con la forma corretta del passato prossimo.

RENATA: Dove _____ (**1.** andare) tu e Giovanni ieri sera?

FRANCESCO: Noi _____ (**2.** restare) a casa con la mia famiglia. Tu

_____ (**3.** uscire)?

RENATA: Sì, _____ (**4.** incontrare) Raffaella in pizzeria e noi

_____ (**5.** mangiare) una pizza insieme.

PAOLA: Giulio, a che ora _____ (**6.** tornare) a casa ieri sera?

GIULIO: _____ (**7.** rientrare) molto tardi. _____ (**8.** ballare)

tutta la notte. Paola, _____ (**9.** vedere) Giuseppe?

PAOLA: Sì, io e Giuseppe _____ (**10.** andare) al cinema.

_____ (**11.** vedere) un bel film francese. Dopo

_____ (**12.** cenare) e poi _____ (**13.** ritornare) a

casa mia.

FABIO: Laura, _____ (**14.** andare) in discoteca ieri sera?

LAURA: Sì, e anche Sara _____ (**15.** venire) con me. Il suo ragazzo

_____ (**16.** partire) la settimana scorsa per la Francia. Noi

_____ (**17.** ascoltare) la musica e _____ (**18.** par-

lare) con alcuni ragazzi molto simpatici.

B. Federico ha detto alla madre che avrebbe passato il week-end a casa di un amico per studiare. Lunedì mattina la madre trova questi biglietti nella tasca (*pocket*) dei pantaloni del figlio. Basandoti sui biglietti, ricostruisci il week-end di Federico. Dov'è andato sabato? È andato da solo? A che ora? Che cosa ha fatto? E domenica, dov'è andato? Che cosa ha fatto? Quanto ha speso in tutto?

_____

_____

_____

_____

_____

_____

_____

_____

_____

_____

_____

C. Rita racconta come sua sorella e suo fratello si sono preparati per una gita al mare che hanno fatto il week-end scorso. Completa il brano che segue con la forma corretta del passato prossimo di uno dei seguenti verbi.

vestirsi   lavarsi   svegliarsi   pettinarsi

farsi   togliersi   alzarsi   mettersi

1. Renata _____ molto presto. **2.** _____ il pigiama.

3. _____ la doccia. **4.** Poi _____ il costume nuovo.

5. _____ con molta cura. **6.** Franco _____ alle dieci.

7. Lui _____ la faccia, le mani e i denti. **8.** Poi _____ .

D. Michele è un ragazzo molto curioso e vuole sempre sapere tutto di tutti. Lunedì mattina vuole sapere come i suoi amici hanno passato il week-end, e fa loro delle domande per cercare di scoprire cosa hanno fatto. Per ogni attività della lista, immagina almeno quattro domande che Michele fa agli amici per indovinare dove sono stati.

sciare	giocare a pallacanestro	andare all'opera
fare la vela	andare a cavallo	pattinare

_____

_____

_____

_____

_____

_____

_____

_____

_____

_____

_____

E. La signora Giusti racconta come i suoi familiari hanno passato la serata. Completa il seguente brano con la forma corretta del passato prossimo.

Mio marito è un tipo sedentario. Ieri sera _____ (1. rimanere) a casa.

_____ (2. stendersi) sul divano e _____ (3. leggere) il

giornale. Mia figlia _____ (4. ritrovarsi) in discoteca con alcuni amici che

_____ (5. conoscere) al mare. I miei figli maschi non

_____ (6. muoversi) di casa. Loro _____ (7. sedersi)

sul divano e _____ (8. accendere) la televisione. _____ (9.

Guardare) un film comico e _____ (10. ridere) molto. Insomma

_____ (11. divertirsi).

Io _____ (12. offrire) del gelato ai miei figli e poi _____ (13.

mettersi) a scrivere nel mio studio. _____ (14. Scrivere) due lunghe lettere

e poi _____ (15. spegnere) la luce, _____ (16. andare)

a letto e _____ (17. addormentarsi).

F. Antonia parla di un pomeriggio al mare. Completa il seguente brano con la forma corretta del passato prossimo.

Sabato scorso _____ (1. passare) il pomeriggio al mare. Prima

_____ (2. passare) dalla stazione di servizio e _____

(3. cambiare) l'olio della macchina. Quando il meccanico _____ (4. finire)

di cambiare l'olio, io _____ (5. salire) in macchina e

_____ (6. correre) verso il mare. Quando _____ (7.

arrivare) al mare, _____ (8. dovere) parcheggiare la macchina molto lon-

tano. _____ (9. scendere) dalla macchina e _____ (10.

camminare) per più di un chilometro. Purtroppo appena _____ (11.

giungere) sulla spiaggia, il tempo _____ (12. cambiare) e

_____ (13. cominciare) a piovere. Non _____ (14. po-

tere) nemmeno fare un bagno. _____ (15. saltare) in macchina e

_____ (16. ripartire).

Il negativo

A. Un'amica critica alcune tue abitudini. Tu ti difendi negando le sue affermazioni. Usa le espressioni negative appropriate e fa' i cambiamenti necessari.

ESEMPIO: Sei indifferente ed egoista!

Non sono né indifferente né egoista.

1. Pensi sempre ai soldi.

   _____

2. Sei proprio materialista.

   _____

3. Compri molte cose solo per la marca.

   _____

4. Vai sempre al cinema o in discoteca.

   _____

5. Tutti ti invitano sempre a cena.

   _____

6. Frequenti ancora la vecchia comitiva del liceo.

_____

7. Hai già ventun'anni e pensi sempre solo a divertirti.

_____

B. Una giornalista ti intervista. Immagina di rispondere alle sue domande usando frasi negative.

ESEMPIO: Ti interessi di politica o di problemi ecologici?

Non mi interesso né di politica né di problemi ecologici.

1. Vai spesso a teatro?

_____

2. Ti piace l'opera o il balletto?

_____

3. Sei molto ambizioso(-a)?

_____

4. Frequenti ancora il liceo?

_____

5. Hai già cominciato a cercare lavoro?

_____

6. Chi ti sta aiutando a trovare un lavoro?

_____

7. Che cosa ti aspetti dalla vita?

_____

I pronomi diretti

A. Filippo torna a casa dopo un pomeriggio passato con gli amici allo stadio. Sua madre gli fa delle domande. Immagina le risposte di Filippo e usa un pronome oggetto diretto.

ESEMPIO: Hai visto la partita?

Sì, l'ho vista.

1. I tuoi amici ti hanno incontrato allo stadio?

_____

2. Hai visto Emanuela?

_____

3. Dove hai lasciato la bicicletta?

_____

4. Hai fatto il tifo (*root*) per la tua squadra?

_____

5. Chi ha vinto la partita?

_____

6. Chi vi ha accompagnato a casa?

_____

7. È stato davvero un bel pomeriggio?

_____

B. I signori Baldini si preparano a passare una serata in casa con alcuni amici. Completa il seguente dialogo usando le forme appropriate del pronome diretto e facendo i cambiamenti necessari.

SIG. BALDINI: Mariella, dove sei? Mi senti?

SIG.RA BALDINI: Sì, _____ (**1.**) sento. Ecco_____ (**2.**)! Hai comprato le bibite?

SIG. BALDINI: Sì, _____ (**3.**) ho comprat_____ (**4.**). Hai preparato gli antipasti?

SIG.RA BALDINI: Non ho potuto ancora preparar_____ (**5.**).

SIG. BALDINI: Hai invitato anche Pia?

SIG.RA BALDINI: No, non _____ (**6.**) ho invitat_____ (**7.**). È molto antipatica.

SIG. BALDINI: Giuseppe è molto simpatico.

SIG.RA BALDINI: Sì, _____ (**8.**) è, ma non _____ (**9.**) ho invitat_____ (**10.**). Sai che Giuseppe si
    è fidanzato?

SIG. BALDINI: Sì, _____ (**11.**) so. Dove hai messo le carte?

SIG.RA BALDINI: Ecco_____ (**12.**)! _____ (**13.**) ha pres_____ (**14.**) Carlo ieri sera e
    _____ (**15.**) ha lasciat_____ (**16.**) in camera sua.

SIG. BALDINI: Hai comprato i tovaglioli di carta?

SIG.RA BALDINI: Ho dimenticato di comprar_____ (**17.**). Ho preso i bicchieri di carta.

SIG. BALDINI: Dove _____ (**18.**) hai mess_____ (**19.**)?

SIG.RA BALDINI: Ecco_____ (**20.**)! Sono belli, vero?

SIG. BALDINI: Sì, _____ (**21.**) sono.

I pronomi indiretti

A. Giulia chiede alla sua amica di parlarle della serata passata con alcuni amici. **Rispondi alle domande di Giulia usando un pronome indiretto.**

ESEMPIO: Ti ha telefonato Simone?

No, non mi ha telefonato.

1. Hai consigliato a Bernardo di non venire?

   _____

2. Che cosa hai offerto ai tuoi ospiti?

   _____

3. Hai mostrato la tua casa a Roberto?

   _____

4. Hai detto a Franco di telefonare a sua sorella?

   _____

5. Che cosa hai regalato a Luisa per il suo compleanno?

   _____

6. Chi ti ha portato i fiori?

   _____

7. Hai insegnato a Nicola a giocare a Monopoli?

   _____

8. Hai chiesto a Norma il suo numero di telefono?

   _____

B. Marina si lamenta di suo fratello. Racconta ad un'amica quello che fa lei e quello che invece fa suo fratello. **Completa le frasi secondo l'esempio e usa un pronome diretto o indiretto.**

ESEMPIO: Io leggo il giornale ogni pomeriggio, ma mio fratello non **lo legge** mai.

1. Io telefono a mia nonna, ma mio fratello non _____ mai.

2. Io non guardo mai la televisione, ma mio fratello _____ sempre.

3. Io aiuto mia madre, ma mio fratello non _____ mai.

4. Parlo a mio padre della scuola, ma mio fratello non _____ di niente.

5. Faccio i compiti ogni pomeriggio, ma mio fratello non _____ mai.

6. Chiamo gli amici, ma mio fratello non _____ mai.

7. Ascolto la musica classica, ma mio fratello non _____ mai.

8. Io somiglio tanto a mia madre, ma mio fratello non _____ affatto.

C. La signora Martelli e il signor Tondini s'incontrano e discutono di una serata all'opera. Completa il dialogo e usa i pronomi diretti e indiretti appropriati facendo i cambiamenti necessari.

SIG.RA MARTELLI: Signor Tondini, sono contenta di veder_____ (1.). _____ (2.) hanno dato due biglietti per l'opera.

SIG. TONDINI: Chi _____ (3.) ha dato i biglietti?

SIG.RA MARTELLI: Un collega _____ (4.) ha regalat_____ (5.) a mia sorella. Vorrebbe accompagnar_____ (6.)?

SIG. TONDINI: Per quando sono? Posso veder_____ (7.)?

SIG.RA MARTELLI: Sì, certo. Ecco_____ (8.)!

SIG. TONDINI: Sono ottimi posti!

SIG.RA MARTELLI: Sì, _____ (9.) sono davvero.

SIG. TONDINI: Sarei felice di accompagnar_____ (10.). Passo a prender_____ (11.) alle otto. _____ (12.) posso invitare a cena stasera?

SIG.RA MARTELLI: Sì, grazie. _____ (13.) piacerebbe cenare con Lei stasera.

L'ora

A. Roberto e Adriana s'incontrano e discutono di quello che faranno. Completa il seguente dialogo e da' l'equivalente in italiano delle espressioni in corsivo.

ROBERTO: (1. *What time is it*) _____?

ADRIANA: (2. *It is two o'clock*) _____.

ROBERTO: (3. *At what time*) _____ vai a casa oggi?

ADRIANA: (4. *At four o'clock*) _____.

ROBERTO: Vuoi andare al cinema stasera? C'è un film che comincia (5. *at nine-fifteen P.M.*)

_____.

ADRIANA: Non posso. Mia sorella arriva stasera. Credo che il suo treno arrivi (**6.** *at a quarter to*

ten) _____

_____ .

ROBERTO: C'è un film che incomincia (**7.** *at midnight*) _____

_____ .

ADRIANA: No, io la mattina devo svegliarmi (**8.** *at six-thirty*) _____

_____ .

ROBERTO: Va bene. Allora perché non pranziamo insieme domani (**9.** *at noon*) _____

_____ ?

ADRIANA: Sì, però (**10.** *at one o'clock*) _____

_____ io devo essere in ufficio.

B. La trattoria del Bartolo è aperta alle seguenti ore:

Pranzo

martedì - sabato	domenica
12,30 - 15,30	11,30 - 15,30

Cena

martedì - giovedì	venerdì - sabato
19,30 - 24,30	19,30 - 01,30

Chiuso il lunedì.

1. A che ora puoi pranzare la domenica?

_____

2. A che ora puoi andare a cena il venerdì?

_____

3. A che ora non puoi cenare il martedì?

_____

4. Fino a che ora puoi restare a cena il sabato?

_____

Capitolo 4

Ricordi d'infanzia e d'adolescenza

S t r u t t u r e

L'imperfetto indicativo

A. Il signor Pantani descrive cosa facevano ogni pomeriggio gli inquilini del palazzo in cui viveva quando era piccolo. Completa il seguente brano con la forma corretta dell'imperfetto.

Ogni pomeriggio la signora Valeri _____ (**1.** suonare) il pianoforte mentre

noi _____ (**2.** cercare) di dormire. La signora Serafini _____

(**3.** passeggiare) con il cane mentre il marito _____ (**4.** prendere) il caffè. Il

signor Gentile _____ (**5.** leggere) il giornale mentre i figli

_____ (**6.** dormire). La signora Lamberti _____ (**7.**

tradurre) sempre poesie dal greco all'italiano mentre i suoi figli _____ (**8.**

fare) un pisolino (*take a nap*).

B. La signora Niccoli descrive il quartiere in cui viveva quando era piccola. Completa il seguente brano con la forma corretta dell'imperfetto.

Quando _____ (**1.** avere) dieci anni noi _____ (**2.**

vivere) in un bel quartiere vicino al centro della città. Il nostro quartiere non

_____ (**3.** essere) certo ricco. Le famiglie che ci _____ (**4.** vi-

vere) _____ (**5.** essere) per lo più della piccola borghesia. In tutte le

famiglie _____ (**6.** esserci) molti figli piccoli e noi tutti

_____ (**7.** giocare) insieme. Qualche volta in estate quando

_____ (**8.** fare) caldo, noi _____ (**9.** andare) ai giardini

pubblici vicino casa. In inverno quando il tempo _____ (**10.** essere) brutto,

noi _____ (**11.** riunirsi) a casa di una vecchia signora che ci

_____ (**12.** raccontare) sempre delle fiabe. A quei tempi noi non

_____ (**13.** avere) la televisione, ma _____ (**14.** diver-

tirsi) lo stesso.

C. Dove vivevi quando avevi dieci anni? Com'era il tuo quartiere? Descrivi le strade, i palazzi e le persone che ci vivevano. Cosa facevi ogni giorno insieme agli altri bambini?

_____

_____

_____

_____

_____

_____

_____

_____

_____

D. Gaia fa delle domande al nonno riguardo alla sua infanzia. Completa il seguente dialogo con la forma corretta dell'imperfetto o del passato prossimo.

GAIA: Nonno, dove _____ (1. nascere)?

NONNO: _____ (2. nascere) in un piccolo paese in Lombardia, ma

_____ (3. vivere) quasi sempre a Milano.

GAIA: Come _____ (4. essere) la tua casa?

NONNO: Noi _____ (5. affittare) un piccolo appartamento nel centro della

città. Tutti nel palazzo _____ (6. conoscersi). Recentemente i pro-

prietari _____ (7. vendere) il palazzo a un ricco industriale.

GAIA: _____ (8. Avere) un compagno preferito?

NONNO: Sì, _____ (9. chiamarsi) Alfonso. _____ (10. Abi-

tare) in un palazzo vicino al nostro.

GAIA: Che cosa _____ (11. fare) tu e Alfonso ogni giorno?

NONNO: Io e Alfonso _____ (12. trascorrere) molte ore insieme nel cortile del

nostro palazzo.

GAIA: Tu e Alfonso _____ (13. andare) sempre a scuola insieme?

NONNO: Sì. Io e Alfonso _____ (14. conoscersi) il primo giorno di scuola e

_____ (15. fare) subito amicizia. Lui _____ (16. essere)

un ragazzo alto e molto timido. Non _____ (17. conoscere) nessuno.

Quel primo giorno io gli _____ (18. dire) di sedersi al banco vicino al

mio, e lui _____ (19. sedersi) senza esitare. Alfonso

_____ (20. morire) l'anno scorso a Roma.

E. Un giornalista intervista l'architetto Beppe Napoleone. Completa il dialogo con la forma corretta dell'imperfetto o del passato prossimo.

GIORNALISTA: Lei, dove _____ (1. studiare)?

ARCHITETTO: _____ (2. studiare) all'università di Roma.

_____ (3. iscriversi) alla facoltà di architettura quando

_____ (4. avere) venti anni. Allora non _____ (5. fre-

quentare) tutti i giorni perché a quel tempo _____ (6. dividere) un pic-

colo appartamento in periferia con alcuni amici. La sera noi _____ (7.

andare) a ballare in discoteca e anche _____ (8. bere) molto. La mat-

tina naturalmente _____ (9. essere) difficile alzarsi. Mi ricordo che il

primo anno io _____ (10. dare) solo un esame e il professore mi

_____ (11. bocciare). Mio padre _____ (12. essere)

furioso. Dopo però io _____ (13. cominciare) a studiare seriamente e

_____ (14. riuscire) a finire tutti gli esami in tempo. _____ (15.

laurearsi) nel 1975.

GIORNALISTA: Come mai _____ (16. decidere) di studiare architettura?

ARCHITETTO: Fin da piccolo io _____ (17. essere) molto bravo in disegno.

F. I giudizi alla pagina seguente fanno parte della pagella di un alunno che frequentava la seconda elementare nel 1993. Dopo averli letti, rispondi alle domande che seguono.

1. Come si chiamava l'alunno?

_____

2. Che classe faceva?

_____

3. È stato promosso o bocciato?

_____

MINISTERO DELLA PUBBLICA ISTRUZIONE

CIRCOLO DIDATTICO di .... ROSARNO I°

Provincia di .... REGGIO CALABRIA

SCUOLA ELEMENTARE STATALE di .... ROSANO E. MARVASI

ANNO SCOLASTICO 1993/1994

CLASSE .... II .... SEZIONE C

COMUNICAZIONI ANNUALI ALLA FAMIGLIA

dell'alunno BARTOLO ANTONIO

Valutazione annuale adeguatamente informativa sul livello globale di maturazione raggiunto.

Antonio conosce le regole di comportamento nel gruppo e le rispetta. Intrattiene buoni rapporti con i compagni, anche se tende a privilegiare uno in particolare. Nell'ambito linguistico ha raggiunto una più che buona autonomia nella stesura di testi, la lettura è scorrevole e ciò gli rende facile la comprensione del brano. Nell'area matematica sa operare con celerità e con precisione nella soluzione delle operazioni e di facili tesi problematizzate. Nella sfera antropologica ha acquisito i concetti di base spazio-temporali. È capace di riesporre in modo pertinente gli argomenti trattati.

GIUDIZIO FINALE

L'alunno Bartolo Antonio è stato ammesso alla III classe elementare.

Firma dell'insegnante di classe .... Maria Falcone

---

4. In base al giudizio dell'insegnante sul comportamento del bambino, immagina com'era il suo carattere. Immagina com'erano i suoi rapporti con gli altri bambini. Che cosa faceva? Che cosa non faceva?

_____

_____

_____

_____

_____

_____

5. Il bambino andava bene a scuola? Per quali materie sembrava particolarmente portato? Cita alcuni esempi specifici per giustificare le tue risposte.

_____

_____

_____

_____

_____

Il verbo piacere ed altri verbi simili

A. Gisella rievoca i giorni di scuola elementare e i suoi compagni. Forma delle frasi complete con i seguenti elementi.

ESEMPIO: piacermi / giocare / in giardino / ogni giorno

Mi piaceva giocare in giardino ogni giorno.

1. Carlo / non piacere / la scuola

_____

2. mancargli / sua madre

_____

3. non bastargli / i compagni / per renderlo felice

_____

4. occorrergli / la famiglia

_____

5. Luisa / bastare / poco / per essere felice

_____

6. piacerle / le sue maestre

_____

7. non mancarle / né gli amici né la famiglia

_____

8. occorrerle / solo / una bella cartella / per essere contenta

_____

9. non dispiacerci / affatto / gli insegnanti

_____

10. non piacerci / essere interrogati

_____

B. Silvia e suo padre discutono di scuola. Completa il dialogo e da' l'equivalente in italiano delle espressioni in corsivo. Usa la forma corretta di uno dei seguenti verbi.

bastare   dispiacere   mancare   occorrere

piacere   restare   servire

SILVIA: Papà, _____ (**1.** _did you like_) i tuoi insegnanti quando andavi a

scuola?

PAPÀ: Per lo più _____ (**2.** _I didn't mind them_).

_____ (**3.** _Do you like_) i tuoi professori?

SILVIA: Il professore Carlini _____ (**4.** _I don't mind_) affatto, ma gli altri

insegnanti _____ (**5.** _I don't like_).

PAPÀ: Quanti giorni di scuola _____ (**6.** _do you have left_)?

SILVIA: _____ (**7.** _We have left_) dieci giorni.

PAPÀ: _____ (**8.** _You need_) un po' di riposo. Le vacanze di Natale

_____ (**9.** _weren't enough for you_). E a Rosetta

_____ (**10.** _does she like_) l'università?

SILVIA: Sì, _____ (**11.** _she likes it_) molto.

_____ (**12.** _She likes_) i suoi amici,

ma_____ (**13.** _she doesn't like_) vivere lontano dalla famiglia.

_____ (**14.** _She misses_) la sorella, ma

_____ (**15.** _she has left_) ancora molti esami per laurearsi.

Ci

A. Giuliano torna nella sua città dopo essersi laureato e fa delle domande alla madre riguardo ad alcuni amici d'infanzia. Completa il dialogo usando **ci.**

GIULIANO: Roberto è tornato molte volte a casa?

MAMMA: Sì, _____ molte

volte (**1.**)

GIULIANO: Maria è stata qualche volta a trovarlo?

MAMMA: No, _____ mai (**2.**)

GIULIANO: Luigi è riuscito a laurearsi?

MAMMA: No, _____ (**3.**)

GIULIANO: Ma è vero che _____ (**4.**) ha provato seriamente?

MAMMA: Non lo so, ma non _____ (5.) credo. Sua madre

_____ (6.) sperava tanto. Quando vai a trovarlo?

GIULIANO: _____ (7.) vado domani. Non _____ (8.) siamo

ancora rivisti. Ieri _____ (9.) sono andato, ma lui non

_____ (10.) era. _____ (11.) provo un'altra volta

domani.

B. Ilaria si è appena laureata. Massimo e Ilaria discutono della sua laurea. Completa il dialogo usando la forma corretta di **volerci** o **metterci.**

MASSIMO: Quanto tempo _____ (1.) per laurearti?

ILARIA: _____ (2.) più di sei anni.

MASSIMO: Ma _____ (3.) sei anni per una laurea in Lingue?

ILARIA: No, generalmente _____ (4.) molto meno. Gli studenti di solito

_____ (5.) da quattro a cinque anni. Io _____ (6.)

molto a scrivere la tesi. Non è stato facile trovare tutti i testi. _____ (7.)

parecchi viaggi in America per finire la ricerca.

MASSIMO: Quante ore _____ (8.) per andare in America in aereo?

ILARIA: Da Roma a New York io _____ (9.) ogni volta più o meno sette ore.

C. La mamma di Giulia le racconta di quando era bambina e passava molto tempo con il vecchio bisnonno. Completa le frasi con la forma corretta di uno dei seguenti verbi.

averci	avercela	caderci / cascarci
entrarci	sentirci	vederci

1. Non mi sentiva arrivare, perché non _____ per niente.

2. A volte non mi riconosceva neppure, perché non _____ bene.

3. Spesso era arrabbiato con un vicino di casa: infatti _____ con lui per una

   vecchia storia.

4. Interveniva anche nelle questioni del vicinato. Noi gli dicevamo che lui non

   _____ per niente in quelle faccende e doveva rimanerne fuori.

5. Era simpatico, gli piaceva farmi tanti scherzi, io ci credevo e _____ sem-

   pre.

6. Quando gli chiedevo:—Nonno, hai una foto di quando eri militare?—mi rispondeva:—Mi

   dispiace, le ho perse, non _____ più.

Ne

A. Gaia torna a casa e racconta alla madre del suo primo giorno di scuola. Rispondi alle domande usando **ne** e facendo i cambiamenti necessari.

MAMMA: Hai avuto paura dell'insegnante?

RENATA: Sì, _____ (1.)

MAMMA: Hai conosciuto delle nuove compagne?

RENATA: Sì, _____ (2.) alcune.

MAMMA: Hai mangiato tutta la merenda?

RENATA: No, _____ (3.) metà.

MAMMA: Hai bevuto tutto il latte?

RENATA: No, _____ (4.) un po'.

MAMMA: Hai voglia di un gelato?

RENATA: Sì, _____ (5.)

B. Gaia continua a raccontare alla madre del primo giorno di scuola. Completa le frasi con **ci, ne, lo, la, li,** o **le.**

1. A che ora siete entrati in classe?

   _____

2. Dove hai messo la cartella?

   _____

3. Che cosa hai messo sul banco?

   _____

4. Quante penne avevi?

   _____

5. Hai conosciuto i tuoi nuovi compagni?

   _____

6. Hai visto le tue maestre?

   _____

Che cosa sappiamo degli italiani?

2

La scuola in Italia

Alla fine della Seconda Guerra Mondiale, la scuola diventa democratica, cioè uguale per tutti, gratuita e dell'obbligo°. La scuola dell'obbligo comincia a sei anni con la scuola elementare, che va dalla prima alla quinta, e comprende anche i tre anni di
5   scuola media. Nella scuola dell'obbligo la valutazione non è più espressa in numeri, ma attualmente è data attraverso giudizi comprensivi scritti, che a volte, soprattutto nella scuola media, corrispondono alle prime lettere dell'alfabeto, da un massimo di A ad un minimo di E. Con la scuola media termina la fascia scolare
10   dell'obbligo. Dopo, i giovani italiani che desiderano continuare gli studi possono scegliere fra una scuola superiore di tipo professionale° o un liceo. Nelle scuole professionali si impara un mestiere° e ce ne sono di vario tipo: l'istituto tecnico, la scuola per geometri° e quella per ragionieri, l'istituto per il turismo e quello alberghiero e
15   la scuola magistrale per la preparazione degli insegnanti di scuola elementare. I licei sono scuole di preparazione per l'università e sono di diverso tipo: classico, scientifico, artistico e linguistico.

Una volta scelta° la scuola superiore, lo studente non ha la possibilità di scegliere le materie° di studio, che sono tutte obbli-
20   gatorie e caratterizzano quel determinato indirizzo di studio. Ad esempio, al liceo classico tra le materie fondamentali ci sono l'italiano, il latino, il greco e la storia, mentre al liceo scientifico, oltre all'italiano e alla storia, materie importanti sono la matematica, la fisica e il disegno. La valutazione è espressa in numeri che vanno
25   da un minimo di 1 ad un massimo di 10. Per essere promosso, uno studente deve ottenere almeno 6, il voto minimo per avere la sufficienza. Nei licei, il 9 e il 10 non vengono dati quasi mai.

Spesso gli studenti italiani incontrano gravi difficoltà nel passaggio dalla scuola media alla scuola superiore, che resta, soprat-
30   tutto nei licei, molto selettiva e difficile. La scuola superiore infatti è ancora basata sui concetti di nozionismo[1] e conformismo e soprattutto di selettività. Questi problemi hanno provocato in Italia accese contestazioni° studentesche esplose per la prima volta nel 1968 e poi di nuovo nel 1977, nel 1985 e nel 1993. Tra i problemi
35   più evidenti del sistema scolastico italiano c'è inoltre anche la mancanza° di coordinamento tra il mondo della scuola e quello del lavoro.

Per quanto riguarda l'università, bisogna tenere presente° che in Italia essa è quasi totalmente di stato. Ci sono infatti poche uni-
40   versità private, come la Cattolica a Milano e a Roma, e sempre a Milano la Bocconi, scuola di economia e commercio. L'università

obligatory

vocational / trade
land surveyors

chosen
subjects

accese... *fiery protests*

lack

tenere... *keep in mind*

---

1. Si tratta di un sistema di insegnamento basato sull'assimilazione di nozioni in maniera non molto critica.

statale è stata in passato fortemente centralizzata, ma ora si va
attuando una maggiore autonomia amministrativa delle singole
sedi° universitarie rispetto al governo di Roma.   centers

45   Tanti giovani, non riuscendo a trovare lavoro finita la scuola
secondaria, si iscrivono° ad una facoltà o un corso di laurea, anche   si... enroll
se non hanno né la preparazione né l'interesse autentico per proseguire gli studi. La conseguenza è che, ad esempio, dei circa 250
mila giovani iscritti ogni anno all'università, solo più o meno 77
50   mila finiscono per laurearsi.

Inoltre, essendo aperta a tutti ed essendo stata finora quasi
gratis, l'università presenta anche gravi carenze° organizzative e   shortages, deficiencies
di strutture, come aule, laboratori e biblioteche insufficienti a
servire il gran numero di iscritti. Attualmente, soprattutto per le
55   superaffollate° facoltà di medicina, si va istituendo in varie città il   overcrowded
«numero chiuso», cioè la limitazione del numero degli iscritti.

All'università la frequenza è obbligatoria soltanto per alcune
facoltà scientifiche, quindi non tutti gli studenti devono frequentare sempre le lezioni. Il sistema degli esami è poi molto
60   diverso da quello americano, infatti i corsi durano per tutto l'anno
accademico e per ogni corso seguito si fa soltanto un esame finale,
quasi sempre orale, comprensivo di tutto il programma. Il voto
minimo per passare ad un esame è il 18 e il voto massimo è il 30 e
lode. Alla fine di ogni corso di laurea, ogni studente deve scrivere
65   una tesi. Dopo la discussione della tesi, lo studente si laurea e
riceve il titolo di dottore. La differenza più evidente fra l'università
italiana e quella americana è la mancanza in Italia di una struttura equivalente a quella del *campus:* le varie facoltà sono spesso
disperse in palazzi e quartieri diversi della città. Non ci sono
70   neanche le strutture sportive a disposizione degli studenti univer-
sitari tipiche del *campus.*

La scuola italiana oggi deve affrontare° anche un altro pro-   face
blema, che è quello di adeguarsi° nella forma e nella struttura alle   conform to
altre nazioni europee. In ogni nazione della Cee (Comunità eco-
75   nomica europea) infatti il sistema scolastico è diverso dagli altri e
si presenta oggi il problema della equipollenza, cioè della cor-
rispondenza dei titoli di studio° tra i vari paesi europei.   titoli... academic degrees

L'Italia è comunque collegata ai programmi della Cee per
quanto riguarda l'istruzione universitaria, soprattutto attraverso
80   il progetto Erasmus, che, nato nel 1988, prevede la mobilità e gli
scambi di studenti e docenti all'interno delle varie facoltà europee.
Il programma ha iniziato anche progetti di collaborazione e
ricerca e nei primi due anni ha favorito la mobilità di ben 600 mila
giovani. È anche in atto l'elaborazione di un sistema per il trasfe-
85   rimento dei crediti accademici in tutta la Comunità europea.

Verifichiamo

A. In base alle informazioni lette, indica se le seguenti affermazioni sono vere o false e correggi quelle
sbagliate.

_____   **1.** La scuola dell'obbligo in Italia dura otto anni.

_____ **2.** L'università è molto cara e quasi sempre privata.

_____

_____ **3.** La funzione della scuola italiana è ancora soprattutto quella di selezionare i migliori.

_____

_____ **4.** La scuola trasmette soprattutto la cultura tradizionale.

_____

_____ **5.** L'Italia fa parte della Comunità economica europea.

_____

_____ **6.** Il metodo d'insegnamento favorisce le capacità critiche dello studente.

_____

B. Cerca nel brano i seguenti aggettivi che descrivono la scuola italiana e spiega che cosa significano.

1. obbligatorio

_____

2. conformista

_____

3. gratuito

_____

4. nozionista

_____

5. selettivo

_____

C. In base alle informazioni lette, rispondi alle seguenti domande.

1. Quali sono stati gli anni di maggiore contestazione studentesca? Quali sono stati e sono alcuni motivi dell'insoddisfazione dei giovani nei riguardi della scuola?

_____

_____

_____

_____

_____

_____

2. Cosa devono fare i paesi della Cee riguardo alla scuola e cosa stanno già facendo?

_____

_____

_____

_____

_____

Capitolo 5

Il lavoro e le prospettive per il futuro

Strutture

Il futuro

A. Immagina di cercare lavoro. Leggi l'annuncio seguente e, usandolo come esempio, preparane uno simile per te stesso(-a).

> **Ragazza 22enne,** diplomata in lingue, esperienza universitaria in filosofia e lingue, esperienza lavorativa come baby sitter e animatrice in azienda agrituristica, cerca seria occupazione. Tel. 0122-980507 ore serali.

_____

_____

_____

_____

_____

_____

B. Isabella parla dei progetti per il futuro di alcuni suoi amici. Completa le frasi con la forma corretta del futuro.

Luca _____ (1. diplomarsi) quest'anno e poi _____ (2. iscriversi) all'università. Paolo e Renata _____ (3. laurearsi) l'anno prossimo. Loredana, invece, _____ (4. incominciare) a cercare lavoro già da quest'anno. Lei _____ (5. finire) gli studi a maggio. Io, invece, _____ (6. cercare) un posto in una piccola ditta. Io e Paolo _____ (7. sposarsi) a giugno.

C. La piccola Anna parla di cosa farà da grande. Completa il seguente brano con la forma corretta del futuro.

Quando _____ (1. essere) grande, io _____ (2. fare) la manager in una grande impresa industriale. Se _____ (3. volere) fare carriera, però, _____ (4. dovere) fare molti sacrifici, come il mio papà.

Io _____ (5. vivere) in una grande città con il mio cane. La mattina _____ (6. uscire) di casa molto presto, ma non _____ (7. dimenticare) mai di dare da mangiare al cane. _____ (8. Rimanere) in ufficio almeno otto ore al giorno. _____ (9. Scrivere), _____ (10. leggere) e _____ (11. parlare) con gli altri dirigenti. A mezzogiorno probabilmente _____ (12. mangiare) nella mensa dell'azienda perché _____ (13. avere) molto da fare e non _____ (14. potere) allontanarmi dal mio ufficio.

La sera _____ (15. tornare) a casa molto tardi e probabilmente durante la settimana non _____ (16. vedere) nessuno dei miei amici.

La mia casa _____ (17. essere) molto grande e _____ (18. avere) molte stanze. La mia colf (*domestic*) _____ (19. pulire) la casa e mi _____ (20. servire) i pasti in terrazza.

D. Due giovani, Tina e Maurizio, rispondono a un gioco-test che dovrebbe rivelare le loro attitudini professionali. In base alle loro risposte immagina che tipo di carriera si adatterebbe ad ognuno di loro e descrivi come sarà la loro vita giornaliera.

1. Nel tempo libero...

   a. Tina: «...vado sempre alla ricerca di cose nuove.»

   b. Maurizio: «...mi sdraio sul letto e sogno ad occhi aperti.»

2. Vorrei essere nato(-a) a...

   a. Tina: «...Silicon Valley.»

   b. Maurizio: «...Montecarlo.»

3. Mi sento...

    a. Tina: «...internazionale.»

    b. Maurizio: «...italiano.»

4. È bello...

    a. Tina: «...guadagnare molto e investire i soldi attentamente.»

    b. Maurizio: «...godersi la vita e spendere.»

_____

_____

_____

_____

_____

_____

_____

_____

_____

E. Come completeresti tu le frasi del gioco-test nell'esercizio precedente? Descrivi brevemente i tuoi progetti per il futuro.

_____

_____

_____

_____

_____

_____

F. Roberta e Francesco discutono su come cercare lavoro. Completa il seguente dialogo con la forma corretta del futuro semplice o del futuro anteriore.

FRANCESCO: Roberta, dopo che _____ (**1.** diplomarsi), che cosa

    _____ (**2.** fare)?

ROBERTA: _____ (**3.** Cercare) un posto, naturalmente. Però, prima

    _____ (**4.** dovere) preparare un curriculum.

FRANCESCO: Che cosa _____ (5. indicare) nel curriculum?

ROBERTA: Ci _____ (6. scrivere) i miei titoli di studio e le mie qualifiche.

FRANCESCO: Quando _____ (7. finire) di preparare il tuo curriculum, a chi lo _____ (8. mandare)?

ROBERTA: Non lo so. Ci _____ (9. essere) molte ditte che _____ (10. cercare) una buona segretaria aziendale. Appena _____ (11. trovare) l'azienda giusta, _____ (12. spedire) il mio curriculum.

FRANCESCO: _____ (13. rivolgersi) a qualche agenzia di collocamento? _____ (14. Sostenere) dei colloqui?

ROBERTA: Sì, dopo che il possibile datore di lavoro _____ (15. esaminare) attentamente il mio curriculum, lui mi _____ (16. telefonare) per fissare un appuntamento.

FRANCESCO: Di che cosa _____ (17. discutere) voi durante il colloquio?

ROBERTA: Sono sicura che il datore di lavoro _____ (18. volere) farmi molte domande sulla mia preparazione. Dopo che io _____ (19. sostenere) il colloquio, lui _____ (20. decidere) se assumermi o no.

G. Paola e Luisa sono curiose di natura. Oggi fanno mille supposizioni sulla loro amica Carla e sul suo straordinario successo. Completa il seguente dialogo con la forma corretta del futuro semplice o del futuro anteriore.

PAOLA: Carla ha sempre dei bei vestiti. Chi le _____ (1. dare) i soldi per comprarli?

LUISA: Carla fa l'avvocato. _____ (2. Guadagnare) molto.

PAOLA: Carla lavora in un grande studio molto importante. Come _____ (3. trovare) questo posto?

LUISA: Certo che non _____ (4. essere) facile. Il padre di Carla però conosce molte persone importanti e certamente lui la _____ (5. aiutare).

PAOLA: Carla è sempre in centro con un bel ragazzo. Chi _____ (6. essere)?

LUISA: Carla lo _____ (7. conoscere) poco tempo fa. Anche lui _____ (8. fare) l'avvocato.

PAOLA: Certo che Carla ha proprio una bella fortuna! Lei _____ (9. essere) molto felice.

H. Alcuni giovani hanno progetti precisi per il loro futuro. Componi delle frasi con gli elementi dati e immagina cosa faranno questi giovani. Usa il futuro anteriore e il futuro semplice.

ESEMPIO: quando / diplomarsi / Patrizia

Quando si sarà diplomata, Patrizia si iscriverà all'università.

1. quando / scegliere l'azienda giusta / Marco

   _____

   _____

2. appena / laurearsi in ingegneria / il ragazzo

   _____

   _____

3. finché non / crescere i figli / Paola

   _____

   _____

4. dopo che / trasferirsi all'estero / Giuseppe

   _____

   _____

Il modo condizionale

A. Massimo immagina come sarebbe la sua vita se incontrasse la donna dei suoi sogni. Completa il seguente brano con la forma corretta del condizionale presente.

Noi _____ (1. frequentarsi) per almeno un anno e

_____ (2. volersi) molto bene. In nessun modo però

_____ (3. interrompere) i nostri studi. Noi _____ (4. sposarsi) dopo la laurea. Lei _____ (5. fare) qualche concorso e

_____ (6. ottenere) un posto statale. Io, invece, _____ (7. sistemarsi) nell'azienda di mio zio. Lui mi _____ (8. assumere) senz'altro.

Noi _____ (9. risparmiare) i soldi e con i nostri due stipendi

_____ (10. comprare) un piccolo appartamento in centro.

B. Giovanna e Giulia parlano del loro uomo ideale. Completa il seguente dialogo con la forma corretta del condizionale presente.

GIOVANNA: Giulia, ti _____ (1. piacere) sposarti?

GIULIA: Sì. _____ (2. Volere) però trovare l'uomo dei miei sogni.

GIOVANNA: Sì!? E come _____ (3. essere) questo principe azzurro, ricco o

povero?

GIULIA: Questo non è importante. _____ (4. Volere) un uomo intelligente, sen-

sibile, molto premuroso, un intellettuale. Noi _____ (5. passare) le gior-

nate parlando di letteratura.

GIOVANNA: Lui non _____ (6. lavorare) mai?

GIULIA: Certo. _____ (7. Fare) lo scrittore e _____ (8. scri-

vere) bei romanzi che io _____ (9. leggere) tutto il giorno.

GIOVANNA: Dove _____ (10. vivere) voi?

GIULIA: Noi _____ (11. avere) una bella villa in campagna.

GIOVANNA: Ma allora (voi) _____ (12. essere) molto ricchi?

GIULIA: Beh! Certo che noi non _____ (13. morire) di fame! Immagino che

anch'io _____ (14. avere) un lavoro di grande soddisfazione.

C. Leggi i consigli seguenti su come fare carriera e poi scrivi almeno quattro cose che faresti tu per migliorare la tua posizione e il tuo stipendio.

BRUCIARE LE TAPPE: ECCO CINQUE CONSIGLI

Per fare carriera e diventare una vera e propria assistente del capo non basta essere competenti e disponibili. Bisogna anche muoversi con diplomazia. Ma come bisogna comportarsi, in concreto? Ecco i consigli di un'esperta, Claudia Canilli, autrice del libro *Professione segretaria* (De Vecchi editore, 22 mila lire).

● La carriera della segretaria dipende anche dalla disponibilità dell'azienda a valorizzare il suo lavoro: in generale, le imprese più piccole offrono minori occasioni.

● Cambiare impresa si rivela, di solito, una mossa vincente. È provato che nella maggior parte dei casi puntare su un nuovo lavoro permette di migliorare la posizione e lo stipendio.

● Frequentate corsi di specializzazione per arricchire il curriculum. Tra i più richiesti quelli che migliorano la conoscenza delle lingue e l'uso del computer.

● Rispondete alle inserzioni più interessanti e partecipate a colloqui di selezione anche se siete abbastanza soddisfatte del vostro lavoro. È un modo come un altro per verificare le proprie capacità. E poi potrebbe sempre capitarvi un posto migliore!

● Cercate di avere sempre un rendimento costante, anche quando vi vengono affidati i compiti che amate di meno. La considerazione del vostro lavoro dipende anche dall'affidabilità che saprete dimostrare.

_____

_____

_____

_____

_____

_____

_____

_____

D. Alessandro ha avuto un incidente stradale e adesso è in ospedale. Racconta ai suoi amici che cosa avrebbe fatto e che cosa non avrebbe fatto se avesse letto il suo oroscopo che gli raccomandava la prudenza. Completa il seguente brano con la forma corretta del condizionale passato.

_____ (**1.** chiudersi) in casa. Non _____ (**2.** uscire) per nessun motivo. _____ (**3.** passare) tutta la giornata dentro.

_____ (**4.** guardare) la televisione e _____ (**5.** ascoltare) la radio. Non _____ (**6.** rispondere) al telefono. Non

_____ (**7.** parlare) con nessuno e non _____ (**8.** toccare) certamente la macchina.

E. Il signor Berti ha un tranquillo posto statale e immagina come sarebbe diversa la sua vita se invece lavorasse per un'azienda privata. Riscrivi le frasi secondo il modello usando la forma corretta del condizionale presente o passato.

ESEMPIO: Non guadagno molti soldi.

Guadagnerei molti soldi.

1. Ho fatto molti concorsi per avere il posto.

_____

2. Lavoro in un grande ufficio con molti altri dipendenti.

_____

3. Il mio caporeparto è arrogante.

_____

4. Non ho fatto una grande carriera.

_____

5. Non possono licenziarmi facilmente.

_____

6. Ho sempre avuto molte ore libere durante la settimana e non ho mai dovuto lavorare il week-end.

_____

F. Tutti abbiamo rimpianti e a volte ci pentiamo di quello che abbiamo fatto nel passato e pensiamo con nostalgia a quello che avremmo dovuto fare. Immagina due cose che avrebbero fatto di diverso le seguenti persone.

1. una casalinga sui quarant'anni, con i figli cresciuti, che adesso si sente sola e insoddisfatta

_____

_____

_____

_____

2. un anziano manager rampante che non ha mai avuto tempo per la famiglia

_____

_____

_____

_____

3. moglie e marito che non si vedono mai perché ognuno ha la sua carriera

_____

_____

_____

_____

I pronomi combinati

A. Una signora quarantaseienne è tornata a lavorare dopo molti anni. Il marito e i figli le fanno tante domande sul suo primo giorno di lavoro. Rispondi alle domande e sostituisci ai nomi i pronomi.

1. Ti hanno spiegato le tue mansioni?

Sì, _____ .

2. Hai parlato dello stipendio al direttore?

No, _____ .

3. Ci farai vedere il palazzo dell'azienda?

Sì, _____ .

4. Hai messo le nostre fotografie sulla tua scrivania?

No, _____ .

5. Domani ti accompagnerà papà in ufficio?

Sì, _____ .

6. Ti comprerai una cartella nuova?

Sì, _____ .

7. Hai consegnato alla segretaria i documenti da copiare?

No, _____ .

8. Ci farai un bel regalo con il tuo primo stipendio?

Sì, _____ .

B. Un dirigente discute di lavoro con un collaboratore. Completa il dialogo usando i pronomi combinati appropriati.

DIRIGENTE: Ha mandato quelle lettere all'avvocato?

COLLABORATORE: Sì, _____ (1.) ieri.

DIRIGENTE: Le hanno dato già la risposta?

COLLABORATORE: No, non _____ (2.) ancora.

DIRIGENTE: Ha parlato al commercialista delle tasse?

COLLABORATORE: Sì, _____ (3.) la settimana scorsa.

DIRIGENTE: Mi ha portato gli annunci per il giornale?

COLLABORATORE: Sì, _____ (4.).

DIRIGENTE: Quanti annunci ha messo sul giornale?

COLLABORATORE: _____ (5.) tre.

DIRIGENTE: Si è ricordato dell'appuntamento con il caporeparto?

COLLABORATORE: Sì, _____ (6.).

DIRIGENTE: Ha detto agli operai che non avremmo licenziato nessuno?

COLLABORATORE: Sì, _____ (7.).

Tradizioni e feste

Strutture

Il passato remoto

A. Elena racconta come festeggiò il suo ventunesimo compleanno. Completa il seguente brano con la forma corretta del passato remoto.

Mia madre e mia sorella _____ (**1.** organizzare) tutto loro. (Loro)

_____ (**2.** invitare) più di trenta persone. Mia sorella

_____ (**3.** scrivere) gli inviti e li _____ (**4.** spedire) agli

amici.

I miei amici _____ (**5.** arrivare) alle otto e mezza e mi

_____ (**6.** portare) molti bei regali. Mia sorella _____ (**7.**

fare) accomodare gli ospiti in salotto. Io gli _____ (**8.** offrire) l'aperitivo.

Alle nove e mezza noi _____ (**9.** cenare) in sala da pranzo. Quando noi

_____ (**10.** finire) di mangiare _____ (**11.** andare)

sulla terrazza. Mia sorella _____ (**12.** accendere) lo stereo e noi

_____ (**13.** ballare). Più tardi io _____ (**14.** tagliare) la

torta e tutti mi _____ (**15.** fare) tanti auguri. Alla fine io

_____ (**16.** aprire) i regali. La festa _____ (**17.** essere)

molto divertente.

B. Descrivi la festa di un tuo compleanno indimenticabile. Quale compleanno festeggiasti? Come lo festeggiasti? Chi invitasti? Che cosa faceste? Che cosa ti regalarono i tuoi amici? e i tuoi genitori?

_____

_____

_____

_____

_____

_____

_____

C. Laura e Sara parlano dei preparativi natalizi dell'anno scorso. Completa il seguente dialogo con la forma corretta del passato remoto.

LAURA: Tu e i tuoi parenti _____ (1. scambiarsi) regali?

SARA: No, io _____ (2. comprare) pochi doni. Io _____ (3. dire) a tutti:—Quest'anno niente regali!—Solo ai miei figli _____ (4. fare) qualche bella cosa.

LAURA: Quando _____ (5. dare) tu i regali ai tuoi figli, la vigilia o il giorno di Natale?

SARA: Io glieli _____ (6. dare) il giorno di Natale. Li _____ (7. comprare) in anticipo, ma li _____ (8. nascondere).

LAURA: Dove li _____ (9. mettere) tu?

SARA: Mio marito li _____ (10. nascondere) in garage. La vigilia di Natale, a mezzanotte, io li _____ (11. prendere) e li _____ (12. mettere) sotto l'albero. La mattina di Natale, quando i miei figli _____ (13. scendere) in salotto li _____ (14. vedere). Loro _____ (15. essere) molto contenti.

D. Lucia racconta di una vendemmia a cui partecipò molti anni fa. Completa il seguente brano con la forma corretta dell'imperfetto o del passato remoto.

Mio zio _____ (1. essere) molto ricco e _____ (2. possedere) molti terreni. Lui _____ (3. avere) anche un vigneto nel Friuli, dove _____ (4. coltivare) l'uva. Tutti gli anni ci _____ (5. invitare) per la vendemmia, ma mia madre di solito _____ (6. rifiutare) di andarci. Lei _____ (7. dire) sempre che noi _____ (8. essere) troppo piccoli e che il viaggio _____ (9. essere) troppo lungo. Quell'anno però mia madre

_____ (10. decidere) di accettare l'invito. Mi ricordo che io

_____ (11. avere) tredici anni. Mio zio _____ (12.

venire) a prenderci a casa in macchina. Mentre mio zio _____ (13.

guidare), ci _____ (14. indicare) le bellezze del paesaggio.

Quel giorno noi _____ (15. divertirsi) molto. Io

_____ (16. raccogliere) l'uva con i contadini. Noi tutti

_____ (17. ridere) tanto. Mia sorella invece _____ (18.

perdere) un anellino e _____ (19. piangere) per ore. Infine mio zio le

_____ (20. promettere) che gliene avrebbe comprato un altro e così lei

_____ (21. tacere).

E. Scrivi un brano e spiega: che cosa festeggiarono le persone dell'invito, quando, e dove. Immagina che cosa fecero quel giorno. Descrivi la chiesa. Com'erano vestiti gli sposi? e gli invitati? Descrivi la sala dove ebbe luogo il ricevimento. Descrivi il ricevimento. Che cosa fecero gli invitati?

_____

_____

_____

_____

_____

_____

_____

_____

_____

_____

_____

Carla Davico

Francesco Mazzitelli

annunciano il loro matrimonio

Giovedì 24 Giugno 1993 - ore 10,30
Parrocchia Gesù Adolescente
Via E. Luserna di Rorà 16 - Torino

Corso Potenza, 138

Via Venasca, 27
Via Vinadio, 19
Torino

print cards - torino

_____

_____

_____

_____

_____

_____

_____

_____

I numeri

A. Rispondi alle seguenti domande e scrivi i numeri in lettere.

   1. Quanti mesi ci sono in un anno?

   _____

   2. Quanti giorni ci sono nel mese di gennaio?

   _____

   3. Quanti giorni ci sono in un anno?

   _____

   4. Quante ore ci sono in un giorno?

   _____

   5. Quanti minuti ci sono in un'ora?

   _____

   6. Quanti anni ci sono in un secolo?

   _____

   7. Quanti mesi ci sono in un secolo?

   _____

   8. Quanti giorni ci sono in un secolo?

   _____

B. Per Natale il signor Rinaldi, uomo molto ricco e generoso, compra degli anelli per le sue collabora-trici. Per pagare scrive degli assegni. Cerca il prezzo per ogni anello descritto e scrivilo in lettere.

M O D A

IDEE

Quadrato, con corallo rosa, zaffiri e quattro piccoli diamanti, Princess (4.500.000).

Esagonale in oro giallo, Le Gi (730.000).

Oro giallo, oro rosso, platino. E tante pietre colorate. I nuovi anelli, dall'ultra femminile al neo barocco.

Tre fedi in oro e smalto tenute insieme da una barretta, Nouvelle Bague (2.089.000).

In oro 18 carati con perla a "sbalzo", Odalik (1.500.000).

In oro giallo con scudo girevole in giada orientale, Uno A Erre Gioielli (750.000 circa).

Ispirazione barocca per l'anello con quarzo rosa, Trea (590.000 circa).

1. Anello quadrato con corallo rosa

_____

2. Anello con perla a «sbalzo»

_____

3. Anello in oro giallo con giada orientale

_____

4. Anello di tre fedi in oro e smalto

_____

C. Laura parla a Tina della settimana bianca passata in montagna con la famiglia. Completa il seguente dialogo e da' l'equivalente in italiano delle espressioni in corsivo.

LAURA: Quando siete partiti?

TINA: Siamo partiti _____ (**1.** *the second week of*

January). Io e Lorenzo abbiamo deciso di festeggiare

_____ (**2.** *our twenty-fifth*) anniversario in

montagna.

LAURA: In quanti eravate?

TINA: Tra parenti e amici eravamo più di _____ (**3.**

thirty-eight) persone. Abbiamo prenotato

_____ (**4.** *nineteen*) camere doppie.

LAURA: Quanti abitanti ci sono in quella località?

TINA: Ci sono circa _____ (5. *fifteen thousand*) abi-

tanti.

LAURA: Quanto costa al giorno una pensione?

TINA: La Pensione Stella Alpina costa circa _____ (6.

one hundred and fifty thousand) lire al giorno.

LAURA: Quanto dista da Milano?

TINA: Più o meno _____ (7. *three hundred*)

chilometri.

D. Un tuo nuovo conoscente è molto curioso e ti fa tante domande su di te e sulla tua famiglia. Rispondi alle sue domande.

1. Quanti anni hai tu? Quando sei nato(-a)?

   _____

   _____

2. Quanti anni ha tua madre? e tuo padre? Quando sono nati?

   _____

   _____

   _____

3. Quante sorelle e fratelli hai? Quanti anni hanno? Quando è il loro compleanno?

   _____

   _____

   _____

I giorni, i mesi, le stagioni, l'anno, le date

La signora Santini è la proprietaria di una grande sala dove si festeggiano molti compleanni e anniversari. Nella sua agenda annota le date dei vari ricevimenti. Completa il seguente brano dando l'equivalente in italiano delle espressioni in corsivo.

La famiglia Cristini festeggia _____ (1. *the first*

birthday) del loro _____ (2. *second son*). La festa

sarà _____ (3. *April twenty-fifth*).

I signori Tondini festeggiano _____ (4. *their thirtieth anniversary*). La cena ci sarà _____ (5. *first of June*).

_____ (6. *eighteenth*) compleanno della giovane Ristori avrà luogo _____ (7. *July thirty-first*).

In _____ (8. *fall*) saremo meno impegnati. Ci sarà solo un matrimonio, _____ (9. *twenty-eighth of October*).

Il trapassato prossimo e il trapassato remoto

A. Le seguenti persone festeggiarono avvenimenti diversi. Per ognuno immagina almeno tre cose che avevano fatto prima dell'avvenimento per organizzarsi e prepararsi.

1. L'estate scorsa i signori Gentili festeggiarono il loro cinquantesimo anniversario.

_____

_____

_____

2. L'anno passato la signora Benedetti invitò tutti i parenti a casa per passare insieme la Pasqua.

_____

_____

_____

3. A febbraio Luisa fece un ricevimento per festeggiare la sua laurea.

_____

_____

_____

B. Scrivi un brano e immagina che cosa le persone dell'invito a p. 57 avevano fatto prima del loro matrimonio. Come si erano preparati? Chi li aveva aiutati? Come?

_____

_____

_____

_____

_____

_____

_____

_____

_____

_____

C. Il signor Scotti descrive la mattina dopo un veglione di capodanno di tanti anni fa. Completa il seguente brano con la forma corretta del trapassato prossimo, del passato remoto o dell'imperfetto.

Il giorno di capodanno _____ (**1.** svegliarsi) con un terribile mal di testa.

Come _____ (**2.** stare) male! Al veglione _____ (**3.** bere)

troppo e prima di andare a letto _____ (**4.** prendere) due aspirine, che non

mi _____ (**5.** fare) passare il mal di testa. Quella mattina, quindi,

_____ (**6.** prepararsi) un bel caffè forte. Subito dopo

_____ (**7.** sentirsi) meglio. Quel giorno _____ (**8.** pro-

mettere) a me stesso di non bere più tanto!

D. La signora Alberti descrive alla nipote che cosa fece il giorno delle sue nozze. Completa il seguente brano con la forma corretta del trapassato prossimo o del trapassato remoto.

Quella mattina io ero molto stanca perché la notte prima non _____ (**1.** dor-

mire) molto. Dopo che _____ (**2.** svegliarsi), mi alzai subito. Appena mia

madre _____ (**3.** sentire) che io _____ (**4.** alzarsi),

preparò la colazione. Quando io _____ (**5.** finire) di mangiare, mi feci una

doccia. Dopo che _____ (**6.** fare) la doccia, mi misi la vestaglia. Poi andai in

salotto e vidi i regali che _____ (**7.** arrivare) il giorno prima. Dopo che io e

mia madre li _____ (**8.** aprire), lessi i telegrammi che i miei amici mi

_____ (**9.** mandare) quella mattina. Quando io andai nella mia camera da

letto e vidi l'abito da sposa che mia madre _____ (**10.** mettere) sul letto,

cominciai a piangere per l'emozione. Poi venne la parrucchiera (_hairdresser_). Dopo che mi

_____ (**11.** pettinare), mi aiutò a vestirmi.

Che cosa sappiamo degli italiani?

3

Lingua, usi, costumi e feste nelle diverse regioni italiane

L'Italia si considera divisa geograficamente e in genere anche culturalmente in tre parti principali: il Nord detto anche il settentrione, il centro e il Sud detto anche meridione o mezzogiorno. La divisione è dovuta soprattutto alla storia della nazione: infatti,
5 dalla caduta° dell'impero romano fino all'unità avvenuta tra il   fall
1860 e il 1870, la storia d'Italia non è quella di una nazione unica, ma di città-stato, o di piccoli stati spesso in lotta fra di loro. Questa storia millenaria, diversa nelle varie parti della penisola italiana, ha portato a notevoli differenze culturali ancora oggi presenti
10 nelle regioni italiane. Le differenze si avvertono° nei dialetti, negli   si... are observed
usi e costumi delle varie popolazioni, nei riti tradizionali, nel folklore e nei modi di celebrare anche quelle feste che ormai sono comuni a tutta la nazione. Tra le diverse regioni ci sono anche notevoli differenze culinarie, cioè ogni posto ha le sue tradizioni
15 per quanto riguarda la cucina: viaggiando in Italia, infatti, attraverso le varie regioni, non mangiamo quasi mai le stesse cose. Cambiano i condimenti, i tipi di primi e i tagli della carne; i dolci sono diversissimi, e addirittura anche il pane ha forme e nomi diversi a seconda delle città; al Nord si condisce di più con il burro,
20 al Sud con l'olio; al Sud la cucina è in genere più piccante. Nelle regioni costiere ovviamente prevalgono i piatti di pesce, ma anche questi sono diversi a seconda che ci troviamo sul Tirreno o sull'Adriatico. Ogni regione inoltre ha anche i suoi vini tipici molto diversi l'uno dall'altro, dai vini bianchi leggeri della zona intorno a
25 Roma, ai vini molto forti delle isole, dal Chianti prodotto in Toscana al Barolo del Piemonte, al Lambrusco dell'Emilia Romagna, al vino dolce di Marsala in Sicilia.

Anche la storia della lingua italiana è molto lunga e complessa. Basterà comunque accennare° che oggi l'italiano cosiddetto°   indicate / so-called
30 «nazionale» è soprattutto una combinazione della lingua di Firenze e quelle di Roma e Milano. In seguito alla diffusione della radio, della televisione, del cinema, dei giornali, e soprattutto della scuola dell'obbligo in tutta la penisola, questa lingua si va uniformando sempre di più. Accanto ad essa, comunque, in ogni regione, soprav-
35 vivono° i dialetti, più o meno divergenti dalla lingua nazionale. A   survive
volte i dialetti sono così diversi fra loro che persone di due regioni diverse possono anche non riuscire a capirsi e comunicare.

Un importante elemento culturale unificante della società italiana è la religione: il cattolicesimo è la religione prevalente in
40 Italia e quasi tutti gli italiani sono di religione cattolica. Ogni paese

o città ha il suo santo patrono che viene celebrato in uno specifico giorno dell'anno. Le forme di celebrazione sono diverse e a volte riflettono elementi religiosi antichissimi della civiltà greco-romana.

45 Una festa che si celebra più o meno in tutta Italia è il Carnevale che è caratterizzato da manifestazioni di allegria e da riti propiziatori° per il bene della comunità. Sono tipici del Carnevale canti, balli, scherzi, corsi° mascherati e banchetti° che testimoniano le antiche origini pagane di questa festa. Oggi restano

50 famosi soprattutto il Carnevale di Venezia e quello di Viareggio, noto per la sfilata° dei carri che sono molto spesso satirici e politicamente simbolici.

Tante città italiane hanno conservato alcune cerimonie e celebrazioni famose in tutto il mondo. Una delle più conosciute è la

55 festa del Palio a Siena. Questa è sostanzialmente una corsa° di cavalli che si tiene nella bellissima Piazza del Campo in due periodi dell'anno, a luglio e ad agosto. Le 17 contrade della città, cioè i quartieri che risalgono° alle divisioni cittadine del Medioevo, sono rappresentate ciascuna da un cavallo e un fantino°. La corsa

60 dura pochi minuti, ma le preparazioni e gli antagonismi tra contrade durano° tutto l'anno e tutti gli abitanti ne sono coinvolti°.

Ogni regione ha anche il suo artigianato tipico. I prodotti artigianali italiani sono in genere considerati sofisticati ed elaborati, grazie soprattutto all'influenza dell'elevata arte del Medioevo e del

65 Rinascimento. Varie regioni italiane sono famose per la produzione di oggetti di ceramica altamente decorativi, che assumono forme e motivi diversi a seconda del° luogo di produzione. Anche tappeti° e coperte°, di tessuti° dalla lavorazione° particolare sono ancora prodotti in Sardegna, Veneto e Abruzzo. Oggetti di cristallo

70 raffinatissimi sono fatti a mano da esperti artigiani a Murano, nel Veneto; la lavorazione di oggetti di rame° e di filigrana d'oro e d'argento fa ancora parte della tradizione di tante regioni.

Alcune città italiane sono conosciute nel mondo per i loro festival culturali. A Firenze si celebra il Maggio Fiorentino, con rap-

75 presentazioni teatrali, concerti, opere e balletti. A Spoleto il Festival dei Due Mondi è conosciuto per il livello internazionale dei musicisti, cantanti e ballerini che vi partecipano. A Siracusa, splendida città di origine greca in Sicilia, si rappresentano ogni due anni, a giugno, le tragedie dei grandi autori greci. Una delle

80 manifestazioni culturali più controverse è quella della Biennale di Venezia: mostra d'arte d'avanguardia° che provoca discussioni per le scelte° spesso provocatorie delle esibizioni.

auspicious

parades / banquets

parade

race

go back to
jockey

last / involved

a... according to
rugs / blankets / fabrics / work-manship

copper

avant-garde
choices

Verifichiamo

A. In base alle informazioni lette, indica se le seguenti affermazioni sono vere o false e correggi quelle sbagliate.

_____ **1.** La diffusione dei dialetti è in aumento.

_____ **2.** La cucina varia in ogni città italiana.

_____

_____ **3.** Il Palio di Siena è una mostra d'arte.

_____

_____ **4.** Murano è famosa per il vetro e il cristallo.

_____

_____ **5.** L'artigianato italiano è sofisticato per l'influenza dell'arte greca.

_____

_____ **6.** Siracusa è una città di origine greca.

_____

_____ **7.** La Biennale di Venezia è una mostra d'arte molto tradizionale.

_____

B. Considerando le informazioni del brano precedente, dove ti piacerebbe andare in Italia e perché?

_____

_____

_____

_____

C. Identifica alcune similarità e differenze tra l'Italia e il tuo Paese nei seguenti aspetti:

1. cucina

_____

_____

_____

_____

2. celebrazioni cittadine

_____

_____

_____

_____

_____

3. mostre d'arte

_____

_____

_____

_____

_____

4. uniformità di lingua

_____

_____

_____

_____

5. presenza di culture diverse

_____

_____

_____

_____

_____

Capitolo

Gli italiani e le vacanze

Strutture

Il modo congiuntivo

A. Paolo e Elisabetta si preparano per un viaggio in treno. La signora Bianchini gli spiega che cosa è necessario che loro facciano. Completa il seguente brano con la forma corretta del congiuntivo presente.

È meglio che voi _____ (**1.** andare) a un'agenzia di viaggi. Bisogna che

voi _____ (**2.** prenotare) i posti in tempo. È probabile che i treni

_____ (**3.** essere) molto affollati in questo periodo. È bene che voi

_____ (**4.** prendere) un rapido. Sarà necessario che voi

_____ (**5.** pagare) il supplemento rapido. È meglio che voi

_____ (**6.** viaggiare) di notte. Di giorno è probabile che

_____ (**7.** fare) molto caldo.

B. Franca è ritornata da un lungo viaggio e non ha voluto raccontare alle sue amiche né dove è andata né cosa ha fatto. Paola e Luisa cercano di immaginare che cosa la loro amica abbia fatto. Completa il seguente dialogo con la forma corretta del congiuntivo passato.

PAOLA: Quando credi che Franca _____ (**1.** tornare)?

LUISA: Non sono sicura, ma credo che _____ (**2.** partire) il 13 agosto scorso.

PAOLA: Dove pensi che _____ (**3.** andare)?

LUISA: Può darsi che _____ (**4.** fare) una visita a sua zia a Roma.

PAOLA: Dubito che _____ (**5.** recarsi) dalla zia. È facile che

_____ (**6.** visitare) un paese esotico. Penso che lei

_____ (**7.** comprare) un biglietto aereo.

LUISA: No, io credo che _____ (**8.** noleggiare) una macchina. È probabile che

_____ (**9.** stare) in una grande città, per fare nuove amicizie.

PAOLA: Penso che lei _____ (10. innamorarsi) di qualcuno.

LUISA: Spero che _____ (11. conoscere) un uomo intelligente e serio.

C. All'inizio dell'estate i direttori di due agenzie di viaggi discutono sulle abitudini degli italiani riguardo alle vacanze. Completa il seguente dialogo con la forma corretta del congiuntivo presente o passato.

RENZO: Penso che quest'anno tutti gli italiani _____ (1. partire) per le isole.

RICCARDO: No, io credo che quest'anno i loro gusti _____ (2. cambiare). Sono

contento che l'estate scorsa tanti _____ (3. scegliere) dei viaggi in paesi

lontani.

RENZO: Io spero che anche quest'estate i miei clienti _____ (4. comprare)

biglietti per viaggi costosi in luoghi esotici.

RICCARDO: È possibile però che quest'anno molti _____ (5. preferire) rispar-

miare. È probabile che molti italiani _____ (6. restare) a casa. È possi-

bile che loro _____ (7. fermarsi) in località vicine.

RENZO: Penso che l'anno scorso la mia agenzia _____ (8. fare) ottimi affari, ma

non sono sicuro di come le cose _____ (9. stare) andando quest'anno.

RICCARDO: Mi auguro che tutti e due noi _____ (10. guadagnare) abbastanza e

che anche noi _____ (11. potere) permetterci di fare un bel viaggio!

D. Scrivi un breve brano e parla di quello che tu pensi che molti abitanti del tuo Paese facciano quest'estate e perché. Che cosa è probabile che abbiano fatto l'estate scorsa?

_____

_____

_____

_____

_____

_____

_____

_____

L'uso del modo congiuntivo in proposizioni dipendenti

A. Un addetto dell'A.C.I. (Automobile Club d'Italia) dà alcuni suggerimenti agli automobilisti che partono per le vacanze estive. Completa le seguenti frasi con la forma corretta del congiuntivo presente o dell'infinito.

1. Bisogna _____ (evitare) di partire durante il periodo di punta.

2. È importante che le fabbriche non _____ (chiudere) tutte durante lo stesso periodo.

3. È meglio _____ (scaglionare) le partenze.

4. È probabile che durante il mese di agosto sulle autostrade _____ (esserci) lunghe code.

5. È possibile che il traffico _____ (provocare) gravi incidenti stradali.

6. È importante _____ (partire) di mattina presto.

7. È preferibile non _____ (viaggiare) durante le ore calde.

8. È bene che gli automobilisti _____ (riposarsi) durante il tragitto verso i luoghi di vacanza.

9. È necessario _____ (fermarsi) spesso.

10. Occorre che gli automobilisti _____ (bere) molta acqua.

11. È meglio che loro _____ (tenere) i finestrini chiusi.

12. È importante però _____ (cambiare) spesso l'aria all'interno della macchina.

B. Un giornalista della Rai (Radiotelevisione Italiana) conduce un'inchiesta sulle vacanze degli italiani. Completa il seguente dialogo con la forma corretta del presente congiuntivo o del presente indicativo.

GIORNALISTA: Scusi, dove _____ (1. andare) Lei in vacanza quest'anno?

SIGNORA: Sono sicura che quest'anno io e mio marito _____ (2. restare) a casa. Pare che i miei figli _____ (3. partire) con i loro amici. Desideriamo che loro _____ (4. andare) in qualche località di mare.

GIORNALISTA: È vero che gli italiani _____ (5. preferire) passare le vacanze al mare?

SIGNORA: Sì, sembra che per lo più gli italiani _____ (6. passare) le vacanze sulle

coste italiane. Penso comunque che molti _____ (7. visitare) anche città

straniere. So che molti dei miei amici _____ (8. scegliere) ogni anno una

città diversa da visitare. Temo però che i miei figli non _____ (9. avere)

interessi culturali.

GIORNALISTA: Signora, crede che a suo marito _____ (10. piacere) viaggiare?

SIGNORA: Certo che gli _____ (11. piacere) viaggiare! Ma ho paura che

quest'anno noi non _____ (12. potere) allontanarci da casa a causa del

suo lavoro.

C. Immagina di fare un viaggio in aereo. Scrivi un brano e descrivi che cosa è necessario che tu fac-cia prima di partire. Usa le seguenti espressioni.

bisogna   è meglio   è probabile

è impossibile   è possibile   occorre

_____

_____

_____

_____

_____

_____

_____

_____

D. Alcuni amici parlano dei loro piani per le vacanze estive di quest'anno. Unisci le frasi e usa il con-giuntivo o l'infinito, facendo i cambiamenti necessari.

1. Mi auguro / I miei genitori mi lasciano usare la casa di Courmayeur.

_____

2. Ho paura / Io devo rimanere in città a lavorare.

_____

3. Mi dispiace / I miei fratelli non hanno ancora deciso dove andare.

_____

4. Mi rincresce / Mia madre ha prenotato un viaggio in Indonesia. Vorrei restare a casa.

_____

5. Sono contento / Passo l'estate a lavorare e leggere.

_____

6. Spero / I miei amici non vanno in montagna.

_____

7. Penso / Mio padre ha affittato la solita casa al mare.

_____

8. Mi aspetto / Voi avete già organizzato le vacanze.

_____

9. Sono sorpreso / Salvo e Bianca hanno deciso di fare una crociera.

_____

E. Leggi la réclame e poi rispondi alle domande che seguono.

1. Perché secondo la réclame è meglio viaggiare in primavera? Quali pensi che siano gli aspetti positivi e quelli negativi del viaggiare in questa stagione?

_____

_____

_____

_____

2. Quale pensi tu che sia il periodo migliore per viaggiare? Perché?

_____

_____

_____

3. Dove possono andare i turisti italiani a prezzi convenienti?

_____

_____

Formule di Primavera
l'Europa da lire
320.000
l'America da lire
849.000

Poca folla, prezzi convenienti e clima ideale: è il momento migliore per viaggiare. Per questo Alitalia vi offre le straordinarie tariffe primaverili di Formula Europa e Formula America. E in più potrete usufruire di particolari sconti presso le stazioni Hertz, gli hotel ITT Sheraton e gli Universal Studios a Hollywood e in Florida. Informatevi nelle Agenzie di viaggi e negli Uffici Alitalia: c'è una Formula per ogni desiderio.

Alitalia

4. Perché pensi che l'Alitalia offra tariffe primaverili speciali?

_____

_____

_____

_____

5. Oltre alle tariffe aeree, che altro offre l'Alitalia ai clienti?

_____

_____

_____

_____

6. Immagina la vacanza di un turista italiano a Los Angeles. Che cosa credi che faccia ogni giorno? Che cosa dubiti che faccia?

_____

_____

_____

_____

F. Alcuni amici ti hanno mandato la cartolina che segue e tu e Rossella cercate di immaginare che cosa possano aver fatto. Rispondi alle domande di Rossella con la forma corretta del congiuntivo presente o passato.

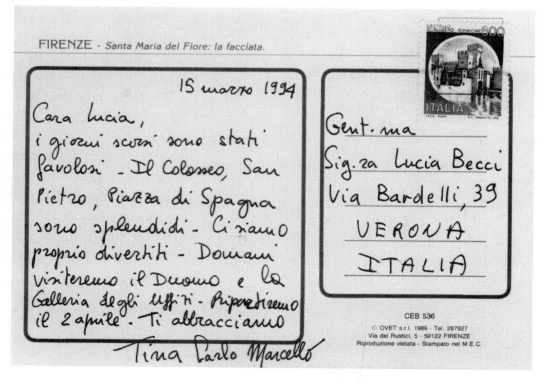

1. **Dove saranno andati prima?**

   Credo che _____

   _____

2. **Quanto tempo saranno rimasti?**

   È probabile che _____

   _____

3. **Dove saranno adesso?**

   Penso che _____

   _____

4. **Cosa avranno fatto per divertirsi?**

   Mi auguro che _____

   _____

5. **Quando torneranno a casa?**

   Suppongo che _____

   _____

Altri usi del congiuntivo in proposizioni dipendenti

Il signor Agresti si reca in un posto di montagna per riposarsi. All'arrivo parla con il proprietario della pensione. Completa il seguente dialogo usando il congiuntivo presente o passato e facendo i cambiamenti necessari.

IMPIEGATO: C'è qualcos'altro che io _____ (1. potere) fare per lei?

SIG. AGRESTI: Cerco solo un posto che _____ (2. essere) molto rilassante.

IMPIEGATO: Chiunque _____ (3. venire) qui, vuole sempre ritornarci.

SIG. AGRESTI: C'è qualcuno che _____ (4. potere) accompagnarmi in paese in

   macchina?

IMPIEGATO: La faccio accompagnare dovunque lei _____ (5. volere) andare.

SIG. AGRESTI: Questi sembrano i luoghi più tranquilli che io _____ (6. vedere)

   mai.

IMPIEGATO: Sono sicuro che questa sarà la vacanza più bella che lei _____ (7. fare)

   mai in tutta la sua vita.

SIG. AGRESTI: Per ora qui non c'è niente che non mi _____ (8. piacere).

Il congiuntivo dopo le congiunzioni

Elisabetta cerca di convincere Bianca ad andare in vacanza con lei. Completa il dialogo usando le seguenti frasi e la forma corretta del congiuntivo o dell'infinito dei verbi indicati.

essere tutte occupate   sapere quando si parte

avere abbastanza tempo   divertirmi e conoscere gente

cominciare le ferie a giugno   partire per le vacanze

partire prima di luglio   essere esaurito

1. BIANCA: Vengo purché tu non _____

   _____

2. ELISABETTA: Ti aspetto, benché io _____

   _____

3. BIANCA: Cercherò di organizzarmi presto, nonostante non _____

   _____

4. ELISABETTA: Io vado in vacanza soltanto per _____

   _____

5. BIANCA: Prenoti l'albergo prima di _____

   _____ ?

6. ELISABETTA: Sì, bisogna prenotare prima che tutto _____

   _____

7. BIANCA: Allora, telefoniamo, nel caso che le camere _____

   _____

8. ELISABETTA: Non mi piace viaggiare senza _____

   _____

I pronomi tonici

Costanza ha vinto un viaggio premio su una piccola isola. Un'amica le fa delle domande a questo proposito. Rispondi alle sue domande usando un pronome tonico.

1. Pensi di partire con i tuoi fratelli?

   Sì, _____

2. Pensi di andare senza il tuo ragazzo?

   No, _____

3. Tua sorella vorrebbe andare insieme a te?

Sì, _____

4. Ti piacerà vedere il mare tutto intorno a te?

Sì, _____

5. Al tuo ritorno, vuoi venire in campagna da me e Daniela?

Sì, _____

6. Tua madre parte con la sua amica?

No, _____

La città italiana e la provincia

Strutture

I comparativi e superlativi

A. Giovanna e Paola paragonano tra loro alcune regioni e città italiane. Scrivi delle frasi complete con la forma corretta dell'aggettivo o del nome in parentesi. Usa **tanto... quanto, così... come, più... di / che** o **meno... di / che** e fa' i cambiamenti necessari.

ESEMPIO: Roma / Perugia (grande)

Roma è più grande di Perugia.

1. Il Nord d'Italia / il Sud d'Italia (industrializzato)

   _____

2. Firenze / Venezia (bello)

   _____

3. I romani / i milanesi (simpatico)

   _____

4. Il clima di Palermo / il clima di Bologna (mite)

   _____

5. Le strade di Roma / le strade di Milano (intasato)

   _____

6. A Bari / a Genova (monumenti storici)

   _____

7. Il rumore dei clacson / il rumore dei motorini (assordante)

   _____

8. Al centro di Roma / al centro di Siena (pedoni)

   _____

B. Matteo paragona la vita in città alla vita in provincia. Scrivi delle frasi complete con gli elementi dati e usa **più / meno.... di** o **più / meno... che** e fa' i cambiamenti necessari.

ESEMPIO: in una grande città / in una città di provincia (lavoro)

In una grande città c'è più lavoro che in una città di provincia.

1. in città / in provincia (criminalità)

_____

2. l'aria in città / l'aria in provincia (respirabile)

_____

3. la vita in città / la vita in provincia (tranquillo)

_____

4. in città / in provincia (stimoli culturali)

_____

5. le strade in città / le strade in provincia (sporco)

_____

6. il traffico in città / il traffico in provincia (caotico)

_____

7. in città / in provincia (opportunità economiche)

_____

8. il costo della vita in città / il costo della vita in provincia (elevato)

_____

9. il ritmo di vita in provincia / il ritmo di vita in città (stressante)

_____

C. Lucia esprime alcuni giudizi sulle città italiane. Riscrivi i suoi giudizi e usa il comparativo di uguaglianza, maggioranza o minoranza. Fa' tutti i cambiamenti necessari.

ESEMPIO: Siracusa è una bella città. Anche Agrigento è una bella città.

Siracusa è tanto (*or* così) bella quanto (*or* come) Agrigento.

1. Il traffico a Palermo scorre lentamente. Anche a Firenze il traffico scorre lentamente.

_____

_____

2. A Milano ci sono poche isole pedonali. A Roma ci sono molte isole pedonali.

_____

_____

3. Le strade di Siena sono molto strette. Anche le strade di Pisa sono molto strette.

_____

_____

4. A Roma ci sono molte fontane. A Milano ci sono poche fontane.

_____

_____

5. I palermitani passeggiano molto. Anche i fiorentini passeggiano molto.

_____

_____

6. Nelle città italiane è molto difficile circolare in macchina. Nelle città italiane è molto facile circolare a piedi.

_____

_____

7. Alcuni comuni spendono molti soldi. Alcuni comuni riscuotono poche in tasse.

_____

_____

8. A Roma ci sono molte chiese barocche. A Roma ci sono poche chiese moderne.

_____

_____

9. Per chi vive in una grande metropoli ci sono molti vantaggi. Per chi vive in una grande metropoli ci sono pochi svantaggi.

_____

_____

D. Roberta visita Palermo per la prima volta e fa molte domande alla sua guida. Rispondi alle domande di Roberta e usa il superlativo relativo.

ESEMPIO:　È molto vecchia questa piazza? (città)

　　　　　È la piazza più vecchia della città.

1. È molto antica questa chiesa? (regione)

   _____

2. Sono molto famosi questi artisti? (Medioevo)

   _____

3. Queste strade sono molto frequentate? (città)

   _____

4. Queste vie sono molto eleganti? (Palermo)

   _____

5. Questa strada è molto rumorosa? (quartiere)

   _____

6. Sono molto importanti questi monumenti? (epoca normanna)

   _____

7. È molto grande questo parco? (zona)

   _____

E. Pietro parla di Venezia con una turista americana. Completa le seguenti frasi con la forma corretta del superlativo assoluto.

   ESEMPIO: Queste strade sono strette, infatti sono **strettissime.**

1. Piazza San Marco è sempre affollatta, infatti è

   _____ .

2. Questo negozio è caro, infatti è

   _____ .

3. Il proprietario del negozio è ricco, infatti è

   _____ .

4. Questa cupola è bella, infatti è

   _____ .

5. Questi cavalli sono famosi, infatti sono

   _____ .

6. Queste statue sono antiche, infatti sono

   _____ .

7. Questo campanile è alto, infatti è

_____ .

8. Questa piazza è importante, infatti è

_____ .

9. Queste vie sono lunghe, infatti sono

_____ .

10. Quest'albergo è vecchio, infatti è

_____ .

F. Alessandra visita una grande città europea e la paragona alla sua piccola cittadina di provincia. Completa le seguenti frasi con la forma corretta di **migliore, peggiore, minore, maggiore, ottimo** o **pessimo.**

1. Le infrastrutture nella mia cittadina sono efficientissime, sono _____ di

queste. **2.** Infatti le nostre infrastrutture sono _____ . **3.** Invece le infra-

strutture di questa città sono _____ . **4.** Il nostro museo contiene le opere

dei _____ artisti del Rinascimento. **5.** Il nostro museo è

_____ di questo. **6.** Infatti il nostro è un _____ museo.

7. In questo museo invece ci sono solo opere _____ di artisti sconosciuti.

8. Questo museo è _____ del nostro. **9.** Infatti è un

_____ museo. **10.** Il nostro teatro comunale è molto piccolo. Invece questo

teatro è molto famoso: è _____ del nostro. **11.** In questo teatro hanno

cantato i _____ cantanti lirici del secolo. **12.** Questa biblioteca è molto

grande e contiene le opere _____ degli scrittori europei. **13.** La nostra

biblioteca è molto piccola e insignificante; è _____ di questa. **14.** Infatti

questa biblioteca è _____ . **15.** La nostra biblioteca invece è

_____ .

G. Paragona due città che conosci bene. Prendi in considerazione i seguenti elementi e usa i comparativi di uguaglianza, minoranza e maggioranza.

1. le strutture 5. la qualità della vita

2. il lavoro 6. i ristoranti

3. le scuole 7. le industrie

4. i mezzi di trasporto 8. le attività culturali

_____

_____

_____

_____

_____

_____

_____

_____

_____

_____

_____

_____

_____

_____

_____

_____

_____

H. Dove vorresti vivere? Descrivi come sarebbe la tua città o il tuo paese ideale. Usa il superlativo assoluto nella tua descrizione.

_____

_____

_____

_____

_____

_____

_____

Gli avverbi

A. Gianni si è appena trasferito in campagna. Un suo amico gli fa delle domande riguardo alla vita in campagna. Rispondi alle domande dell'amico con la forma corretta dell'avverbio formato dall'aggettivo in parentesi.

ESEMPIO: Come si svolge la tua vita giornaliera? (tranquillo)

La mia vita giornaliera si svolge tranquillamente.

1. Come vivete in campagna? (piacevole)

   _____

2. Come si comportano i vicini con voi? (cortese)

   _____

3. Come dormite la notte? (sereno)

   _____

4. Come mangiate? (meraviglioso)

   _____

5. Come funzionano le strutture? (regolare)

   _____

B. Esprimi le tue opinioni su alcune località italiane e sui mezzi di trasporto. Completa le frasi seguenti scegliendo uno degli avverbi dati.

1. Firenze mi piace tanto e cerco di andarci _____ (mai, spesso).

2. Odio la campagna e ci vado _____ (raramente, subito).

3. Il treno da Milano a Firenze viaggia molto _____ (velocemente, pochino).

4. In autobus si viaggia _____ (comodamente, tardi).

5. Mi piacciono le città a misura d'uomo e vado a Siena _____ (assidua-mente, ieri).

6. Quando vado a Pisa vado anche al mare, perché è _____ (dopo, là vicino).

7. Ho visto Napoli una volta _____ (solamente, così).

Il congiuntivo imperfetto e trapassato

A. I figli della signora Donadoni hanno lasciato la campagna per passare il week-end in città. La signora Donadoni parla con un'amica delle sue preoccupazioni prima che i figli partissero. Scrivi delle frasi complete usando gli elementi dati e il congiuntivo imperfetto.

ESEMPIO: credere / loro partire di sera

Credevo che loro partissero di sera.

1. temere / fare freddo

   _____

2. volere / loro mettersi una giacca

_____

3. desiderare / loro telefonare appena arrivati

_____

4. avere paura / loro perdere il treno

_____

5. pensare / mio marito li accompagnare alla stazione

_____

6. rincrescermi / loro dormire in albergo

_____

7. sperare / loro divertirsi

_____

8. avere paura / gli succedere qualcosa

_____

B. Paolo ha abbandonato il suo piccolo paese e si è trasferito in una grande città del Nord. Adesso racconta le reazioni dei suoi familiari e dei suoi amici quando hanno sentito che aveva intenzione di trasferirsi. Modifica le seguenti frasi dal presente al passato facendo i cambiamenti necessari.

ESEMPIO: I miei genitori sono ansiosi che io mi sistemi bene.

I miei genitori erano ansiosi che io mi sistemassi bene.

1. Mia madre non vuole che io parta.

_____

2. Mio padre desidera che io trovi lavoro in paese.

_____

3. I miei fratelli dubitano che io mi trasferisca.

_____

4. Mia sorella ha paura che io me ne vada.

_____

5. I miei amici temono che io mi dimentichi di loro.

_____

6. È probabile che all'inizio io mi senta solo.

_____

7. È possibile che i miei amici vengano a trovarmi.

_____

8. Mi rincresce che la mia famiglia viva tanto lontano.

_____

9. Mi dispiace che la mia ragazza resti sola.

_____

C. Paolo racconta al suo amico quello che ha fatto quando è arrivato in città e l'amico esprime i suoi dubbi. Immagina le reazioni dell'amico riscrivendo le frasi con la forma corretta del trapassato congiuntivo e uno dei seguenti verbi.

| credere | non sapere | sperare |
| dubitare | pensare | volere |

ESEMPIO: Io sono partito di mattina presto.

Credevo che tu fossi partito di sera.

1. Io sono arrivato in città il 10 gennaio.

_____

2. Sono andato in un albergo vicino alla stazione.

_____

3. Ho affittato un piccolo monolocale in periferia.

_____

4. Mio padre mi ha dato dei soldi.

_____

5. Mi sono trasferito nell'appartamento dopo pochi giorni.

_____

6. Ho comprato dei mobili.

_____

7. Non ho speso molto.

_____

8. I miei vicini sono stati molto gentili.

_____

9. Mio padre mi ha spedito altri soldi.

_____

10. Un mio cugino è venuto a trovarmi.

_____

La concordanza dei tempi del congiuntivo

A. Leggi il seguente trafiletto (*short article*) preso da una rivista e poi rispondi alle domande che seguono.

Siamo entrati nella stagione degli "scooteristi": quella popolazione composta da quattordicenni e da adulti, che si sposta - soprattutto in città - preferibilmente su due ruote. Sarà perché così facendo si risolvono i problemi di traffico e di parcheggio, o forse perché i modelli in circolazione sono sempre più accessoriati, comodi, sicuri e dalle linee accattivanti, ma un dato è certo: la tribù degli scooterdipendenti cresce di anno in anno, raccogliendo i favori di tutti quelli, donne, manager e professionisti, che hanno eletto il motorino a mezzo di trasporto preferito nella stagione calda. Condizioni indispensabili: una discreta disponibilità economica e il rispetto delle elementari norme di sicurezza, prima fra tutte l'uso del casco.

1. Chi sono gli «scooteristi»?

_____

_____

2. Sapevi che eravamo entrati nella stagione degli scooteristi?

_____

_____

3. Perché credi che la primavera sia la stagione degli scooteristi?

_____

_____

4. Perché pensi che in città la gente si sposti su due ruote?

_____

_____

5. Sapevi che la tribú degli scooterdipendenti era cresciuta tanto?

_____

_____

6. Perché credi che molti professionisti abbiano eletto il ciclomotore come il mezzo di trasporto preferito?

_____

_____

B. Quest'estate Fabrizio è rimasto in città con la sorella e racconta ad un amico le sue impressioni e che cosa hanno fatto. Riscrivi le frasi usando il tempo corretto del congiuntivo.

1. Anche d'estate la città è molto bella.

   Penso che _____

   _____ .

2. Ci sono tanti concerti all'aperto.

   Mi sembrava strano che _____

   _____ .

3. Molti musei sono rimasti aperti la sera.

   Sarebbe stato bello se _____

   _____ .

4. Sono arrivati tanti turisti stranieri.

   Mi meraviglio che _____

   _____ .

5. Il festival del cinema è stato molto interessante.

   Credo che _____

   _____ .

6. Gli altri amici erano partiti tutti.

Non immaginavo che _____

_____ .

7. Andavamo in pizzeria spesso.

Mia madre non pensava che _____

_____ .

8. Uscivamo ogni sera in compagnia di gente nuova.

Era difficile che non _____

_____ .

C. Luciana racconta agli amici una gita a Firenze che fece con la scuola. Completa il seguente brano con la forma corretta dei vari tempi dell'indicativo, del congiuntivo e del condizionale. Usa il passato remoto come verbo principale.

Quando io _____ (1. frequentare) il liceo, _____ (2. avere) un professore di storia dell'arte molto simpatico. Il nostro professore _____ (3. volere) che noi _____ (4. visitare) le città più famose per l'arte. Un giorno lui ci _____ (5. dire) che presto ci _____ (6. portare) a Firenze in autobus e che _____ (7. organizzare) già tutto. Lui _____ (8. aggiungere) che noi _____ (9. partire) di mattina molto presto. Io _____ (10. essere) molto felice perché non _____ (11. vedere) mai Firenze. Il professore _____ (12. pensare) che io _____ (13. stare) già a Firenze. Quella mattina noi _____ (14. svegliarsi) molto presto. Tutti i ragazzi _____ (15. essere) stanchi perché la notte prima non _____ (16. dormire) abbastanza. Il professore _____ (17. sperare) che noi _____ (18. ascoltare) attentamente le sue spiegazioni. Il mio amico Carlo _____ (19. volere) che io _____ (20. prendere) appunti.

Quando noi _____ (21. arrivare) a Firenze io _____ (22. rimanere) sbalordita. Io non _____ (23. immaginare) che la città _____ (24. essere) così bella, benché il professore ce ne _____ (25. parlare) tanto.

Che cosa sappiamo degli italiani?

4

L'ambiente e il patrimonio artistico

Una delle industrie italiane più importanti è quella del turismo. Da tutto il mondo infatti vengono in Italia turisti attratti dalle bellezze naturali della penisola e dall'immensa ricchezza del patrimonio artistico.

5   L'Italia è circondata dal mare da tre lati: questo rende la costa italiana particolarmente lunga e variata. Ci sono tratti° di costa in cui montagne e rocce° scendono a picco° sul mare e altri tratti di spiagge sabbiose, lunghissime e larghe. Località di mare particolarmente attraenti sono le numerosissime isole italiane, grandi

10 come la Sicilia e la Sardegna, e più piccole come l'isola d'Elba o le isole Eolie.

    L'Italia ha anche due principali catene di montagne: le Alpi, che formano un arco al nord del Paese, da est ad ovest, e gli Appennini che percorrono° tutta la penisola in senso° verticale,

15 dal nord al sud. Quindi sono tante anche le località di montagna conosciutissime e molto belle.

    In Italia ci sono diversi parchi nazionali, tra cui il Parco del Gran Paradiso e il Parco dello Stelvio sulle Alpi, il Parco Nazionale d'Abruzzo sugli Appennini, il Parco del Circeo e il Parco Nazionale

20 della Calabria. Oltre a organi statali che si occupano della conservazione dell'ambiente, oggi ci sono anche tante organizzazioni private che cercano di difendere e preservare le zone naturali che rivestono una particolare importanza ecologica. Attualmente esiste anche un partito politico, quello dei Verdi, che si occupa dei

25 problemi dell'inquinamento e della difesa dell'ambiente. Sembra che stia anche cambiando l'atteggiamento di alcune industrie, che hanno realizzato come il «produrre pulito» possa rispondere anche alla logica dell'industria, aprendo un nuovo settore di attività per le imprese. La Cee ha iniziato nel 1991 un programma

30 di controllo ecologico istituendo il marchio «ecolabel» raffigurante un fiore con una «E» nel mezzo. Questo marchio costituisce una prova di controllo di qualità. Il prodotto «certificato» è più competitivo rispetto agli altri prodotti con marchi liberi: infatti la presenza dell'ecolabel è una prova che quel certo prodotto

35 possiede addirittura una qualità superiore anche a quella degli standard di legge. Le norme di legge infatti in questo caso non solo sono state osservate, ma sono state superate spontaneamente.

    Il problema dell'inquinamento è sentito in modo particolare nei centri storici delle antiche città italiane. Ogni città italiana

40 infatti è particolarmente ricca di monumenti, chiese ed edifici antichi, che si trovano per lo più in centro: per preservare questo patrimonio quasi dovunque il centro storico è ora chiuso al traffico di automobili e di autobus.

stretches

cliffs / a... sheer drop

extend / direction

Il patrimonio artistico italiano è uno dei più ricchi del mondo:
tutte le epoche storiche e artistiche sono rappresentate nelle
diverse regioni e città. Al sud dell'Italia, come in Campania, Calabria e Sicilia, troviamo i resti archeologici dell'epoca greca,
soprattutto templi e teatri. In Campania possiamo visitare Pompei,
la famosa città romana sepolta° sotto la lava dopo un'eruzione del   buried
Vesuvio e rimasta per secoli quasi intatta. In Toscana prevalgono
monumenti ed opere d'arte del Rinascimento. Città come Venezia
e Ravenna rivelano invece l'influenza dell'arte bizantina. Milano è
ricca di esempi di arte romanica e gotica, come il famosissimo
Duomo. In tutto il territorio della penisola, comunque, paesi
grandi e piccoli possiedono opere d'arte di incalcolabile valore.
Nelle maggiori città, come Roma, Firenze, Milano, Bologna,
Palermo, Venezia e Napoli, ci sono inoltre numerosi e importantis-
simi musei. Preservare questo immenso tesoro artistico è
purtroppo un grande problema, soprattutto economico: tutte le
opere d'arte richiedono infatti costante supervisione e restauro.
Ad un calcolo approssimativo risulta che soltanto un'opera su
sette riceve la dovuta attenzione ed esposizione. A volte poi una
città intera, come Venezia, richiede opere di rifacimento° per   restoration
riparare i danni° causati dal tempo, dalla gente e dall'inquina-   damages
mento. Il restauro però di una città intera implica gravi problemi
economici, politici e sociali.

Verifichiamo

A. Basandoti sul brano letto, indica se le seguenti affermazioni sono vere o false scrivendo **V** o **F** negli appositi spazi e correggi quelle sbagliate.

_____ 1. Gli italiani non si occupano affatto della conservazione dell'ambiente.

_____

_____ 2. Il territorio italiano è costituito di una unica grande pianura.

_____

_____ 3. Le coste italiane offrono paesaggi molto vari.

_____

_____ 4. In Italia ci sono molte località di montagna.

_____

_____ 5. Il patrimonio artistico italiano comprende opere d'arte soprattutto rinascimentali.

_____

_____ 6. Quasi tutte le città italiane hanno una grande importanza artistica.

_____

B. Che cos'è l'«ecolabel»?

_____

_____

_____

_____

_____

_____

C. Indica quali sono i maggiori problemi ambientali in Italia.

_____

_____

_____

_____

_____

_____

D. Tenendo presente il brano precedente, prepara un itinerario per un viaggio in Italia, indicando dove vorresti andare e che cosa ti piacerebbe vedere e visitare.

_____

_____

_____

_____

_____

Capitolo

La dieta mediterranea e la salute

Strutture

Il partitivo

A. Margherita descrive all'amico Sandro la cena che ha preparato la sera prima per un gruppo di amici. Completa le frasi con la forma corretta del partitivo **di + articolo.**

Per antipasto ho preparato _____ **(1.)** prosciutto crudo da mangiare con

_____ **(2.)** melone maturo. Ho anche fatto _____ **(3.)**

crostini alla toscana. Per primo abbiamo mangiato _____ **(4.) minestra di**

fagioli e _____ **(5.)** pasta con funghi porcini. Poi ho fatto

_____ **(6.)** stufato con _____ **(7.)** contorni vari:

_____ **(8.)** patate fritte, _____ **(9.)** insalata e

_____ **(10.)** verdure miste. Per dolce ho servito

_____ **(11.)** gelato al limone con _____ **(12.) gusto-**

sissime fragoline di bosco. Tutti alla fine hanno bevuto _____ **(13.) caffè.**

B. Elenca almeno dieci cose che si trovano nel tuo frigorifero. Usa una forma del **partitivo.**

1. _____

2. _____

3. _____

4. _____

5. _____

6. _____

7. _____

8. _____

9. _____

10. _____

C. Ieri sera tu e alcuni amici avete festeggiato la laurea di un amico. Franco, che non è potuto venire alla festa, ti chiede informazioni sulla serata. Rispondi alle sue domande usando una forma del partitivo, **di** + **articolo** o **alcuni / -e** quando è necessario.

ESEMPIO: C'erano ragazze italiane?

Sì, c'erano alcune (*or* delle) ragazze italiane.

1. C'erano studenti stranieri?

Sì, _____

2. C'erano ragazzi americani?

No, _____

3. Hanno servito aperitivi?

Sì, _____

4. Hai bevuto spumante?

Sì, _____

5. Hanno preparato panini?

No, _____

6. Hanno servito pasta o riso per primo?

_____

7. Hai mangiato carne o pesce per secondo?

_____

8. Hanno servito asparagi come contorno?

Sì, _____

9. Vi hanno offerto dolci?

Sì, _____

10. Avete cantato canzoni italiane?

Sì, _____

D. Lisa e Paola, due studentesse italiane, dividono un piccolo monolocale. Stasera hanno invitato degli ospiti a cena, ma purtroppo alle due ragazze mancano molte cose in casa e in cucina. Completa il seguente dialogo con la forma corretta del partitivo **di + articolo** o **qualche,** o dell'articolo determinativo quando è necessario ed indica con una **X** quando non lo è.

LISA: Abbiamo abbastanza sedie?

PAOLA: Sì, ieri Carlo ci ha prestato _____ **(1.)** sedie.

LISA: Dove sono _____ **(2.)** piatti?

PAOLA: Ci sono _____ **(3.)** piatti nella credenza.

LISA: Ci sono anche _____ **(4.)** forchette e _____ **(5.)** coltelli a sufficienza?

PAOLA: No, non ci sono né _____ **(6.)** forchette né

_____ **(7.)** coltelli per tutti.

LISA: Hai comprato _____ **(8.)** pasta?

PAOLA: Sì, e ho anche comprato _____ **(9.)** riso, _____ **(10.)**

lattina di pelati e _____ **(11.)** surgelati.

LISA: Abbiamo _____ **(12.)** tovaglioli di lino?

PAOLA: Sì, _____ **(13.)** tovaglioli sono nel cassetto. Dove sono

_____ **(14.)** pentole?

LISA: Ci dovrebbe essere _____ **(15.)** pentola nell'armadietto in cucina.

E. Ieri sera Roberta è andata a un ricevimento all'ambasciata italiana di Washington e lo descrive. Completa con la forma corretta del partitivo quando è necessario ed indica con una **X** quando non lo è.

1. _____ amici mi hanno invitato a un ricevimento all'ambasciata italiana.

2. Ho conosciuto _____ persone interessantissime. **3.** C'erano anche

_____ ministri italiani e _____ ambasciatori stranieri.

4. C'era addirittura anche _____ senatore americano. **5.** La sala era

bellissima. Sulle pareti c'erano _____ quadri originali di grandi maestri

rinascimentali. **6.** C'erano anche _____ mobili d'epoca. **7.** Per terra c'era

_____ tappeto orientale. **8.** _____ camerieri servivano

_____ spumante a tutti gli invitati. **9.** Nel centro della sala c'erano

_____ lunghi tavoli. **10.** Sui tavoli c'erano _____

antipasti, _____ insalate, _____ pane e _____

torta. **11.** Io ho mangiato solo _____ insalata e _____

torta. **12.** Non ho bevuto _____ spumante, ma ho bevuto

_____ bicchiere di vino.

L'imperativo

A. La tua amica Martina, che per molto tempo si è trascurata nel fisico, ha finalmente deciso di mettersi in forma. Ora ti chiede dei consigli e tu le dici che cosa deve fare e che cosa non deve fare. Rispondi alle sue domande usando la forma corretta dell'imperativo affermativo o negativo.

ESEMPI: Devo rinunciare ai dolci?   Non devo mangiare molti carboidrati?

Sì, rinuncia ai dolci!   **No, non mangiare molti carboidrati!**

1. Devo dimagrire?

   _____

2. Devo mangiare molte verdure?

   _____

3. Non devo fumare?

   _____

4. Devo dormire otto ore per notte?

   _____

5. Devo prendere qualche giorno di ferie?

   _____

6. Non devo lavorare troppo?

   _____

7. Devo andare in palestra tre volte alla settimana?

   _____

8. Devo fare molta ginnastica?

   _____

9. Devo bere molta acqua?

   _____

10. Non devo bere alcolici?

    _____

11. Devo uscire di più con gli amici?

    _____

12. Devo avere più pazienza?

    _____

13. Devo essere più calma?

    _____

B. All'arrivo alle Terme di Saturnia, la signora Donizzetti e suo marito parlano con un'impiegata alla reception. Riscrivi le domande usando l'imperativo formale.

> ESEMPIO: Signora, vuole aspettare un minuto?
>
> **Signora, aspetti un minuto!**

1. Signori, vogliono venire da questa parte?

   _____

2. Signori, vogliono avere un po' di pazienza?

   _____

3. Signora, vuole scrivere il Suo nome qui?

   _____

4. Signori, vogliono mostrarmi un documento?

   _____

5. Signore, vuole darmi il Suo indirizzo?

   _____

6. Signora, vuole dirmi per quanti giorni resteranno?

   _____

7. Signora, vuole lasciare il Suo bagaglio qui?

   _____

8. Signora, vuole mettere i Suoi gioielli nella cassaforte?

   _____

9. Signori, vogliono accomodarsi in camera?

   _____

C. Sei una famosa estetista e due tue amiche ti fanno delle domande sulla salute e sul loro aspetto fisico. Rispondi alle domande usando una forma dell'imperativo informale singolare o plurale e sostituendo al nome il pronome.

> ESEMPI: Devo evitare i grassi?   Dobbiamo evitare i grassi?
>
> **Sì, evitali.**   **Sì, evitateli.**

1. Dobbiamo usare dei cosmetici?

   Sì, _____

2. Devo mettermi la cipria ogni giorno?

   No, _____

3. Dobbiamo idratare la pelle?

   Sì, _____

4. Devo truccarmi sempre?

   No, _____

5. Dobbiamo nutrire la pelle con una crema da notte?

   No, _____

6. Dobbiamo farci le unghie?

   Sì, _____

D. Esamina il trafiletto seguente e imagina di consigliare ad un'amica come usare la crema Neutrogena Emulsione Corpo. Indica quando usarla, dove, come, perché e i risultati che è possibile ottenere. Usa l'imperativo informale e alcuni dei seguenti verbi: **usare, spalmare** (*rub*), **applicare, proteggere, essere costante.**

_____

_____

_____

_____

_____

_____

_____

_____

_____

_____

Formula Norvegese
emulsione
per pelli secche e delicate
Neutrogena®
200 ml ℮

STOP ALLA SECCHEZZA
Pelle arida? Idratare e ancora idratare il corpo con Neutrogena Emulsione Corpo di Schiapparelli Benessere Pikenz (200 ml, L. 17.500). Ricco di glicerina e altre sostanze altamente idratanti, questo specifico serve a normalizzare l'equilibrio idrico delle epidermidi molto secche e delicate. Si applica sul corpo dopo il bagno o la doccia con un buon massaggio. (In profumeria e in farmacia).

E. Una tua amica, che cerca un posto, domani avrà un colloquio di lavoro molto importante. Per questo è nervosa e ti fa molte domande. Rispondi alle sue domande usando l'imperativo informale affermativo o negativo e sostituendo ai nomi i pronomi.

> ESEMPIO: Devo portare il mio curriculum?
>
> **Sì, portalo!**

1. Devo andare a letto presto la sera prima?

   Sì, _____

2. Devo svegliarmi molto presto?

   No, _____

3. Devo truccarmi?

   Sì, _____

4. Mi metto il rossetto?

   Sì, _____

5. Mi metto le scarpe nuove?

   Sì, _____

6. Devo vestirmi molto elegante?

   No, _____

7. Devo fare molte domande al datore di lavoro?

   Sì, _____

8. Devo parlare al datore di lavoro della mia preparazione scolastica?

   Sì, _____

9. Devo dire al datore di lavoro che ho già lavorato in un'azienda della concorrenza?

   No, _____

10. Devo dare il mio numero di telefono alla sua segretaria?

    Sì, _____

F. Immagina di entrare nella sala d'attesa di un medico e di vedere le varie persone del disegno seguente. Che cosa dicono i pazienti al medico? Che cosa consiglia il medico ad ognuno di loro? Scrivi quattro brevi dialoghi, usando l'imperativo formale nella risposta del medico.

> ESEMPIO: PAZIENTE: Ho la pressione alta, cosa devo fare?
>
> MEDICO: **Eviti il sale, beva tanta acqua e faccia molto movimento.**

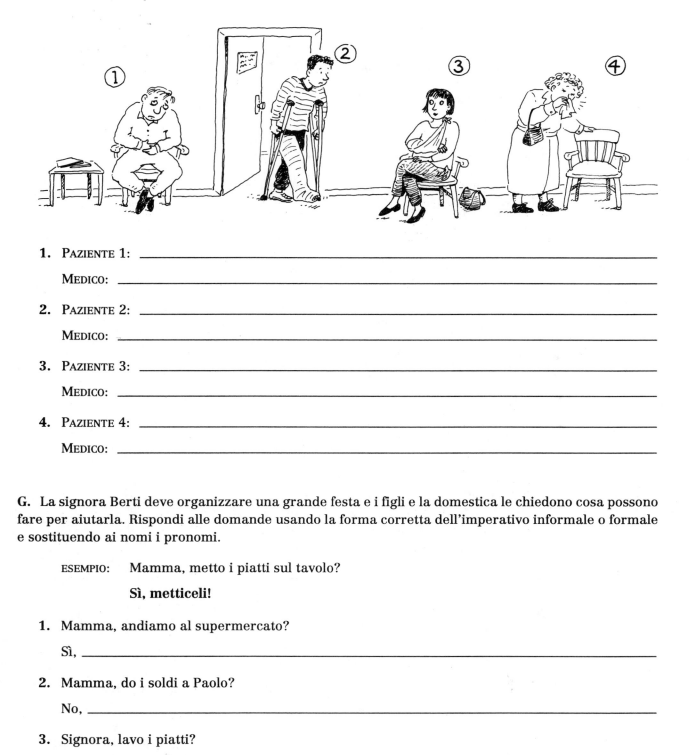

1. **PAZIENTE 1:** _____

   MEDICO: _____

2. **PAZIENTE 2:** _____

   MEDICO: _____

3. **PAZIENTE 3:** _____

   MEDICO: _____

4. **PAZIENTE 4:** _____

   MEDICO: _____

G. La signora Berti deve organizzare una grande festa e i figli e la domestica le chiedono cosa possono fare per aiutarla. Rispondi alle domande usando la forma corretta dell'imperativo informale o formale e sostituendo ai nomi i pronomi.

   ESEMPIO: Mamma, metto i piatti sul tavolo?

   Sì, metticeli!

1. Mamma, andiamo al supermercato?

   Sì, _____

2. Mamma, do i soldi a Paolo?

   No, _____

3. Signora, lavo i piatti?

   Sì, _____

4. Mamma, dico a Luisa di venire?

   Sì, _____

5. Mamma, compriamo i fiori per la signora Lentini?

Sì, _____

6. Signora, offro gli aperitivi agli ospiti?

Sì, _____

7. Mamma, preparo le tartine?

Sì, _____

8. Signora, preparo i tavoli?

Sì, _____

Il periodo ipotetico

A. Alcuni amici discutono sulla dieta da seguire e sul tipo di vita da condurre. Completa le frasi con la forma corretta del verbo, secondo l'esempio.

ESEMPIO: Se **mangiamo** troppo, ingrassiamo.

1. Se Guglielmo _____ (sentirsi) stressato, prende qualche giorno di vacanza.

2. Se _____ (volere) mangiare qualcosa, prendo un frutto.

3. Se _____ (avere) fame, mangiano solo dell'insalata.

4. Mi sento male, se _____ (bere) a stomaco vuoto.

5. Se _____ (condire) la pasta, usa solo un po' di pomodoro.

6. Se Clara e Marcello _____ (avere) tempo, andranno alle terme.

7. Se i ragazzi _____ (bere) qualcosa, sarà una spremuta d'arancia.

8. Ti sentirai meglio, se _____ (smettere) di fumare.

B. Cosa faresti nei seguenti casi? Completa le frasi in maniera originale e logica usando la forma corretta del verbo che scegli.

1. Se avessi le rughe, _____

_____

2. Se mi sentissi molto stressato(-a), _____

_____

3. Se fossi ingrassato(-a), _____

_____

4. Se volessi ingrassare, _____

_____

5. Se decidessi di rimettermi in forma, _____

_____

6. Se avessi più tempo da dedicare a me stesso(-a), _____

_____

C. Negli anni passati Anna e Giuseppe hanno fatto alcune cose che non avrebbero dovuto fare. Completa le frasi con la forma corretta del verbo secondo l'esempio.

ESEMPIO: Non ho fatto sport. Ora non mi sento in forma.

Se avessi fatto dello sport, ora mi sentirei in forma.

1. Hanno trascurato gli amici. Ora sono soli.

_____

2. Anna si è truccata troppo. Ha la pelle rovinata.

_____

3. Giuseppe ha studiato tanto. Non si è divertito.

_____

4. Sono stati sempre stressati. Non si sono rilassati.

_____

5. Anna ha cucinato pesante. Ha avuto mal di stomaco.

_____

6. Giuseppe ha mangiato troppo. Si è ingrassato.

_____

D. Immagina come dei giovani dirigenti d'azienda completerebbero le seguenti frasi.

1. Se non lavorassi cinque giorni la settimana, _____

_____

_____

2. _____

_____ , avrei fatto una lunga vacanza.

3. Se avremo più soldi, _____

_____

4. Sarei in forma adesso se da giovane _____

_____

5. Se non fossi andato(-a) a scuola e non mi fossi laureato(-a), _____

_____

6. Se un giorno andrò in pensione, _____

_____

7. _____

_____ , se l'azienda facesse buoni profitti.

8. Oggi avrei più amici, se in questi ultimi anni _____

_____

Il fascismo, la guerra e il neorealismo

Strutture

L'infinito

A. Francesco e Enrico, due giovani amici, esprimono il loro parere sul fascismo e sulla guerra. Riscrivi le frasi sostituendo l'infinito corrispondente ai nomi in corsivo.

1. *La lotta* era difficile.

   _____

2. *La vita* era triste.

   _____

3. Oggi *il ricordo* è importante.

   _____

4. *La speranza* era impossibile.

   _____

5. *La morte* spaventava tutti.

   _____

6. *La ricostruzione* delle abitazioni sembrava un sogno inattuabile.

   _____

B. Il nonno di Lorenzo gli racconta le sue esperienze personali durante il fascismo. Completa il paragrafo con le preposizioni corrette. Indica con una **X** quando la preposizione non è necessaria.

Mussolini riuscì _____ (**1.**) ingannare molti. Infatti tanti italiani credevano _____ (**2.**) potersi fidare del fascismo e non capivano _____ (**3.**) perdere la libertà. La gente si abitua

_____ (**4.**) sopportare tante sventure. La storia ci insegna _____ (**5.**) capire la realtà presente. Dobbiamo _____ (6.) renderci conto di cosa è successo nel passato _____ (7.) comprendere meglio il presente.

Quando la guerra finì io, come tutti gli altri, ero molto felice _____ (8.) essere vivo. Eravamo tutti disposti _____ (9.) ricominciare da capo. Credo che il fascismo sia ancora oggi difficile _____ (10.) giudicare.

C. La tua amica Veronica ti racconta un film neorealista che ha appena visto. Unisci le due frasi usando la forma corretta dell'infinito passato. Fa' i cambiamenti necessari.

ESEMPIO: Il ladro prese la bicicletta. Scappò di corsa.
Dopo aver preso la bicicletta, il ladro scappò di corsa.

1. La guardia lo scoprì. Lo rincorse.

   _____

   _____

2. Alcune persone cercarono di fermarlo. Si allontanarono spaventate.

   _____

   _____

3. Il ladro fuggì. Nascose la bicicletta.

   _____

   _____

4. Il figlio del ladro vide il padre. Si vergognò.

   _____

   _____

5. Padre e figlio si ritrovarono a casa. Si abbracciarono.

   _____

   _____

6. Quella famiglia aveva perso tutto durante la guerra. Non aveva più niente.

   _____

   _____

7. La guardia trovò il ladro a casa. Voleva arrestarlo.

_____

_____

8. Il povero ladro spiegò la situazione. Disse di essere pentito.

_____

_____

9. La guardia capì i motivi del furto. Non arrestò l'uomo.

_____

_____

10. Il ladro promise di non rubare più. Abbracciò suo figlio.

_____

_____

D. Quali sono le tue opinioni sulla dittatura e la guerra? Completa le frasi date usando l'infinito presente o passato.

1. Ho capito qualcosa sulla Seconda Guerra Mondiale dopo _____

_____

2. Nessuno dovrebbe essere obbligato a _____

_____

3. Non mi ero reso conto di cosa può essere la guerra prima di _____

_____

4. Dovremmo essere tutti liberi di _____

_____

5. Nel capire una cultura diversa dalla nostra dovremmo _____

_____

6. Per difendere la pace sono disposto a _____

_____

Il gerundio

A. Una regista telefona ad una sua amica attrice e le propone di fare un film con lei. Riscrivi le frasi usando la forma progressiva con **stare** + **gerundio** dei verbi in corsivo.

REGISTA: Che *fai?*

(1.) _____

ATTRICE: *Leggo* dei copioni nuovi.

(2.) _____

REGISTA: *Ti telefono* per proporti una parte eccezionale.

(3.) _____

ATTRICE: *Mi chiedevo* proprio quando avresti telefonato.

(4.) _____

In questo periodo però *impazzisco* dal troppo lavoro.

(5.) _____

REGISTA: Ti rendi conto di quello che *ti propongo?* È un'occasione magnifica.

(6.) _____

ATTRICE: *Perdo* forse un'opportunità unica?

(7.) _____

REGISTA: *Ti dico* che una parte così non si ripresenterà facilmente.

(8.) _____

ATTRICE: Proprio ieri anche Federico *mi parlava* di un suo nuovo progetto.

(9.) _____

Mi domando cosa fare!

(10.) _____

B. Osserva la scena seguente e rispondi alle domande.

1. Che cosa stanno facendo gli abitanti di questa città?

   _____

   _____

2. Che cosa staranno pensando?

   _____

   _____

3. Dove staranno andando?

   _____

   _____

4. Che cosa credi che stessero facendo nel momento in cui è arrivato l'ordine di sfollare?

   _____

   _____

5. Che cosa hanno fatto prima di abbandonare le loro case?

   _____

   _____

C. Un soldato torna a casa e racconta le sue esperienze di guerra. Riscrivi le frasi usando il gerundio presente o passato al posto dei verbi in corsivo e facendo i cambiamenti necessari. Usa **pur (pure)** quando è necessario.

> ESEMPIO: *Se avessi saputo* com'era realmente, non sarei partito.
>
> **Sapendo com'era realmente, non sarei partito.**

1. *Mentre salivamo* sull'aereo, avevamo paura.

   _____

2. *Dopo essere arrivato* al fronte, mi sono sentito più coraggioso.

_____

3. *Con il fare* sempre più esperienza, ho avuto meno paura.

_____

4. *Dopo aver visto* le crudeltà della guerra, sono diventato pacifista.

_____

5. *Dato che c'erano* bombardamenti ogni giorno, i soldati si tenevano al riparo.

_____

6. *Poiché la vita in città era pericolosa,* la gente sfollava nelle campagne.

_____

7. *Benché pensassi* di essere preparato a tutto, sono rimasto inorridito.

_____

8. *Mentre tornavano* a casa, i soldati sentivano il bisogno di raccontare tutto.

_____

9. *Dopo aver rivisto* i luoghi a me cari, mi sono commosso.

_____

10. *Benché questa città non sia stata bombardata,* mostra i segni della guerra.

_____

D. Subito dopo la guerra, un giovane giornalista italiano decide di descrivere la realtà intorno a sé. Completa le frasi dando l'equivalente in italiano delle espressioni in corsivo. Scegli tra l'infinito e il gerundio.

_____ (**1.** *While walking*) e _____ (**2.** *upon seeing*) la distruzione della città, Roberto decise di raccontare la verità. Pensava infatti che _____ (**3.** *describing*) la realtà in quel momento fosse molto importante. _____ (**4.** *Writing*) poi è anche un impegno politico, infatti _____ (**5.** *choosing*) un argomento o un altro, uno scrittore rivela sempre la propria ideologia.

Dopo _____ (**6.** *having looked*) intorno, Roberto vide l'estrema povertà di tanta gente, il dolore e le conseguenze della guerra. _____ (**7.** *Having considered*) tutte le possibilità, decise di parlare di un suo povero conoscente, Antonio.

_____ (8. *Having lost*) la casa in un bombardamento, Antonio non aveva

dove andare. _____ (9. *Being*) così povero era per lui motivo di vergogna.

_____ (10. *Realizing*) dei bisogni di Antonio, Roberto decise di aiutarlo.

Dopo _____ (11. *having written*) un articolo, lo pubblicò sul giornale

locale. Un ricco signore, _____ (12. *reading*) l'articolo, si commosse e offrì

lavoro ad Antonio.

Il participio

A. La tua amica Rosanna ti chiede il tuo parere su un film del dopoguerra. Rispondi alle domande usando la forma corretta del participio presente o passato dei verbi dati.

Rosanna: È un bel film?

Tu: Più che bello, è molto _____ (1. interessare) e gli attori sono

_____ (2. brillare).

Rosanna: Che storia è?

Tu: È la storia di un gruppo di _____ (3. combattere) antifascisti.

Rosanna: Come si svolge?

Tu: È un film di guerra, quindi ci sono molti _____ (4. morire). Il regista non

condanna nessuno, né i vincitori e né i _____ (5. vincere).

Rosanna: Qual è lo stile del film?

Tu: È lo stile neorealista, la forma più _____ (6. correre) dei film del

dopoguerra. È un film _____ (7. rappresentare) di una certa ideologia

politica.

Rosanna: Chi sono i protagonisti?

Tu: Oltre ai partigiani, anche la gente comune che si teneva _____ (8.

nascondere) in campagna e alcuni _____ (9. abitare) della città.

Rosanna: Perché ti è piaciuto?

Tu: Perché rappresenta un momento del nostro _____ (10. passare) ed è il

_____ (11. risultare) di una ricerca storica sul periodo

_____ (12. comprendere) tra l'avvento del fascismo e la fine della

guerra.

B. Ritrovi una vecchia lettera di un amico di tuo nonno che gli scrisse appena arrivato in una città devastata dalla guerra. Riscrivi le frasi indicate usando la **costruzione assoluta del participio passato**.

Caro Giancarlo,

_____ (1. Arrivare) in città, ho cercato dei vecchi conoscenti.

_____ (2. Vedere) la guerra al fronte, non credevo che sarei rimasto più

impressionato. Invece, _____ (3. osservare) le rovine per le strade, ho capito

le tragiche conseguenze della guerra per la popolazione civile. _____ (4. Con-

siderare) ogni cosa, però, devo dire che c'è anche tanta speranza. Le persone,

_____ (5. perdere) la casa, hanno già cominciato a ricostruire. Gli aiuti,

_____ (6. arrivare) dalle altre nazioni, sono stati già distribuiti onestamente.

Io, _____ (7. rendersi conto) della realtà, sono pieno di speranza. La gente,

_____ (8. preoccuparsi) per tanto tempo, ora si sente più sollevata (*relieved*)

e, una volta _____ (9. ripulire) le strade dalle macerie, sarà di nuovo

orgogliosa della propria città. Io, _____ (10. vedere) i primi risultati, sono

ottimista per il futuro di questa nazione.

C. Un giovane regista impegnato decide di girare un film sull'immediato dopoguerra in Italia. Completa le frasi con la forma corretta dell'infinito, del gerundio o del participio dei verbi dati.

Ho sempre desiderato _____ (1. girare) un film sul dopoguerra. Adesso sono

felice di _____ (2. avere) questa opportunità. Dopo _____ (3.

trovare) un produttore adatto, cercherò uno sceneggiatore. Lo sceneggiatore,

_____ (4. leggere) i vari libri che gli proporrò, sceglierà il più interessante.

Pur _____ (5. sceglierlo) secondo criteri cinematografici, dovrà adattarlo al

cinema e preparare la sceneggiatura. Una volta _____ (6. preparare) la

sceneggiatura, comincerò a cercare gli attori. Dopo _____ (7. vedere) tanti

film con attori famosi, ho deciso che preferisco volti nuovi di attori poco noti.

_____ (8. Decidere) a chi dare le parti del film è un compito difficile.

_____ (9. Finire) la selezione e _____ (10. determinare) i

luoghi dove girare il film, saremo pronti ad _____ (11. iniziare).

D. Riscrivi le frasi seguenti usando l'infinito, il gerundio e la costruzione assoluta del participio passato. Fa' tutti i cambiamenti necessari.

ESEMPIO: Aveva girato a lungo per la città. Decise di cercare l'amico.

a. **Dopo aver girato a lungo per la città, decise di cercare l'amico.**

b. **Avendo girato a lungo per la città, decise di cercare l'amico.**

c. **Girato a lungo per la città, decise di cercare l'amico.**

1. Si rese conto che non mangiava da molto tempo. Cercò un ristorante.

a. _____

b. _____

c. _____

2. Vagò in cerca di un amico. Arrivò vicino al Pantheon.

a. _____

b. _____

c. _____

3. Ricordarono i tempi passati. Mangiarono insieme.

a. _____

b. _____

c. _____

4. Vide che in cucina non c'era niente. Mandò i figli a fare la spesa.

a. _____

b. _____

c. _____

5. Remo mangiò ogni cosa. Capì che l'amico non aveva niente ed era povero.

a. _____

b. _____

c. _____

6. I due amici si ingannarono a vicenda. Si dissero la verità.

a. _____

b. _____

c. _____

E. Prepara due manifesti propagandistici: uno per promuovere ideali e miti di tipo fascista e l'altro che invita a combattere contro il fascismo. Individua il tuo pubblico, decidi l'ideologia che vuoi promulgare, e poi inventa degli slogan. Descrivi anche quali immagini userai nel tuo manifesto. Cerca di usare negli slogan l'infinito, il gerundio o la costruzione assoluta.

1. _____
   _____
   _____
   _____
   _____
   _____
   _____
   _____
   _____

2. _____
   _____
   _____
   _____
   _____
   _____
   _____

F. Riferendoti al racconto *Romolo e Remo* (a pagina 337 del libro di testo), immagina di usarlo per un film di tipo neorealista. Dividi il racconto in tre scene principali indicando per ogni scena i personaggi, la prospettiva, l'ambiente e il paesaggio, il dialogo e l'azione. Cerca di usare l'infinito, il gerundio o la costruzione assoluta del participio passato per connettere le frasi fra loro.

Prima scena

_____
_____
_____
_____
_____
_____

_____

_____

Seconda scena

_____

_____

_____

_____

_____

_____

_____

_____

Terza scena

_____

_____

_____

_____

_____

_____

_____

_____

_____

Che cosa sappiamo degli italiani?

5

Il fascismo, la Seconda Guerra Mondiale e il dopoguerra

Nel 1918 l'Italia emerse vincitrice dalla Prima Guerra Mondiale, ma il prezzo della guerra era stato molto elevato. Come conseguenza, tutto il Paese risentì di un profondo disagio° economico e politico, ma soprattutto sociale. La questione della divisione della terra, l'espansione industriale e l'integrazione tra il Nord dell'Italia, più ricco ed industrializzato, e il Sud, più agricolo e povero, erano solo alcuni dei conflitti rimasti insoluti ed anzi acuiti° dalla guerra e dalla sua conclusione.

    Nel 1922 Benito Mussolini si fece portavoce di questi diffusi malcontenti tra la popolazione e fondò il partito dei «Fasci», riprendendo uno dei simboli dell'antico impero romano.

    I seguaci dei fasci svolgevano una politica antioperaia, anticontadina e soprattutto antisocialista e anticomunista. Si ponevano a baluardo° delle classi industriali e borghesi, per difendere la nazione da quella che era sentita come la minaccia dei movimenti di sinistra, che trovavano invece molto favore tra le classi operaie e meno abbienti° proprio a causa dei problemi economici. I fascisti, detti anche «camicie nere» dalla camicia scura che era parte della loro divisa, adottarono la violenza come principale strumento di intimidazione e persuasione. Le squadre fasciste andavano in giro compiendo atti di violenza vera e propria contro chi era ritenuto oppositore al fascismo.

    Nel 1922 con una simbolica «marcia su Roma» e favorite dalla debolezza della monarchia di Vittorio Emanuele III, le squadre fasciste si impossessarono della capitale italiana. Nonostante gli inizi violenti, Mussolini, o il Duce, come era chiamato, prese il sopravvento° nel governo e nella conduzione° del Paese quasi gradualmente e con una apparenza di legalità. Forse per questi motivi si può affermare che molti italiani non si potevano rendere conto della vera natura del regime dittatoriale che li avrebbe soffocati sempre di più, eliminando le libertà civili e politiche, e acquistando un sempre maggiore controllo anche sui mezzi di comunicazione e sulla cultura.

    Il ventennio fascista, come è conosciuto il regime di Mussolini durato appunto vent'anni, fu in ogni modo un regime totalitario e dittatoriale: gli oppositori furono messi in carcere, assassinati o mandati al confino, i sindacati dei lavoratori furono aboliti, il diritto allo sciopero° fu revocato e fu instaurata la censura su libri, giornali, film, e anche lettere private, che venivano aperte, lette e cancellate nelle parti ritenute pericolose.

    Nel 1936, stabilito con la violenza e la paura l'ordine interno, il Duce decise di iniziare una politica di espansione coloniale, per

hardship

sharpened, made worse

defense

well-off

upper hand / direction

strike

risolvere i grandi problemi economici che affliggevano° il Paese.   afflicted
Ciò coincideva con il militarismo che aveva accompagnato il
45 regime fin dall'inizio. Le truppe italiane furono mandate in Africa,
in Somalia, Etiopia ed Eritrea, mentre Mussolini formava l'alleanza con la Germania di Hitler.

     Nel 1939 Mussolini, a fianco della Germania, trascinò° l'Italia   dragged
nella Seconda Guerra Mondiale. La preparazione del Paese alla
50 guerra non era però assolutamente adeguata né economicamente
né militarmente e il prezzo pagato da tutti gli italiani fu enorme. I
terribili disagi e la povertà causata dalla guerra, insieme all'opposizione politica al fascismo, che andava acquistando sempre meno
favore, portarono nel 1943 all'arresto di Mussolini. Dopo l'arresto
55 del Duce, la prima mossa° del governo italiano fu quella di   move
rompere l'alleanza con i tedeschi e firmare un armistizio con gli
alleati. Da quel momento cominciarono per l'Italia i due anni più
crudeli e sanguinosi della guerra, che divenne guerra civile. Gli
italiani infatti si divisero apertamente in oppositori al fascismo e
60 seguaci del Duce, il quale, liberato dai tedeschi, costituì al Nord
la repubblica Sociale di Salò, nella zona controllata dai tedeschi.
Qui si riunirono i fascisti più accaniti°. Contemporaneamente   ruthless
l'opposizione si organizzò in resistenza armata e comprendeva
comunisti, socialisti e democratici che si trovarono a combattere
65 tutti insieme. Questo movimento fu chiamato «resistenza» e i
membri «partigiani»: organizzati in brigate armate clandestine
favorirono l'avanzata° delle truppe alleate che erano sbarcate° al   advance / landed
Sud. Il processo di liberazione, cioè di espulsione dei tedeschi
dall'Italia e di sconfitta° dei fascisti, durò due anni, finché si con-   defeat
70 cluse con l'uccisione di Benito Mussolini da parte dei partigiani.

     Nel 1946, quindi, gli italiani furono chiamati a votare in un
referendum per la monarchia o la repubblica e scelsero la forma
di governo repubblicana, per cui il re fu mandato in esilio.

     L'Italia aveva sofferto immensamente per la guerra: la povertà
75 era estrema, le città erano state distrutte dai bombardamenti, la
gente aveva perduto la casa, non c'era più da mangiare e tutto era
da ricostruire. Il piano Marshall, americano, stabilì consistenti
aiuti economici per il Paese e contribuì alla ricostruzione delle
città e delle industrie. L'immediato dopoguerra fu difficile e pro-
80 blematico. Una volta però avviata° la ricostruzione, l'Italia   underway
conobbe un periodo di grande sviluppo e quindi di notevole pro-
gresso economico, conosciuto anche come il «boom economico».
Questo periodo durò fino alla fine degli anni '60, quando comiciò a
salire il prezzo mondiale del petrolio e nuovi problemi sociali ed
85 economici, a volte molto complessi, iniziarono a manifestarsi.

Il neorealismo fu intimamente connesso con gli eventi storici del-
l'opposizione al fascismo, della caduta del regime, della
Resistenza e della liberazione. Fu caratterizzato in generale dal
trattamento realistico di problemi soprattutto sociali, da un'am-
90 bientazione semplice e popolare, dall'attualità politica e storica e
dall'impegno politico.

     Gli anni del cinema neorealista vanno soprattutto dal 1945 al
1953, anche se la sua influenza continua ancora oggi. Questo è
universalmente riconosciuto come un momento di particolare
95 importanza nella storia del cinema a livello internazionale. Il neo-

realismo comunque si manifestò ampiamente anche in letteratura, con scrittori come Vittorini, Levi, Pavese, Calvino e Moravia.

Nel cinema registi come Roberto Rossellini e Vittorio De Sica, sceneggiatori quali Sergio Amidei e Cesare Zavattini, in genere intellettuali di sinistra, iniziarono una lotta consapevole° contro il cinema d'evasione, come quello dei film detti dei «telefoni bianchi», che tendevano a rappresentare una realtà borghese falsa e artificiosa.

Questo cinema d'evasione era stato un altro strumento di propaganda nelle mani di Mussolini, che se ne era servito per contribuire a dare agli italiani l'illusione di vivere in un Paese ricco i cui problemi erano stati tutti risolti dal fascismo. I registi neorealisti invece si proposero di rivelare tante realtà e problemi sociali che il regime fascista aveva nascosto e negato per molti anni, e provocare nello spettatore la presa di coscienza delle condizioni di vita delle classi subalterne. In genere, infatti, essi rappresentarono i problemi del vivere quotidiano delle fasce° più povere della popolazione e scelsero ambienti veri, come le strade delle città bombardate e gli interni reali delle case della gente, invece di ricreare tutto negli studi cinematografici.

Il neorealismo italiano influenzò e ancora influenza il cinema di tutto il mondo.

conscious

layers

Verifichiamo

A. In base alle informazioni lette, descrivi alcuni aspetti del fascismo secondo lo schema seguente.

Simboli del fascismo: _____

_____

_____

Mezzi della presa di potere: _____

_____

_____

Politica sociale: _____

_____

_____

B. Segui il seguente schema e racconta come si svolse la guerra civile italiana.

Anni in cui si svolse: _____

_____

_____

Parti avverse che vi parteciparono: _____

_____

_____

Ideologie delle parti avverse: _____

_____

_____

C. Basandoti sul brano letto, rispondi alle seguenti domande.

1. Quale fu il periodo di maggior sviluppo del neorealismo?

_____

_____

2. In quali campi artistici si manifestò?

_____

_____

3. Quali sono le principali differenze tra un film neorealista e uno d'evasione?

_____

_____

_____

4. A quali diverse ideologie sociali corrispondono i film neorealisti e quelli d'evasione?

_____

_____

_____

5. Preferisci film impegnati o d'evasione? Perché?

_____

_____

_____

_____

_____

_____

Capitolo **11**

La Costituzione, il Governo e i partiti politici

Strutture

Gli aggettivi e i pronomi dimostrativi

A. Discuti con certi conoscenti di alcuni principi costituzionali. Completa le frasi con la forma corretta di **questo** e **quello,** seguendo l'esempio.

ESEMPIO: **Questo** diritto è importante, ma **quell'**idea è strana.

1. _____ frase è incomprensibile, ma _____ articoli sono chiari.

2. _____ principi sono superati, ma _____ ideologie sono nuove.

3. _____ regole sono sorpassate, ma _____ riforme sono d'avanguardia.

4. _____ diritti sono inalienabili e _____ doveri sono uguali per tutti.

5. _____ aspetto della legge è giusto, ma _____ argomento non è convincente.

B. Tu e un tuo amico avete idee diverse sul governo e la politica. Ribatti a quello che asserisce il tuo amico facendo affermazioni contrarie alle sue.

ESEMPIO: Questo partito è il migliore.

No! Quello è più onesto.

1. Queste idee sono antiquate.

No! _____

2. Questa Costituzione è democratica.

No! _____

3. Questa corruzione è inaspettata.

   No! _____

4. Questa società è conservatrice.

   No! _____

5. Questo sistema politico è corrotto.

   No! _____

C. Rispondi alle domande esprimendo il tuo parere su certi argomenti di politica. Usa il pronome **quello**.

> ESEMPIO: Sei d'accordo con le idee di questo partito o con le idee del partito all'opposizione?
>
> **Sono d'accordo con quelle del partito all'opposizione.**

1. Preferisci le proposte più conservatrici o le proposte più rivoluzionarie?

   _____

2. Voti per i partiti nuovi o per i partiti tradizionali?

   _____

3. È più importante la riforma sulla scuola o la riforma elettorale?

   _____

4. Nel tuo Paese si segue di più il principio dell'uguaglianza o il principio della libertà?

   _____

I pronomi relativi

A. Una giornalista di un famoso quotidiano espone alcuni principi generali di governo. Riscrivi le frasi sostituendo **che** e **cui** al relativo **quale**.

1. Nel numero precedente ho spiegato i motivi per i quali sono insoddisfatta dell'attuale amministrazione.

   _____

   _____

2. La crisi, la quale è presente oggi a tutti i livelli, è pericolosa.

   _____

3. Il pubblico dovrebbe conoscere le persone alle quali dà il voto.

   _____

4. Il presidente deve garantire i principi ai quali credono tutti.

_____

5. La riforma elettorale, della quale tutti avete sentito parlare, è ormai una realtà.

_____

6. L'onestà è un valore il quale deve essere insegnato a scuola e a casa.

_____

B. Un deputato al Parlamento organizza un ricevimento per sollecitare voti e appoggi politici. Non tutti gli invitati si conoscono e chiedono informazioni sugli altri. Completa le domande e le risposte con il pronome relativo adatto.

ESEMPIO: Chi è quel signore **che** si è appena iscritto al nostro partito?

È uno per cui ho molta simpatia.

1. Chi è la signora _____ porta documenti in mano?

2. È l'interprete parlamentare di _____ ti ho parlato.

3. Chi sono quei giovani _____ se ne stanno sempre in un angolo?

4. Sono le guardie del corpo delle _____ il ministro si circonda per la sua protezione.

5. Di che cosa parlano quei due _____ stanno dietro la scrivania?

6. Sono i due industriali di _____ si dice che hanno pagato una tangente.

7. Cosa c'è in quella stanza _____ è ancora chiusa?

8. È la stanza in _____ il ministro parlerà.

9. La gente, la _____ dice sempre di voler cambiare, voterà per gli stessi rappresentanti per _____ ha sempre votato.

10. No, non credo. Le persone _____ sono qui stasera sono pronte a cambiare.

11. Chi è quella bella ragazza, la _____ mi è stata presentata poco fa, ma di _____ non ricordo il nome?

12. La ragazza della _____ non ricordi il nome, è la figlia del parlamentare a _____ ho raccomandato il tuo caso.

13. Questa serata mi fa pensare al tempo in _____ anch'io mi interessavo di politica.

14. I tempi di _____ ci ricordiamo di più sono quelli della nostra gioventù.

C. Come la pensi in politica? Rispondi alle domande e completa le risposte usando un pronome relativo.

1. Che partito preferisci?

_____

_____

2. In quali uomini politici hai fiducia?

_____

_____

3. Cosa dovrebbe cambiare nel governo?

_____

_____

4. Cosa pensi del presidente?

_____

_____

D. Una deputata esprime le proprie idee in parlamento. Completa le sue dichiarazioni usando la forma corretta di **colui (colei, coloro) che, quello (quella, quelli, quelle) che, ciò che** e **chi.**

Ecco _____ (1.) io penso. Tutti _____ (2.) lo vogliono,

devono essere liberi di dire tutto _____ (3.) pensano. Io non stimo

_____ (4.) non ha il coraggio delle proprie idee. Mi piacciono tutti

_____ (5.) non hanno paura di parlare.

Oggi soprattutto le donne devono far sentire la propria voce. _____ (6.)

lavora a casa e fuori deve far conoscere le sue esigenze. E noi parlamentari dobbiamo saper

ascoltare _____ (7.) i cittadini ci dicono. Credo infatti che

_____ (8.) non sia capace di capire i problemi degli altri non debba parteci-

pare alla vita pubblica.

Il discorso indiretto

A. Il tuo amico Renzo ti parla di uno caso di corruzione politica che gli è stato riferito da un deputato molto onesto. Cambia le frasi dal discorso diretto all'indiretto.

> ESEMPIO: Il mio amico giornalista mi ha chiesto:—Conosci quel tipo che è stato appena
>
> eletto?
>
> **Il mio amico giornalista mi ha chiesto se conoscevo quel tipo che era stato**
>
> **appena eletto.**

1. Il direttore di una multinazionale ha chiesto al deputato:—Il tuo partito ha bisogno di appoggi economici?

   _____

   _____

2. Il deputato gli ha risposto:—Sai bene che il mio partito non ha più un soldo e non può portare a termine la campagna elettorale.

   _____

   _____

3. Il direttore gli ha detto:—Questi pochi milioni che ti offro, potrebbero aiutare te e gli altri del tuo partito a risolvere i vostri problemi finanziari.

   _____

   _____

4. Il deputato gli ha ribattuto:—Sai bene che non posso e non voglio fare niente in cambio per te e che non farò mai niente per ripagarti.

   _____

   _____

5. L'industriale gli ha risposto:—Non mi aspetto nulla! Voglio solo sapere se puoi fare qualcosa per far passare più in fretta questa nuova legge sulle esportazioni.

   _____

   _____

6. E poi ha aggiunto:—Fa' in modo che sia approvata presto in Parlamento, ti prego! Dimmi quello di cui hai bisogno e te lo darò.

   _____

   _____

7. Il deputato, che è onestissimo, ha affermato: —Non ho intenzione di accettare nulla da te. E poi ha aggiunto: —Prenditi i tuoi soldi e va' via prima che ti faccia arrestare, e non parlarmi più in questo modo!

_____

_____

_____

B. Leggi il seguente titolo di un trafiletto di giornale sulla disastrosa situazione economica dei partiti e poi riporta quello che hai letto.

IL PSI CEDE IL «BELSITO», LA DC PALAZZO STURZO, IL PDS CERCA ACQUIRENTI PER LE «FRATTOCCHIE»

E anche il Potere scoprì l'austerità

Dalle sedi in vendita alle tombole di periferia ai gadget firmati: così i partiti si finanziano dopo Tangentopoli

Lo scudo crociato mette all'asta pure le sue autoblu

Catastrofica l'esposizione del garofano: 214 miliardi

Al Pli sono a rischio anche le bollette del telefono

Solo la Lega e il Pr si salvano con l'autotassazione

1. Nel titolo ho letto che _____

_____

2. Nel sottotitolo hanno scritto che _____

_____

3. Il giornalista ha scritto che _____

_____

4. La Lega del Nord ha detto che _____

_____

C. Una giornalista ha intervistato alcuni deputati davanti al Parlamento, ed ha chiesto loro cosa pensavano dei primi risultati dopo la riforma elettorale. Prima di scrivere l'articolo per il suo giornale, ha ascoltato le registrazioni delle interviste ed ha preso appunti. Cambia le frasi dal discorso diretto all'indiretto.

ESEMPIO: La giornalista ha chiesto: —È vero che ha appoggiato per tanto tempo questa riforma elettorale?

La giornalista ha chiesto se era vero che aveva appoggiato per tanto tempo quella riforma elettorale.

1. La giornalista ha domandato:—Come è riuscito ad avere tanti voti e a far passare la Sua proposta?—E poi ha chiesto:—Quali sono adesso i Suoi programmi?

_____

_____

2. Il deputato ha risposto:—Credo che la gente della cittadina da cui provengo conosca bene la mia onestà.—Ha aggiunto:—Adesso riprenderò ad impegnarmi ed a battermi anche per un ambiente sempre più pulito.

_____

_____

_____

3. La giornalista ha detto:—Mi hanno informato che i primi risultati positivi della riforma elettorale cominciano a farsi sentire anche in campo economico, grazie al vostro nuovo partito.

_____

_____

4. Un altro deputato ha replicato:—È proprio così.—Ha aggiunto:—Sarebbe meraviglioso se riuscissimo ad aumentare i posti di lavoro. Io personalmente prometto che noi faremo di tutto per creare nuove attività soprattutto per i giovani.

_____

_____

_____

5. La giornalista ha chiesto:—È difficile far accettare le vostre idee? Mi sembra che in Parlamento sia sempre arduo far passare una proposta davvero nuova.

_____

_____

6. Il deputato ha riconosciuto:—È stato arduo, ma dopo la riforma elettorale sono state elette tante persone nuove che hanno voglia di migliorare veramente la situazione italiana.

_____

_____

7. La giornalista ha domandato:—Mi spieghino un po' come riusciranno a creare nuovi posti di lavoro e come sarà possibile migliorare l'economia.

_____

_____

_____

8. I deputati, insieme, hanno risposto:—Abbiamo proposto di abbassare il tasso degli interessi bancari. Cercheremo poi di rendere più semplice investire il denaro. Vogliamo favorire le piccole imprese.

_____

_____

_____

9. Hanno aggiunto:—Nelle nostre città di provincia, ad esempio, già si sono visti i primi risultati positivi. Le industrie hanno ripreso a lavorare e noi prevediamo soprattutto che ci sarà una forte ripresa delle esportazioni.

_____

_____

_____

D. Immagina di aver ascoltato e di raccontare il dialogo tra un costruttore e il sindaco del suo paese. Il costruttore cerca di convincere il sindaco ad affidare a lui la costruzione del nuovo palazzo del Comune. Scrivi il dialogo usando il discorso indiretto.

_____

_____

_____

_____

_____

_____

_____

_____

E. Sei onesto? Rispondi alle domande che seguono tratte da un test per verificare l'onestà delle persone. A casa, domanda anche ai tuoi amici e familiari e poi riferisci le risposte, usando il discorso indiretto.

1

Vi chiedono di collaborare. La causa è giusta, ma l'affare non è pulito. Che fate?

a) accettate, prendendo qualche precauzione
b) rifiutate, visti i tempi che corrono
c) cercate di capire cosa ci guadagnate
d) fate in modo di non esser i soli a rischiare

2

Dovete assolutamente avere quella licenza edilizia, ma per affrettare la pratica vi chiedono un'adeguata cifra. Voi:

a) pagate, perché così fan tutti
b) pagate, ma maledite questo mondo di ladri
c) non pagate e aspettate tempi migliori
d) tendete una trappola al tangentista con la polizia

1. Che cosa chiede la domanda n. 1?

_____

_____

2. E la domanda n. 2?

_____

_____

3. Che cosa hai risposto tu alle due domande?

n. 1 _____

_____

n. 2 _____

_____

4. Che cosa hanno risposto alle due domande le persone a cui le hai rivolte?

_____

_____

_____

_____

_____

L'economia: il "sistema" Italia e l'economia italiana nel mondo

Strutture

L'impersonale

A. Immagina di scrivere ad un amico straniero che vuole informazioni sull'economia e i prodotti italiani. Completa le frasi seguenti usando il **si** impersonale e facendo i cambiamenti necessari.

In Italia _____ (1. fabbricare) molte automobili. _____ (2. basarsi) anche sull'industria della moda. Infatti _____ (3. considerare) molto importanti tutti i settori dell'abbigliamento. _____ (4. Fare) tessuti pregiati di lana e di seta. In tutto il mondo _____ (5. trovare) le marche italiane della moda. All'estero _____ (6. conoscere) tanti stilisti italiani.

Un problema di cui _____ (7. preoccuparsi) sempre è quello delle tasse. Sembra che _____ (8. pagare) tasse sempre più alte. In pratica, per ora _____ (9. potere) considerare lo Stato italiano uno stato assistenziale.

Negli ultimi tempi purtroppo _____ (10. vedere) che l'economia non va molto bene e sui giornali _____ (11. leggere) spesso che tante ditte falliscono.

B. La tua amica Elena ti racconta di una festa, organizzata per il lancio promozionale del prototipo di una nuova automobile italiana, a cui ha partecipato con altri conoscenti. Riscrivi le frasi usando il **si** impersonale al posto dei verbi in corsivo e facendo tutti i cambiamenti necessari.

1. Sembrava che *saremmo arrivati* tardi a causa del traffico.

   _____

2. Una volta alla villa, *ci siamo recati* subito nel salone dell'esposizione.

   _____

3. C'era proprio tanta gente, ma *non abbiamo capito* perché non ci fosse il direttore della fabbrica.

   _____

4. *Dicevano* che sarebbe venuto anche il famoso designer.

   _____

5. *Abbiamo visto* il prototipo di un'auto proprio all'avanguardia.

   _____

6. Sembra che in questa macchina *possiamo* usare una benzina speciale a basso costo.

   _____

7. *Non sappiamo* però di cosa sia composta questa benzina.

   _____

8. *Si sono meravigliati* tutti non solo dello stile, ma anche delle rifiniture eleganti e del prezzo
   ragionevole.

   _____

9. Dal salone *siamo passati* tutti in giardino, dove c'era il buffet.

   _____

10. *Abbiamo mangiato* tanto e molto bene.

    _____

11. *Abbiamo bevuto* anche molto.

    _____

12. Nel salone non *potevamo* fumare, ma *la gente ha fumato* in giardino.

    _____

C. Stefano, un amico italiano, ti fa domande su quello che si sa nel tuo Paese a proposito dell'economia italiana. Rispondi alle sue domande usando la forma impersonale quando è possibile.

   1. Nel tuo Paese, quali prodotti italiani conosce la gente?

      _____

      _____

      _____

   2. Quali comprano le persone di più? e quali di meno?

      _____

      _____

      _____

3. Che cosa sanno nel tuo Paese dell'economia italiana?

_____

_____

_____

4. Di quali problemi economici italiani sono informate le persone?

_____

_____

_____

5. Quali sono alcune similarità e alcune differenze tra l'economia italiana e quella del tuo Paese?

_____

_____

_____

D. Nel disegno sono riportati alcuni oggetti tipici della società moderna che spesso fanno parte della nostra realtà giornaliera. Come contribuiscono a renderci la vita più comoda e piacevole? In che modo si inseriscono nell'economia contemporanea? Scegli quattro oggetti e descrivi almeno tre cose che si possono fare con ognuno. Usa l'impersonale con il **si**.

TRA TANTE COMODITA', E' BELLO RISCOPRIRE IL CAMMINARE.

_____

_____

_____

_____

_____

_____

_____

_____

La forma passiva

A. Sei il proprietario / la proprietaria di una piccola azienda dove si fabbricano prodotti in pelle molto raffinati. L'inviata di un giornale locale ti fa domande per capire le ragioni del tuo successo e scrivere un articolo sulla tua attività. Rispondi alle sue domande usando la forma passiva del verbo.

ESEMPIO: GIORNALISTA: Gli stranieri comprano molte delle vostre borse?

TITOLARE: **Sì, molte delle nostre borse sono comprate dagli stranieri.**

1. GIORNALISTA: La vostra ditta esporta le borse in tutto il mondo?

   TITOLARE: Sì, _____

2. GIORNALISTA: I clienti pagano regolarmente i prodotti?

   TITOLARE: Sì, _____

3. GIORNALISTA: I vostri dipendenti vi stimano?

   TITOLARE: Sì, _____

4. GIORNALISTA: Gli operai presentano molte richieste?

   TITOLARE: No, _____

5. GIORNALISTA: Una stilista specializzata disegna le vostre giacche?

   TITOLARE: Sì, _____

6. GIORNALISTA: Rinnovate la linea ogni anno?

   TITOLARE: Sì, _____

7. GIORNALISTA: Il disegnatore considera le richieste del mercato?

   TITOLARE: Sì, _____

8. GIORNALISTA: Il vostro commercialista dichiara i profitti onestamente?

   TITOLARE: Sì, _____

9. GIORNALISTA: Voi controllate personalmente tutti i prodotti?

   TITOLARE: No, _____

B. La pubblicità che segue parla della linea aerea nazionale italiana. Riscrivi le frasi usando la forma passiva.

Nuova Business Class Alitalia.
N u o v a   n e i   f a t t i.

Per un campione di basket come Roberto Premier (80 presenze in nazionale) volare Alitalia non è solo una scelta di bandiera. Perché oggi la nuova Business Class Alitalia offre molto di più.

- Nuovi interni e comode poltrone di nuovo design: più spazio tra le file (da cm. 89 a 102) schienale reclinabile, controllo audio digitale e molti altri comfort.
- Servizio pasti dal carrello: a piacere, a volontà, con spumante e tante attenzioni in più.
- Più frequenze settimanali: 27 voli per New York (6 per Newark, N.J.) 5 per il Brasile (2 non-stop per S. Paolo) 5 per Hong Kong, 6 direttissimi per Tokyo.
- Tanti, tantissimi punti con il Premium Program MilleMiglia e tutti registrati automaticamente. Per farvi vincere viaggi aerei in una delle 117 destinazioni Alitalia nel mondo. Quale tra tante? Scegliete, volando.

Nuova Business Class Alitalia. Fatti a misura di business.

Alitalia

---

1. Roberto Premier ha scelto l'Alitalia.

   _____

2. Roberto Premier aveva preso in considerazione altre linee aeree.

   _____

3. La nuova Business Class Alitalia offre molte comodità.

   _____

4. L'Alitalia ha creato nuovi interni.

   _____

5. I disegnatori hanno allargato lo spazio tra le file.

   _____

6. Servono i pasti dal carrello.

   _____

7. I viaggiatori possono accumulare tanti punti con il Premium Program MilleMiglia.

   _____

8. I viaggiatori Alitalia vinceranno viaggi aerei in una delle possibili 117 destinazioni.

_____

C. Se potessi creare tu la linea aerea ideale, cosa faresti? Indica cosa è importante per te quando viaggi in aereo. Scrivi un breve paragrafo usando la forma passiva quando è possibile.

_____

_____

_____

_____

_____

_____

_____

_____

D. Due amiche decidono di aprire un negozio di articoli da regalo. Insieme chiedono consiglio ad un commercialista per sapere cosa devono o non devono fare. Rispondi alle domande usando la forma passiva con il verbo **andare**.

1. Dobbiamo conservare tutte le ricevute?

Sì, _____

2. Dobbiamo pagare i contributi (_benefits_) per la commessa?

Sì, _____

3. Dovremo assumere presto una segretaria?

Sì, _____

4. Dovremo scegliere accuratamente i prodotti?

Sì, _____

5. Dovevamo pagare l'affitto per un anno?

No, _____

6. Dobbiamo promuovere una svendita ogni tanto?

Sì, _____

7. Dobbiamo fare degli sconti ai clienti speciali?

Sì, _____

8. Dovremo abbassare i prezzi per Natale?

No, _____

Gli interrogativi

A. Le risposte seguenti vengono da un'intervista con un industriale italiano, il quale è generalmente ottimista sull'andamento dell'economia italiana. Formula le domande relative ad ogni risposta, usando pronomi, aggettivi e avverbi interrogativi.

1. L'anno prossimo l'Italia esporterà molto vino.

   _____

2. Non so quanti litri di olio d'oliva si producono ogni anno.

   _____

3. Tanti prodotti italiani si esportano in tutto il mondo.

   _____

4. È importante cercare di ottenere una certa stabilità economica.

   _____

5. Il merito del successo della produzione italiana è di tanti piccoli imprenditori.

   _____

6. I prodotti italiani sono ricercati per la qualità e per il design.

   _____

7. Scarpe, ceramiche, automobili e vestiti sono alcuni prodotti italiani conosciuti in tutto il mondo.

   _____

8. La raffinatezza dei prodotti italiani potrebbe essere una ragione del loro successo.

   _____

9. Forse l'industria più importante in Italia è quella del turismo.

   _____

10. I turisti vengono in Italia per tante ragioni, tra cui l'arte e la buona cucina.

    _____

B. Tua cugina Ilaria desidera aprire negli U.S.A. un negozio di prodotti italiani e ti chiede la tua opinione e informazioni generali sull'importazione. Immagina il dialogo, formulando le domande e le risposte. Usa pronomi, aggettivi e avverbi interrogativi.

ESEMPIO: Domanda: Quali prodotti si potrebbero importare?

Risposta: Dipende da che cosa ti interessa.

Domanda: Potrei importare maglie confezionate in Italia? Dove le potrei comprare?

Ecc.

_____

_____

_____

_____

_____

_____

_____

_____

_____

_____

_____

C. Immagina di intervistare un dirigente della RAI (Radiotelevisione italiana). In base alla réclame della RAI, formula almeno dieci domande usando pronomi, aggettivi e avverbi interrogativi.

1. _____

2. _____

3. _____

4. _____

5. _____

6. _____

7. _____

8. _____

9. _____

10. _____

Scoprite che cosa hanno in comune Marta e Rocco.

Fanno il tifo per squadre diverse, hanno amici e gusti diversi, fanno anche sogni e lavori diversi.

Ogni giorno 40 milioni di persone, così diverse tra loro, hanno in comune una cosa: ci guardano.

Probabilmente perché cerchiamo di capire il punto di vista di ognuno, perché rispettiamo le differenze tra una sarta di Lodi e un panettiere di Amalfi, tra un ingegnere di Verona e una studentessa di Perugia.

In fondo, essere un servizio pubblico significa anche questo: parlare a 40 milioni di Italiani e soprattutto saperli ascoltare.

Che cosa sappiamo degli italiani?

6

Il governo italiano

Con la fine della guerra e la caduta del fascismo, per la prima volta si tennero in Italia le elezioni a «suffragio universale» nelle quali tutti i cittadini senza alcuna distinzione furono chiamati ad esprimere la propria opinione attraverso il voto libero e
5 segreto. Come abbiamo visto, gli italiani scelsero la forma di governo repubblicana, che continua ancora oggi. Una commissione speciale fu incaricata di redigere la nuova Costituzione italiana che fu completata alla fine del 1947. Fu allora stabilito uno dei principi fondamentali su cui si basa tutta la struttura costi-
10 tuzionale: la sovranità appartiene sempre ed inderogabilmente al popolo italiano. Il voto è lo strumento principale con cui i cittadini possono esprimere la loro opinione e le loro preferenze. Gli italiani sono chiamati a votare per le elezioni politiche e per quelle amministrative, e fino a non molto tempo fa hanno espresso le loro
15 scelte votando per un determinato partito. Ogni partito poi designava i propri rappresentanti al Parlamento. Questo sistema di votazione indiretta è però stato messo in discussione negli ultimi tempi e fin dalle elezioni amministrative del '93 è stata data ai cittadini la possibilità di votare direttamente per i rappresentanti dei
20 vari partiti.

L'ordinamento democratico si basa sulla suddivisione dei poteri legislativo, esecutivo e giudiziario. Il Parlamento, formato dalla Camera dei Deputati e dal Senato della Repubblica, rappresenta il potere legislativo, cioè i deputati eletti discutono ed
25 approvano le leggi.

Il potere esecutivo appartiene al Governo, o Consiglio dei Ministri, che ha un ruolo fondamentale nel sistema politico italiano. A capo del Governo c'è il Presidente del Consiglio, nominato dal Presidente della Repubblica, ma il Governo si regge sulla volontà e
30 l'approvazione del Parlamento: si dice che il Governo cade quando non raggiunge la maggioranza dei voti in Parlamento. Il Presidente allora dà l'incarico ad un nuovo capo di governo di formare un nuovo Consiglio con ministri diversi.

Oltre a nominare il Presidente del Consiglio dei Ministri, il
35 Presidente della Repubblica, che in Italia è stato finora nominato dal Parlamento e non direttamente dai cittadini, ha altri compiti, come per esempio quello di decidere ed indire un referendum, di sciogliere° le Camere e stabilire nuove elezioni. Egli inoltre pre-   dissolve
siede il Consiglio Superiore della Magistratura.
40 L'amministrazione della giustizia rappresenta appunto il terzo potere dello Stato, cioè quello giudiziario, ed è in mano alla Magistratura composta dai giudici.

Come è stato detto, negli ultimi tempi in Italia si è verificata una profonda crisi politica, segno di scontento da parte di tanti italiani nei confronti dello Stato e dei partiti politici. Questi, dalla fine della Seconda Guerra Mondiale, sono andati acquisendo sempre più potere e mantenendo un certo grado di controllo sia sulla società in generale che sulle istituzioni. Il prezzo è stato piuttosto alto, infatti questo eccesso di potere ha soffocato certe autonomie della società civile ed ha provocato l'inadeguatezza operativa delle istituzioni. A tutto ciò si devono aggiungere gli scandali recenti che vanno in genere sotto il nome di Tangentopoli: la connivenza tra uomini politici e industriali, cioè tra potere politico e potere economico, e i tanti casi di corruzione che sono stati scoperti e in cui sono coinvolti i rappresentanti di quasi tutti i tradizionali partiti politici italiani, hanno accresciuto la sfiducia degli italiani nelle istituzioni di governo ed in particolare nei grandi partiti tradizionali come la Dc e il Psi. Questi partiti stanno ora effettivamente ricostituendo la propria immagine politica, cercando soprattutto uomini nuovi che li possano rappresentare e dandosi un nuovo nome e una nuova sigla, pur conservando una certa tradizionale divisione tra centro, destra e sinistra, a seconda della loro ideologia politica.

Uno degli scopi principali della riforma elettorale è stato quello di riuscire a ridurre il numero dei partiti presenti in Parlamento: infatti ora un partito deve ricevere almeno il 4% dei voti per essere rappresentato alla Camera dei Deputati, mentre in precedenza bastava l'1%. Resta in ogni modo problematico formare il Governo con rappresentanti di un unico partito, senza ricorrere ad alleanze più o meno temporanee. Come è stato detto, comunque, attualmente agli italiani si richiede di scegliere i singoli individui rappresentanti i diversi partiti: questo sistema, nuovo per l'Italia, sta trasformando il volto politico della nazione e il risultato sperato dovrebbe essere un accresciuto senso civico da parte dei cittadini.

Verifichiamo

In base alle informazioni lette, rispondi alle seguenti domande.

1. Indica quali sono gli organi dello stato italiano e i loro poteri specifici.

_____

_____

_____

_____

_____

_____

_____

2. Come è stato eletto finora il Presidente della Repubblica? Qual è il suo ruolo?

_____

_____

_____

3. Come sono avvenute le elezioni fino a qualche tempo fa?

_____

_____

_____

_____

_____

4. Come è cambiato il sistema delle votazioni elettorali?

_____

_____

_____

5. Cosa significa Tangentopoli? Come ha influenzato la vita politica italiana?

_____

_____

_____

Capitolo 13

Gli italiani e le questioni sociali

Strutture

Gli aggettivi e pronomi indefiniti

A. Uno studioso di costumi e culture diverse annota alcune sue impressioni su vari atteggiamenti degli italiani. Scegli il pronome o l'aggettivo indefinito corretto per completare le frasi.

Per _____ (**1.** molti, qualche) italiani le amicizie personali sono importanti.

_____ (**2.** Alcuni, Ogni) cittadino prova una _____ (**3.** nessuna, certa) sfiducia nello Stato. _____ (**4.** Certi, Qualcuno) pensa che ciò sia

dovuto a _____ (**5.** tanti, quanti) motivi storici. Per quanto riguarda i gusti,

negli _____ (**6.** altri, nessun) paesi europei, _____ (**7.** qualche, qualcuno) pensa che gli italiani siano troppo sofisticati. Infatti _____ (**8.** chiunque, tutti) veda un italiano elegante crede che in Italia _____ (**9.** ognuno, tutti) siano interessati solo alla moda. Sappiamo comunque che in questo paese

_____ (**10.** nessuno, parecchio) è indifferente alle cose belle.

_____ (**11.** Altri, Chiunque) invece pensano che nel carattere degli italiani ci

sia molto spesso anche _____ (**12.** niente, qualcosa) di serio e triste.

B. Un giornalista italiano ti chiede come sono gli abitanti del tuo Paese. Rispondi alle domande, sostituendo agli aggettivi e nomi in corsivo i pronomi indefiniti corrispondenti o contrari. Fa' tutti i cambiamenti necessari.

1. Nel tuo Paese, spendono *tutti* molto per i vestiti?

No, _____

2. *Qualche giovane* pensa che possedere una casa sia molto importante?

Sì, _____

3. *Ogni cittadino* desidera possedere una casa propria?

   Sì, _____

4. Avete bisogno di *molte altre cose* per vivere felici?

   No, _____

5. Importate *molte cose* dall'estero?

   No, _____

6. Ci sono *alcuni cittadini* che si preoccupano soltanto dell'**apparenza**?

   Sì, _____

7. *Tutta la gente* pensa soprattutto a lavorare?

   Sì, _____

8. È vero che al tuo Paese *nessun abitante* sa veramente godersi la vita?

   Sì, _____

9. È vero che solo *poche persone* si possono permettere una vacanza?

   No, non è vero che _____

   _____

C. Due industriali italiani discutono su cosa significa nel mondo il **Made in Italy**. Completa le frasi con uno dei pronomi o aggettivi indefiniti della lista seguente.

qualcuno	molti	altri
tutti	certa	qualche
qualsiasi	ogni	chiunque

IND. A: L'immagine dell'Italia all'estero è positiva. Il marchio **Made in Italy** è apprezzato in _____ (1.) i Paesi del mondo.

IND. B: Non sono d'accordo. Per _____ (2.) l'immagine dell'Italia potrebbe essere negativa.

IND. A: Il **Made in Italy** significa che esportiamo la creatività italiana in _____ (3.) Paesi.

IND. B: Se potessi, io cercherei _____ (4.) marchio diverso, per esempio Made in Europe. Spesso il **Made in Italy** è stato usato su _____ (5.) prodotto, senza discriminazione. E poi, in _____ (6.) parte del mondo noi italiani ci presentiamo con una _____ (7.) immagine politica negativa.

Ind. A: _____ (8.) compri una bella borsa o un paio di scarpe ha ancora fiducia del marchio Made in Italy e non pensa alla situazione politica! Gli italiani poi stanno prendendo decisioni importanti anche dal punto di vista politico che _____ (9.) dovranno tenere in considerazione.

L'uso delle preposizioni

A. Gli italiani comprano molti prodotti provenienti dall'estero. Dopo aver letto la descrizione dei seguenti prodotti, rispondi alle domande.

> **Fiori di lusso.** È stato realizzato in Boemia il prezioso vaso da fiori di cristallo ed è stato soffiato a bocca. Le decorazioni sono state incise a mano. Il prezzo si aggira sulle 900 mila lire. Da Art House, Corso Italia 96, Cortina d'Ampezzo, tel. 0436/863898.

> **Trekking all'americana.** Le ultime scarpe da trekking vengono dagli USA e sono della Five Ten. La tomaia di questo modello (chiamato Wildebeest) è in nabuk, l'inserto in poliuretano rende soffice ogni passo di una escursione. In vendita da K2 Sport, a circa 168 mila lire. Cortina, tel. 0436/863706.

> **Per l'uomo? Lo scozzese.** La giacca da uomo disegnata da Katharine Hamnett è in puro lino a disegni scozzesi. Si può portare con camicie colorate come quelle di Jasperville. Il costo della giacca è di 650 mila lire e la camicia si aggira sulle 90 mila lire. Da Hackett, tel. 0541/786400.

1. Il vaso di Boemia

   a. Da dove viene?

   _____

   b. Come è stato fatto?

   _____

   c. Che tipo di decorazioni ci sono?

   _____

   d. Dove lo si può comprare?

   _____

2. Le scarpe americane

   a. Che tipo di scarpe sono?

   _____

   b. Di che marca sono?

   _____

   c. Dove sono fatte?

   _____

   d. Dove si possono comprare?

   _____

3. La giacca scozzese

   a. Per chi è la giacca?

   _____

   b. Con che cosa si può indossare?

   _____

   c. Da chi è stata disegnata?

   _____

B. Immagina di leggere sul giornale il seguente fatto di cronaca. Completa il brano con le preposizioni appropriate, articolate o semplici.

Un imprenditore molto onesto aveva deciso _____ (1.) iniziare una nuova

attività. Era giovane, aveva poco più _____ (2.) trent'anni. Non conosceva

bene il mondo, non era mai stato _____ (3.) estero ed era molto ingenuo. Di-

scuteva _____ (4.) affari con tutti e diceva _____ (5.) tutti

quello che aveva intenzione _____ (6.) fare. Comprò un vecchio palazzo

_____ (7.) cinque piani e completò i progetti per tutto quello che c'era

_____ (8.) fare per restaurarlo. Viveva _____ (9.) cam-

pagna, ma andava ogni giorno _____ (10.) città per questo nuovo lavoro. Era

felice _____ (11.) come stavano andando gli affari. _____ (12.)

ragazzo infatti era stato molto povero e ora sperava _____ (13.) poter avere

tutte le cose che gli erano mancate. Originariamente era _____ (14.) Milano,

ma non ci abitava più _____ (15.) molto tempo. Certi tipi mafiosi seppero

_____ (16.) suo progetto e andarono _____ (17.) lui

_____ **(18.)** minacciarlo se non avesse pagato una mazzetta

_____ **(19.)** capi mafiosi. Il giovane rifiutò _____ **(20.)**

pagare e fu ucciso _____ **(21.)** gregari _____ **(22.)** un

grosso capo mafioso.

C. Considera il seguente grafico sull'emigrazione degli italiani e poi rispondi alle domande.

1. Dove vanno a lavorare in prevalenza gli italiani che emigrano?

   _____

2. Verso quale continente emigrano in minor numero?

   _____

3. Se dovessi emigrare, dove preferiresti andare? Perché?

   _____

   _____

   _____

4. Quale attività svolgeresti in un'altra nazione che ti sarebbe difficile svolgere al tuo Paese?

   _____

   _____

Preposizioni e congiunzioni

A. Un giornale pubblica parte dell'interrogatorio da parte della polizia di un famoso criminale pentito. Completa le frasi con la forma corretta della preposizione o della congiunzione indicata, facendo i cambiamenti necessari.

    ESEMPIO: La polizia non aveva prove _____ (prima) mie rivelazioni.

         La polizia non aveva prove prima delle mie rivelazioni.

POLIZIA: Come era la Sua vita _____ (1. prima) rivelasse tutto ciò che sapeva?

CRIMINALE: _____ (2. Prima) mio arresto, io ero una persona molto importante.

POLIZIA: E _____ (3. dopo) Lei, chi ha preso il Suo posto?

CRIMINALE: _____ (4. Da) sono in prigione, non so più niente.

POLIZIA: Perché _____ (5. fino) oggi ha detto che avrebbe rivelato tutto?

CRIMINALE: _____ (6. Senza) la promessa dell'immunità non potevo parlare.

POLIZIA: Come può parlare _____ (7. senza) la mafia lo sappia?

CRIMINALE: _____ (8. Dopo) sono fuggito dal mio paese, mi sono nascosto a casa di amici fidati.

POLIZIA: L'aiuteremo noi, _____ (9. dato) ha dimostrato buona volontà.

CRIMINALE: _____ (10. Dopo) il mio arresto, ho deciso di cambiare vita. _____ (11. Da) ora in poi sarò una persona onestissima.

B. Nel seguente brano si parla delle persone anziane in Italia. Completalo con una delle preposizioni o congiunzioni seguenti.

dopo (di)	finché	da quando
prima di	a causa	fino a
dal	dopo che	senza (che)
dato che	prima che	perché

_____ (1.) studi più recenti, si credeva che la vecchiaia fosse una malattia.

Invece, _____ (2.) sono stati pubblicati tanti risultati medici, si pensa alla terza età non come malattia, ma come crescita. _____ (3.) la popolazione anziana è in aumento, a partire _____ (4.) 1982 sono state aperte le università della terza età, _____ (5.) l'anno dell'anziano aveva messo in luce l'esigenza di un rinnovamento culturale. _____ (6.) del numero degli iscritti, lo stato deve pensare a far sorgere questi centri di studio anche in località lontane dalle grandi città. _____ **(7.)** nascesse quest'università, una persona

anziana aveva poche possibilità di rinnovamento culturale. Questi studi però sono fatti

_____ **(8.)** ci sia nessun coordinamento con il mondo del lavoro.

I verbi di percezione e l'infinito

A. Immagina di raccontare ad un amico la storia violenta di un film che hai visto alla televisione. Completa le frasi con un verbo all'infinito o con una frase relativa introdotta da **che**, facendo attenzione ai tempi dei verbi.

1. L'uomo non ha visto la donna che _____

   _____

2. La donna, entrata in casa di nascosto, ha notato l'uomo che _____

   _____

3. L'uomo stava guardando fuori della finestra un giovane _____

   _____

4. L'uomo però ha sentito la donna _____

   _____

   e ha udito il cane che _____

5. Io ho notato un'altra persona sconosciuta _____

   _____

6. Ho osservato gli attori _____

   _____

B. Hai mai assistito ad un incidente o ad un fatto insolito? Completa le frasi in maniera logica, usando la costruzione con l'infinito.

Ieri sera, tornando a casa, ho visto _____

_____.

Sono riuscito, -a a scorgere _____

_____

e ho notato _____.

Nel frattempo sentivo _____

_____

e ho udito _____

_____ .

Non mi sono accorto, -a di _____

_____ .

I mass media, la stampa e la pubblicità

Strutture

Che, come e quanto in frasi esclamative

A. Stai guardando, insieme ad alcuni amici, un nuovo programma televisivo che ti piace molto. Mentre lo guardi, esprimi la tua ammirazione. Ripeti le frasi usando una forma esclamativa e facendo i cambiamenti necessari.

1. Gli attori sono bravissimi.

   _____

2. L'argomento è molto originale.

   _____

3. La musica è proprio bella.

   _____

4. Trasmette un messaggio commovente.

   _____

5. Il regista ha avuto molto coraggio.

   _____

6. Il produttore ha speso tanto.

   _____

7. La fine era proprio inaspettata.

   _____

8. C'era molto realismo nella scelta dei luoghi.

   _____

B. Hai appena letto un articolo sul giornale molto insolito ed interessante. Immagina le esclamazioni che faresti a proposito:

1. del titolo

_____

2. del contenuto

_____

3. della notizia

_____

4. del tipo di pubblicazione

_____

Fare + infinito

A. Il proprietario di alcune sale cinematografiche spiega che cosa ha fatto e che cosa ha intenzione di fare per incrementare la vendita dei biglietti. Ripeti ogni frase usando la costruzione con **fare + infinito.**

ESEMPIO: Ho rinnovato molte sale.

Ho fatto rinnovare molte sale.

1. Ho messo poltrone comode.

_____

2. Ho installato un sistema stereo.

_____

3. Allargherò le sale.

_____

4. Ho ridotto il prezzo del biglietto.

_____

5. Venderò gelati e Coca-Cole.

_____

6. Ho proiettato due film diversi al prezzo di uno solo.

_____

B. Una giovane universitaria fa domande riguardo alla televisione ad un'amica che da poco tempo abita con un'altra ragazza. Rispondi alle domande usando i pronomi oggetto diretto e l'agente indicato in parentesi, secondo l'esempio.

ESEMPIO: Hai riparato il televisore? (elettricista)

L'ho fatto riparare all'elettricista.

1. Hai acquistato un televisore nuovo? (mio padre)

_____

2. Hai portato il televisore da sola? (mio fratello)

_____

3. Chi pagherà il canone? (mia madre)

_____

4. Hai comprato il programma della Tv? (mia sorella)

_____

5. Come sceglierai le trasmissioni? (la mia amica)

_____

6. Hai deciso quale telenovella seguire? (le mie compagne)

_____

7. Spegni la televisione prima di andare a dormire? (mia amica)

_____

C. Sei incaricato / -a della campagna pubblicitaria per un particolare prodotto e devi occuparti della televisione e della stampa. Il tuo direttore ti fa domande su come stai svolgendo il tuo lavoro. Rispondi di sì alle sue domande e usa la costruzione **fare + infinito** e i pronomi diretti e indiretti.

ESEMPIO: Il giornalista ha scritto l'articolo?

Sì, gliel'ho fatto scrivere.

1. La redattrice ha approvato il testo?

_____

2. L'editore ha corretto le bozze (*proofs*)?

_____

3. Il pubblicitario preparerà i disegni?

_____

4. Il disegnatore userà colori di moda?

_____

5. Il regista ha scelto gli attori?

_____

6. Gli attori hanno letto la parte?

_____

7. La cantante proverà il motivo dello spot?

_____

D. Una tua amica si è preparata per un provino (*screen test*) alla televisione, con la speranza di avere una piccola parte in uno spot pubblicitario. Le chiedi come si è preparata. Immagina le sue risposte alle tue domande ed usa la costruzione **farsi + infinito.**

    ESEMPIO: Chi ti ha truccato?

               Mi sono fatta truccare da un professionista.

1. Chi ti ha scelto il vestito adatto?

_____

2. Chi ti ha aiutato ad imparare la tua parte?

_____

3. Chi ti ha portato agli studi televisivi?

_____

4. Chi ti ha consigliato su come muoverti?

_____

5. Chi ti ha pettinato?

_____

6. Chi ti ha detto cosa dovevi fare?

_____

7. Chi ti ha prestato i gioielli?

_____

8. Chi ti ha insegnato quel nuovo ballo?

_____

E. Leggi il trafiletto seguente su alcuni programmi televisivi e rispondi alle domande, usando quando è possibile la costruzione **fare + infinito**.

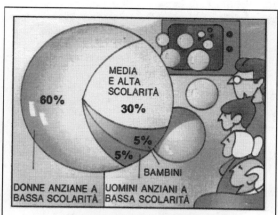

IL PUBBLICO DELLE TELENOVELAS

A quale pubblico è diretto il prodotto fiction tv? O, meglio, su quale ipotetico referente vengono modellati gli interminabili sceneggiati, le serie televisive, gli spettacoli di varietà e le telenovelas che imperversano sugli schermi? Si tratta di un pubblico prevalentemente femminile (il 60%), anziano e a bassa scolarità. Stesse caratteristiche per il 5% dei maschi. Un altro 5% è composto di bambini. Il restante 30%, media e alta scolarità, si disinteressa del prodotto.

1. Quali fattori pensi che contribuiscano a far guardare i vari tipi di sceneggiati e le telenovelas di cui si parla nel trafiletto soprattutto alle persone anziane e a quelle che hanno studiato poco?

   _____

   _____

   _____

2. Pensi che molti genitori facciano vedere sceneggiati e telenovelas ai figli? Con quali criteri pensi che scelgano i programmi?

   _____

   _____

   _____

3. Quali fattori pensi che facciano disinteressare ai programmi di cui si parla nel trafiletto il pubblico di media ed alta scolarità?

   _____

   _____

   _____

F. Considerando il disegno sulla televisione interattiva, rispondi alle seguenti domande.

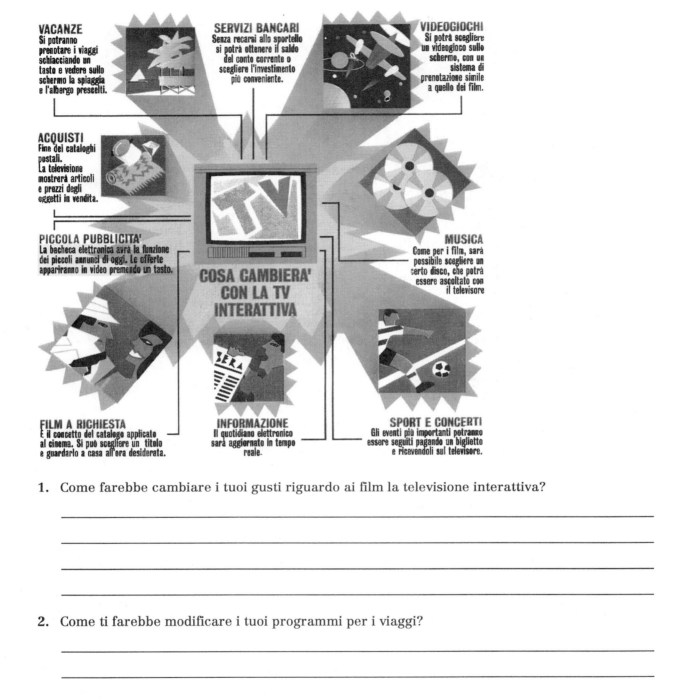

1. Come farebbe cambiare i tuoi gusti riguardo ai film la televisione interattiva?

   _____

   _____

   _____

   _____

2. Come ti farebbe modificare i tuoi programmi per i viaggi?

   _____

   _____

   _____

   _____

3. Come faciliterà gli annunci pubblicitari?

_____

_____

_____

_____

4. Come contribuirebbe la televisione interattiva al tuo rapporto con le banche?

_____

_____

_____

_____

5. Quali dei campi influenzati dalla Tv interattiva ti sembra il più importante e perché?

_____

_____

_____

_____

Lasciare + infinito

A. Due genitori discutono su quello che permettono o non permettono ai figli per quanto riguarda la televisione, il cinema e le letture. Ripeti le frasi usando **lasciare** + **infinito** e seguendo l'esempio.

ESEMPIO: Mio marito non vuole che i figli vedano film violenti.

Mio marito non lascia vedere film violenti ai figli.

1. Io non voglio che il mio figlio minore guardi la televisione.

_____

2. Mia moglie non vuole che nostra figlia legga i giornali di moda.

_____

3. Noi non vogliamo che i ragazzi leggano i fumetti (*cartoons*).

_____

4. Io voglio che mio figlio legga solo i romanzi classici.

_____

5. Mio marito non vuole che le ragazze vedano film romantici.

_____

6. Mia moglie vuole che i bambini guardino unicamente programmi educativi.

_____

7. Io voglio che la mia figlia maggiore legga solo riviste d'economia e politica.

_____

8. Noi non vogliamo che i nostri figli vadano troppo spesso al cinema.

_____

B. Il direttore di una rete televisiva privata spiega il successo del suo nuovo telegiornale. Forma frasi complete usando **lasciare + infinito**.

ESEMPIO: Il direttore permette ai redattori di scegliere le informazioni da trasmettere.

Il direttore lascia scegliere le informazioni da trasmettere ai redattori.

1. I redattori permettono ai giornalisti di riferire sempre la verità.

_____

2. Il direttore permette ai conduttori di presentare molti servizi speciali.

_____

3. I direttori del telegiornale permettono ai presentatori di dire quello che pensano.

_____

_____

4. I redattori permettono ai conduttori di presentare dibattiti politici.

_____

5. Il direttore permette che i giornalisti facciano interviste controverse.

_____

6. Il direttore permette alle conduttrici di esprimere la loro opinione.

_____

7. I produttori permettono a tutti i dipendenti di avere un telefonino per comunicare velocemente le notizie.

_____

_____

C. Riscrivi le frasi dell'esercizio precedente sostituendo ai nomi i pronomi diretti e indiretti necessari.

> ESEMPIO: Il direttore permette ai redattori di scegliere le informazioni da trasmettere.
>
> **Il direttore gliele lascia scegliere.**

1. _____
2. _____
3. _____
4. _____
5. _____
6. _____
7. _____

D. Due registi della televisione si incontrano e discutono di alcuni progetti che hanno appena termi-nato. Rispondi alle domande usando la costruzione **lasciare** + **infinito** e sostituendo ai nomi i pronomi corrispondenti.

> ESEMPIO: Il direttore ha permesso che tu scegliessi le ballerine?
>
> **Sì, il direttore me le ha lasciate scegliere.**

1. I musicisti hanno permesso che tu scegliessi i brani musicali? (No)

   _____

2. Tu hai permesso che gli addetti alla pubblicità interrompessero il tuo varietà? (No)

   _____

3. Le costumiste hanno permesso che la prima attrice scegliesse i suoi abiti? (Sì)

   _____

4. Il produttore ti ha permesso di spendere tutta la somma stanziata? (Sì)

   _____

5. Tu hai permesso al famoso comico di dire tutto quello che voleva? (Sì)

   _____

6. I redattori hanno permesso che la presentatrice portasse vestiti molto vistosi? (No)

   _____

I suffissi

A. Due amiche sfogliano insieme una rivista e fanno dei commenti su alcune fotografie che vedono e articoli che leggono. Usa due o tre aggettivi di tua scelta per spiegare cosa significano i nomi in corsivo.

ESEMPIO: Guarda che bel *vestitino!*

È un vestito carino e grazioso.

1. Che bei bambini! Guarda che *occhioni!*

   _____

2. Quell'attrice giovanissima ha un fidanzato che è un giocatore di pallacanestro, un vero *ragazzone!*

   _____

3. La recensione del film dice che è un *filmaccio* da non vedere!

   _____

4. Sembra una vacanza da sogno! Guarda che graziose *villettine* sul mare!

   _____

5. Che bei regali per Natale! Quest'*orsacchiotto* sarebbe proprio delizioso per il mio *nipotino!*

   _____

   _____

6. La nuova moda non mi piace. Questi *vestitucci* da niente io non li metterei mai.

   _____

7. Hai visto la réclame del nuovo *formaggino* della Parmalat?

   _____

8. Per l'arredamento, ecco i nuovi *tavolini* del famoso designer milanese.

   _____

B. Stai guardando degli annunci pubblicitari alla televisione. Immagina quali parole e quali suffissi useresti per le seguenti immagini.

1. Il naso molto grosso di un vecchio attore:

   _____

2. Una bambina di due anni molto graziosa:

   a. le mani

   _____

b. i piedi

_____

c. la faccia

_____

d. i vestiti

_____

3. Un piccolo e bel paese di montagna:

_____

4. Un giocatore di pallacanestro alto e grosso:
   a. le mani

_____

   b. i piedi

_____

Che cosa sappiamo degli italiani?

~~~ 7 ~~~

Alcune questioni sociali

Le differenze tra il Nord e il Sud della penisola, a cui si è già accennato, per molti anni hanno causato una forte e costante immigrazione interna, cioè una gran parte di italiani si è trasferita dal Sud verso le città più industrializzate del Nord, alla ricerca e con la speranza di un buon lavoro e di condizioni di vita meno disagiate°.

Le fasce di popolazione più povere, inoltre, per tanto tempo hanno cercato lavoro anche nei Paesi stranieri, nelle nazioni più vicine come la Svizzera e la Germania e in quelle lontane come l'Argentina e gli Stati Uniti, e anche lontanissime come l'Australia.

Dovunque siano andati, gli italiani hanno quasi sempre portato con sé i valori più tradizionali della famiglia e della volontà e costanza nel lavoro. Anche la cultura tradizionale intesa come studio e ricerca è stata sempre una costante nella rappresentanza dell'Italia nel mondo.

Oggi invece come conseguenza di un certo benessere economico ed un innegabile sviluppo industriale ormai raggiunto su gran parte della penisola, si avverte un fenomeno contrario a quello decennale dell'abbandono dell'Italia: l'Italia è recentemente diventata una terra attraente per gli abitanti provenienti dai Paesi più poveri. Molti immigrati infatti dai Paesi in via di sviluppo e dall'Europa dell'Est sono attratti verso la nazione italiana. Mentre però i cittadini dell'Unione Europea hanno tutti i diritti di trasferirsi da un Paese all'altro della Comunità europea, il problema si presenta per coloro che provengono da altre nazioni e che vengono appunto chiamati extracomunitari. Questi spesso provengono dai Paesi del Medio Oriente e dell'Africa, dall'Asia e dall'America Latina, oltre che dai Paesi dell'Europa orientale.

L'Italia si sta quindi trasformando da società molto omogenea in una società multiculturale e multietnica e gli italiani stanno imparando forse per la prima volta che cosa significa l'incontro e la convivenza con culture diverse, con una mentalità «altra» che rivela parametri e valori distinti. Le nazioni rappresentate in Italia sembra che attualmente siano ben 26: questa varietà culturale può far sentire l'italiano medio minacciato nella sua identità nazionale, il che può provocare tensioni e rabbia. I cittadini devono trovare la strada per convivere con l'«altro», il diverso da sé e per imparare ad apprezzare tutto ciò che di positivo e stimolante c'è nel contatto con culture e razze diverse. Lo straniero invece rischia sempre l'emarginazione°, e anche se una legislazione adeguata tende a fare dei cittadini extracomunitari cittadini uguali agli altri, la vera integrazione sociale può essere lenta

difficult

marginalization

e difficile. Le ultime leggi hanno adeguato i cittadini extracomunitari ai cittadini italiani per quanto riguarda i diritti del lavoro, per
45 la casa, per la sanità e per la scuola, ma tanti italiani pensano che gli immigrati vengono a rubare il lavoro che toccherebbe agli italiani. Altri invece pensano che gli extracomunitari in realtà accettano di svolgere quei lavori, soprattutto manuali, che gli italiani non vogliono fare.
50   Fino al 1990 tanti immigrati restavano in Italia clandestinamente, poi la legge Martelli ha permesso a molti di regolarizzare la loro presenza in Italia. La legge stabilisce che ogni anno il Governo deve decidere e regolare il numero di immigrati che può venire ammesso nel Paese, tenendo conto delle strutture sociali e
55 della domanda di lavoro. Quindi i permessi di soggiorno vengono rilasciati a seconda del programma stabilito dal Governo. La domanda oggi che tanti si pongono è comunque se è giusto che i lavoratori stranieri acquisiscano° in pieno tutti i diritti dei lavoratori italiani. Le risposte fondamentali al problema dell'immi-
60 grazione, allo stato attuale delle cose, restano soprattutto due: favorire l'integrazione culturale e sociale degli extracomunitari e delle loro famiglie, e d'altra parte attuare una politica economica di solidarietà per contribuire allo sviluppo dei Paesi del terzo mondo, per portare il benessere e quindi posti di lavoro nelle
65 nazioni di origine degli immigrati. Se si preferisce che gli extracomunitari non abbandonino il loro Paese, è necessario aiutare lo sviluppo della loro economia e non solo sfruttare il basso costo della manodopera nei loro Paesi di origine.

    Quello dell'immigrazione è comunque solo uno dei problemi
70 attuali più evidenti. Come in quasi tutti i Paesi del mondo, infatti, anche in Italia esiste il problema sociale della droga. Per quanto riguarda la distribuzione e il commercio, il traffico della droga è simile a quello di una grande e ricca azienda che operi a livello internazionale e attualmente è il crimine più proficuo di tutti. Si
75 deve comunque anche dire che è in costante aumento il numero dei sequestri di eroina effettuati dalla polizia e dai carabinieri, anche in connessione con i numerosi arresti di appartenenti alla mafia.

    Il vero dramma della droga però non è solo quello del commer-
80 cio, ma soprattutto quello dei tossicodipendenti°, per cui il traffico degli stupefacenti diventa un'industria di morte, soprattutto fra i giovani e i giovanissimi. Negli ultimi anni il problema, poi, come del resto in altri Paesi, si è fatto ancora più drammatico, poiché la tossicodipendenza è una delle cause riconosciute di trasmissione del-
85 l'Aids.

    La legge del 1990 relativa alla droga modifica una precedente del 1975 considerata troppo permissiva. Questa legge infatti ristabilisce il concetto di «illiceità» del consumo della droga, non solamente dello spaccio e del traffico, e prevede sanzioni amministrative e penali anche per i consumatori.

90   Per la cura e il recupero dei tossicodipendenti esistono le comunità terapeutiche e le strutture sanitarie pubbliche, luoghi in cui si cerca di riabilitare gradualmente i malati attraverso la disintossicazione e il reinserimento nella società. Non è questo il
95 luogo per analizzare le cause sociali ed individuali che spingono all'uso di stupefacenti, come l'insicurezza, il disagio sociale, la

acquire

drug addicts

solitudine, ma si deve anche osservare che se l'uso della droga
prevale in grandi città come Milano, esso è presente pure in ricche
cittadine di provincia. Se la tossicodipendenza è soprattutto la
100 conseguenza di un senso di solitudine da parte dei giovani di oggi,
forse si può cercare di combattere e in parte prevenire questo
problema con la solidarietà sociale.

È vero che oggi in Italia ci sono alcuni notevoli problemi, oltre
che sociali, anche politici, come per esempio lo scandalo di Tan-
105 gentopoli e le infiltrazioni mafiose a tutti i livelli, ma bisogna
anche dire che tanti italiani stanno dando grande prova di un forte
spirito civico, di capacità di ristrutturazione politica, di fede nei
valori della democrazia, di volontà di proseguire nello sviluppo
economico e di apertura di idee verso altre culture.

Verifichiamo

A. Basandoti sul brano letto, spiega che cosa significano i seguenti termini:

   1. extracomunitario

   _____

   _____

   2. tossicodipendente

   _____

   _____

B. Riguardo alla legge Martelli sull'immigrazione, rispondi alle seguenti domande.

   1. Che cosa stabilisce la legge?

   _____

   _____

   _____

   2. Che cosa ne pensi tu?

   _____

   _____

   _____

   _____

   _____

   _____

C. Quali sono secondo te alcuni effetti dell'emarginazione nella società italiana? e in quella del tuo Paese?

_____

_____

_____

_____

_____

_____

D. Chi definisci «diverso» da te? Come si può rivelare secondo te la diversità di un altro essere umano?

_____

_____

_____

_____

_____

_____

_____

E. Basandoti sulla lettura, indica se le seguenti affermazioni sono vere o false e correggi quelle sbagliate.

_____ **1.** I tossicodipendenti sono presenti soltanto nelle grandi città.

_____

_____ **2.** La polizia e i carabinieri riescono spesso a sequestrare grandi quantità di eroina.

_____

_____ **3.** L'Aids non è una malattia collegata all'uso della droga.

_____

_____ **4.** La legge del 1975 sulla droga era più permissiva di quella del 1990.

_____

_____ **5.** In Italia non si fa nulla per aiutare i tossicodipendenti.

_____

_____ **6.** Causa principale della diffusione delle droghe fra i giovani è la ricchezza.

_____

F. Quali sono secondo te alcune cause della diffusione dell'uso degli stupefacenti?

_____
_____
_____
_____
_____
_____

G. Riassumi brevemente quali sono alcuni problemi sociali dell'Italia contemporanea e fa' un paragone con il tuo Paese.

_____
_____
_____
_____
_____
_____

Manuale d'ascolto

Capitolo **1**

L'individuo e la famiglia

[S]trutture

L'articolo determinativo

You will hear a series of singular and plural nouns. Add the appropriate definite article to each one. Follow the model and repeat each answer after the speaker.

> ESEMPIO: faccia
>
> **la faccia**

I nomi

A. Listen to the following nouns. Give the corresponding masculine or feminine form for each one with the appropriate definite article. Follow the model and repeat each answer after the speaker.

> ESEMPIO: la sorella
>
> **il fratello**

B. Write the singular or plural form of the nouns you hear with the appropriate definite article. Follow the model and repeat each answer after the speaker.

> ESEMPIO: *You hear:* i professori
>
> *You write:* il professore
>
> *You hear:* il professore
>
> *You say:* il professore

1. _____

2. _____

3. _____

4. _____

5. _____

6. _____

C. Write the singular or plural form of the nouns you hear with the appropriate definite article. Follow the model and repeat each answer after the speaker.

> ESEMPIO: *You hear:* gli autisti
>
> *You write:* l'autista
>
> *You hear:* l'autista
>
> *You say:* l'autista

1. _____

2. _____

3. _____

4. _____

5. _____

6. _____

7. _____

8. _____

Gli aggettivi

A. Complete the following sentences with the adjectives you hear, making all necessary agreements. Follow the model and repeat each answer after the speaker.

> ESEMPIO: Le cugine sono... (simpatico)
>
> **Le cugine sono simpatiche.**

B. Listen to the descriptions of the following people. Then, from the following cues, choose two adjectives that best describe each person. Make all necessary agreements. Follow the model and repeat each answer after the speaker.

> ESEMPIO: *You hear:* Giuliana aiuta sempre gli amici, anche se non lavora e non ha soldi.
>
> *You see:* Giuliana: povero / avaro / altruista / artistico
>
> *You say:* Giuliana è povera e altruista.

1. Lucia: prepotente / pensieroso / emotivo / falso

2. Luciano: timido / coraggioso / viziato / obbediente

3. Adriana: maleducato / arrogante / disinvolto / elegante

Gli aggettivi e i pronomi possessivi

A. Answer the following questions using the cues you hear and the appropriate possessive adjective. Follow the model and repeat each answer after the speaker.

> ESEMPIO: Dov'è l'agenda di Paola? (nella borsa)
>
> **La sua agenda è nella borsa.**

B. Mario wants to know about your family and those of your friends. Answer his questions, using the cues you hear and the appropriate possessive adjective. Follow the model and repeat each answer after the speaker.

> ESEMPIO: Sono i cugini di Raffaello? (Sì)
>
> **Sì, sono i suoi cugini.**

C. Answer the following questions using a possessive pronoun and the cue you hear. Follow the model and repeat each answer after the speaker.

> ESEMPIO: La mia nipotina è dolce, e la tua? (viziata)
>
> **La mia è viziata.**

Comprensione auditiva

Prepariamoci ad ascoltare

Paolo lavora in un grande albergo e stasera deve andare alla stazione a prendere gli ospiti ritratti nel disegno. Lui non li ha mai visti. Per ogni ospite annota qui di seguito alcuni dettagli che possono aiutarlo a riconoscerli. Usa l'esempio della descrizione del signor Baldi per completare le altre descrizioni.

Il signor Baldi: alto, sulla cinquantina, atletico, bruno, di carnagione scura, elegante, raffinato, con gli occhiali e i baffi

1. La signorina Sali: _____

_____

_____

_____

2. La signora Trentini: _____

_____

_____

_____

Strategie

Focusing on specific details

You may find it difficult to understand Italian when it is spoken at a normal speed. This is probably because you are trying to understand or translate every word, and as a result you may lose the sense of the general message that is being conveyed. Always listen with a specific purpose in mind and pick out the information that you really need to understand what is being said. At times it will be necessary to focus on specific details and information. Therefore, before you start listening to the recordings, familiarize yourself with the tasks to be done in the **Ascoltiamo** activities.

Ascoltiamo

Alcuni invitati ad un matrimonio parlano di altri ospiti. Ascolta (più volte) le tre registrazioni e poi fa' gli esercizi che seguono.

A. Ascolta le tre registrazioni e osserva il disegno. Sentirai alcune delle persone ritratte nel disegno parlare degli altri invitati.

1. Di chi parlano? Scrivi accanto ad ogni registrazione la lettera che corrisponde alla persona di cui parlano.

   Registrazione 1 _____

   Registrazione 2 _____

   Registrazione 3 _____

2. Mentre ascolti, scrivi le parole che ti hanno aiutato ad identificare ogni persona.

   Registrazione 1 _____

   _____

   Registrazione 2 _____

   _____

   Registrazione 3 _____

   _____

B. Adesso ascolta un'altra volta le tre registrazioni e segna con un cerchio quali delle seguenti affermazioni sono corrette.

1. Nella prima registrazione si parla di...

   a. un uomo riservato e distinto.

   b. una donna maleducata e incolta.

   c. un uomo per niente socievole e affatto colto e raffinato.

2. Nella seconda registrazione si parla di...

   a. un giovane rampante.

   b. un uomo invecchiato ma sempre piacevole.

   c. una signora cinquantenne.

3. Nella terza registrazione si parla di...

   a. una bella ragazza, giovane ed attraente.

   b. una bella ragazza poco affabile.

   c. una bella ragazza bruna e grassa.

C. Per ognuna delle tre registrazioni, scrivi nella tavola sottostante quali delle seguenti parole meglio descrivono l'atteggiamento di coloro che parlano verso le persone di cui discutono.

antipatia   disprezzo   simpatia

ammirazione   rispetto   affetto

Registrazione 1   *Registrazione 2*   *Registrazione 3*

_____   _____   _____

_____   _____   _____

_____   _____   _____

_____   _____   _____

La vita di tutti i giorni e i rapporti con gli altri

Strutture

I pronomi personali soggetto

A. Listen to each of the following sentences. Then write the appropriate subject pronoun for each verb. You will hear each sentence twice.

> ESEMPIO: *You hear:* È una signora sui cinquant'anni.
>
> *You write:* Lei

1. _____   5. _____

2. _____   6. _____

3. _____   7. _____

4. _____   8. _____

B. Listen to each of the following sentences and replace the subject with a subject pronoun. Follow the model and repeat each answer after the speaker.

> ESEMPIO: Carlo compie ogni mattina gli stessi gesti.
>
> **Lui compie ogni mattina gli stessi gesti.**

Il presente indicativo

A. Listen to each of the following sentences. Then form a new sentence by changing the verb according to the cue you hear. Do not repeat the subject pronoun. Follow the model and repeat each answer after the speaker.

> ESEMPIO: Lavoro ogni giorno. (lui)
>
> **Lavora ogni giorno.**

B. Restate the following sentences, changing the verbs you hear to the plural. Follow the model and repeat each answer after the speaker.

> ESEMPIO: Spedisco una lettera.
>
> **Spediamo una lettera.**

C. Listen to the following verb phrases and subjects. Then write complete sentences using the cues you hear. Do not write the subject pronouns. You will hear each set of cues twice.

> ESEMPIO: *You hear:* dire buongiorno (io)
>
> *You write:* Dico buongiorno.

1. _____

2. _____

3. _____

4. _____

5. _____

6. _____

7. _____

8. _____

Il presente indicativo dei verbi riflessivi

A. You will hear a series of statements. If the statement is logical, write **Sì** in the space provided. If it is illogical, write **No.** You will hear each statement twice.

1. _____   4. _____

2. _____   5. _____

3. _____   6. _____

B. Listen to each of the following sentences. Then form a new sentence by changing the subject according to the cue you hear. Do not repeat the subject pronoun. Follow the model and repeat each answer after the speaker.

> ESEMPIO: Mi alzo alle sei. (lei)
>
> **Si alza alle sei.**

C. Answer the following questions using the cues you hear. Follow the model and repeat each answer after the speaker.

> ESEMPIO: A che ora ti addormenti? (alle undici)
>
> **Mi addormento alle undici.**

D. Listen to the following verb phrases and subjects. Then write complete sentences using the cues you hear. Do not write the subject pronouns. You will hear each set of cues twice.

> ESEMPIO: *You hear:* svegliarsi presto (noi)
>
> *You write:* Ci svegliamo presto.

1. _____
2. _____
3. _____
4. _____
5. _____
6. _____

Le preposizioni

A. Answer the following questions using the cue you hear and the appropriate prepositional contraction. Follow the model and repeat each answer after the speaker.

> ESEMPIO: Dove vai? (cinema)
>
> **Vado al cinema.**

B. Your roommate can't find her things, so she asks you where they are. Answer her questions using the cue you hear and the appropriate prepositional contraction. Follow the model and repeat each answer after the speaker.

> ESEMPIO: Dov'è il mio spazzolino? (bagno)
>
> **È nel bagno.**

L'articolo indeterminativo

A. You will hear a series of nouns. Add the indefinite article to each one. Follow the model and repeat each answer after the speaker.

> ESEMPIO: rapporto
>
> **un rapporto**

B. You are telling your teacher about some people you know. Form sentences with the cues you hear, using the verb **essere** and the indefinite article when necessary. Make all necessary agreements. Follow the model and repeat each answer after the speaker.

ESEMPIO: · Paolo / socialista

Paolo è socialista.

Comprensione auditiva

Prepariamoci ad ascoltare

Osserva i disegni e poi scrivi sotto ognuno le lettere corrispondenti alle affermazioni che meglio descrivono il rapporto tra le persone ritratte.

a. I due non vanno d'accordo. Il rapporto fra di loro è teso.

b. L'uomo e la donna hanno rapporti di lavoro.

c. I rapporti fra l'uomo e la donna sono formali, ma cordiali.

d. L'uomo e la donna non si vogliono più bene e litigano.

1. _____   _____

2. _____   _____

Strategie

Focusing on tone of voice and register

When you listen to a conversation in real life, determining the relationship between the speakers and the situation in which the conversation takes place can help you predict a great deal about the general content of the discussion. The tone of voice, and the register used—formal or informal speech—can provide valuable information about the speakers and the situation, such as the level of formality, the relationship between the speakers, the emotional involvement of the speakers, as well as the general atmosphere and mood. These clues can assist you in comprehending the sense of what is said even if you don't understand every word.

The **Ascoltiamo** activities that follow will help you practice these listening skills. Before you start listening to the recording, familiarize yourself with the tasks to be done in the activities.

Ascoltiamo

Nelle tre registrazioni che seguono sentirai alcune persone usare toni di voce e registri espressivi diversi. Ascolta (più volte) le registrazioni e poi fa' gli esercizi che seguono.

A. Nella prima registrazione sentirai una serie di battute. Per ogni battuta scrivi nello spazio accanto ai numeri la lettera del disegno che meglio rappresenta il tono e il registro espressivo delle persone che parlano.

Disegno a

1. _____

2. _____

3. _____

Disegno b

4. _____

5. _____

B. Ascolta le registrazioni 2 e 3 e indica con un numero in quale conversazione il registro espressivo è formale e in quale invece è informale. Scrivi il numero della registrazione nello spazio indicato.

1. Conversazione formale _____

2. Conversazione familiare _____

C. Indica quante persone parlano in ognuna delle ultime due registrazioni.

1. Registrazione 2 _____

2. Registrazione 3 _____

D. Ascolta un'altra volta le due ultime registrazioni e descrivi il rapporto tra i personaggi in ogni registrazione.

1. Registrazione 2 _____

    _____

2. Registrazione 3 _____

    _____

E. Ascolta un'altra volta le ultime due registrazioni, e poi indica con una **X,** negli appositi spazi, quali dei seguenti aggettivi meglio descrivono il tono di voce usato dai vari personaggi di ogni conversazione.

	Registrazione 2	*Registrazione 3*
affettuoso	_____	_____
arrabbiato	_____	_____
autoritario	_____	_____
efficiente	_____	_____
frustrato	_____	_____
nervoso	_____	_____
professionale	_____	_____
rispettoso	_____	_____

F. Ascolta un'altra volta la seconda registrazione e poi indica se le seguenti affermazioni sono vere o false, scrivendo **V** per vero o **F** per falso nell'apposito spazio.

_____ 1. La scena si svolge in un luogo pubblico.

_____ 2. Il padre di Monica e Fabrizio è permissivo.

_____ 3. Monica ha un buon rapporto con il padre.

_____ 4. Fabrizio non è un bravo studente.

_____ 5. La madre è felice che tutti vanno sempre d'accordo.

G. Ascolta un'altra volta la terza registrazione e segna con un cerchio l'affermazione appropriata.

1. L'uomo e la donna sono...

    a. a casa.

    b. in ufficio.

    c. alla stazione.

2. L'uomo è...

    a. un importante dirigente.

    b. un semplice impiegato.

    c. un medico illustre.

3. L'uomo...

    a. non è richiesto mai da nessuno.

    b. conduce una vita tranquilla e appartata.

    c. ha una vita movimentata.

Capitolo 3

I giovani e il tempo libero

Strutture

Il passato prossimo

A. Restate the following sentences, changing the verb from the present to the present perfect. Follow the model and repeat each answer after the speaker.

> ESEMPIO: Ascoltiamo la musica.
>
> **Abbiamo ascoltato la musica.**

B. Answer the following questions, using the **passato prossimo** and the cues you hear. Follow the model and repeat each answer after the speaker.

> ESEMPIO: Che cosa hai fatto? (leggere un libro)
>
> **Ho letto un libro.**

C. Explain what you and your friends did last weekend. Write complete sentences using the subject and verb cues you hear. Do not write the subject pronouns. You will hear each set of cues twice.

> ESEMPIO: *You hear:* svegliarsi presto (tu)
>
> *You write:* Ti sei svegliato presto.

1. _____

2. _____

3. _____

4. _____

5. _____

6. _____

7. _____

8. _____

D. You ask your friends what they want to do. They respond, telling you that they have already done what you suggested. Follow the model and repeat each answer after the speaker.

> ESEMPIO: Carlo, vuoi rilassarti?
>
> **Mi sono già rilassato.**

Il negativo

A. Change the following sentences to the negative using the cues you hear. Follow the model and repeat each answer after the speaker.

> ESEMPIO: Luigi è sempre obbediente. (non... mai)
>
> **Luigi non è mai obbediente.**

B. Answer the following questions in the negative, using the appropriate form of the adjective **nessuno.** Follow the model and repeat each answer after the speaker.

> ESEMPIO: Hai molti amici?
>
> **Non ho nessun amico.**

C. Your grandfather asks you and your friends about your hobbies and interests. Answer his questions using **non** and an appropriate negative expression. Follow the model and repeat each answer after the speaker.

> ESEMPIO: Quando fai la vela?
>
> **Non faccio mai la vela.**

I pronomi diretti

A. Answer the following questions by replacing the nouns with direct object pronouns and using the cues you hear. Follow the model and repeat each answer after the speaker.

> ESEMPIO: Vedi Luca? (Sì)
>
> **Sì, lo vedo.**

B. Answer the following questions in the negative. Follow the model and repeat each answer after the speaker.

> ESEMPIO: Serena, mi aspetti?
>
> **No, non ti aspetto.**

C. Your mother wants to know when you and your friends did the following things. Answer her questions by replacing the nouns with direct object pronouns and using the cues you hear. Follow the model and repeat each answer after the speaker.

> ESEMPIO: Quando hai visto il film? (ieri sera)
>
> **L'ho visto ieri sera.**

I pronomi indiretti

A. Restate the following sentences, replacing the indirect object with the appropriate indirect object pronoun. Follow the models and repeat each answer after the speaker.

> ESEMPI: Scriviamo a voi.
>
> **Vi scriviamo.**
>
> Scriviamo alla nostra amica.
>
> **Le scriviamo.**

B. Answer the following questions by replacing the noun with an indirect object pronoun and using the cues you hear. Follow the model and repeat each answer after the speaker.

> ESEMPIO: Avete telefonato a Filippo? (Sì)
>
> **Sì, gli abbiamo telefonato.**

C. Answer the following questions in the affirmative. Follow the model and repeat each answer after the speaker.

> ESEMPIO: Mi compri un libro?
>
> **Sì, ti compro un libro.**

D. Your father asks you about your new group of friends. Answer his questions, using the cues you hear and a direct or indirect object pronoun. Follow the model and repeat each answer after the speaker.

> ESEMPIO: Quando hai visto i tuoi amici? (ieri sera)
>
> **Li ho visti ieri sera.**

Comprensione auditiva

Prepariamoci ad ascoltare

Un'amica ti telefona per avere informazioni sull'*On The Road Festival*. Consulta la seguente locandina e rispondi alle sue domande.

1. Che tipo di festival è l'*On the Road Festival?*

   _____

2. Quanti giorni dura?

   _____

3. In che città ha luogo?

   _____

4. In che posto si esibiscono gli artisti?

   _____

5. Da chi è organizzato?

   _____

   _____

6. Che tipo di spettacoli si tengono?

_____

_____

7. In quali giorni ci sono i concerti? A che ora cominciano?

_____

_____

Strategie

Filtering out nonessential information

Following an informal conversation can be very difficult if you try to understand and translate every word. When people chat, they tend to use an informal register. Informal speech is spontaneous, collo-quial, redundant, and infused with extra information. Your listening task can be simplified if you focus on the specific information that interests you, and ignore the rest. In other words, you have to scan the conversation to pick out what you need to know and eliminate all nonessential information.

The **Ascoltiamo** activities that follow will help you practice these listening skills. Before you start listening to the recording, familiarize yourself with the tasks required in the activities and, as you listen to the recording, concentrate on obtaining that information.

Ascoltiamo

Tre amici discutono sui programmi per la serata. Ascolta (più volte) la registrazione e poi fa' gli esercizi che seguono.

A. Annota le informazioni necessarie per completare le schede che seguono per ogni film.

L'ultimo dei Mohicani

Cinema: _____

Ingresso: _____

Ore: _____

La bella e la bestia

Cinema: _____

Ingresso: _____

Ore: _____

Come l'acqua per il cioccolato

Cinema: _____

Ingresso: _____

Ore: _____

Il silenzio degli innocenti

Cinema: _____

Ingresso: _____

Ore: _____

B. Ascolta un'altra volta la registrazione e completa il messaggio che Pietro lascia per Giovanna.

Messaggio

I suoi amici Pietro, Aldo e Mariella vanno a vedere _____ **(1.).** Purtroppo il film _____ (2.) presto. Dopo il cinema l'aspettano alla

_____ (3.) che è _____ (4.) al cinema.

C. Indica se le seguenti affermazioni sono vere o false, scrivendo **V** per vero e **F** per falso.

_____ **1.** Mariella preferirebbe non restare a casa.

_____ **2.** Al Belvedere fanno un film italiano.

_____ **3.** Al Teatro Romano di Fiesole oggi non c'è spettacolo.

_____ **4.** D'estate tutti i cinema sono aperti.

_____ **5.** Nessuno vuole vedere *Balla con i lupi*.

_____ **6.** Giovanna lavora fino alle otto stasera.

Ricordi d'infanzia e d'adolescenza

Capitolo 4

Strutture

L'imperfetto indicativo

A. Listen to each of the following sentences. Then form a new sentence by substituting the cue you hear. Do not repeat the subject pronoun. Follow the model and repeat each answer after the speaker.

ESEMPIO: Uscivi di scuola a mezzogiorno. (Io)

Uscivo di scuola a mezzogiorno.

B. Say what the following people were doing yesterday when the teacher entered the classroom. Answer each question, using the imperfect and the cue you hear. Follow the model and repeat each answer after the speaker.

ESEMPIO: Cosa faceva Matteo? (bere l'aranciata)

Matteo beveva l'aranciata.

C. Imagine that when you were ten years old, your family decided to move to a new neighborhood. Describe the day you moved to a friend by changing the following sentences from the present to the past. Follow the model and repeat each answer after the speaker.

ESEMPIO: È domenica.

Era domenica.

D. You are telling your grandmother what you and your friends did last Saturday. Imagine that she responds by saying she and her friends never used to do those things when she was your age. Follow the model and repeat each answer after the speaker.

ESEMPIO: Ieri abbiamo cenato in pizzeria.

Noi non cenavamo mai in pizzeria.

E. Paola is explaining what she did yesterday. Listen to her description of how she spent the day. You will hear a beep in place of the verbs. Circle the form of the verb needed to complete each sentence. You will hear each sentence in the story twice.

1. sono andata / andavo

2. Ha fatto / Faceva

3. mi sono sentita / mi sentivo

4. Ho avuto / Avevo

5. Sono rimasta / Rimanevo

6. ha telefonato / telefonava

7. ha dato / dava

8. sono stata / stavo

9. Ho fatto / Facevo

10. è venuto / veniva

11. ha avuto / aveva

12. abbiamo giocato / giocavamo

Il verbo piacere ed altri verbi simili

A. Listen to the following series of cues and then write complete sentences to indicate what each person likes. Use the appropriate indirect object pronoun. You will hear each set of cues twice.

> ESEMPIO: *You hear:* il nostro quartiere (a mia madre)
>
> *You write:* Le piace il nostro quartiere.

1. _____

2. _____

3. _____

4. _____

5. _____

6. _____

B. Answer the following questions using the cues you hear and the appropriate verb form. Follow the model and repeat each answer after the speaker.

> ESEMPIO: Che cosa ti occorre? (più soldi)
>
> **Mi occorrono più soldi.**

C. You are telling a friend about a summer vacation spent in the mountains with your family. Listen to the cues and explain what each person liked, using the appropriate indirect object pronoun. Follow the model and repeat each answer after the speaker.

> ESEMPIO: i campi da tennis (a mio fratello)
>
> **Gli piacevano i campi da tennis.**

Ci

A. Answer the following questions using **ci** and the cue you hear. Follow the model and repeat each answer after the speaker.

> ESEMPIO: Con chi sei andato a scuola? (con Mario)
>
> **Ci sono andato con Mario.**

B. You are asking your grandfather about some basic values of his generation. Imagine his responses by answering each of the following questions in the affirmative using **ci**. Follow the model and repeat each answer after the speaker.

> ESEMPIO: Credevate nei diritti dell'individuo?
>
> **Sì, ci credevamo.**

Ne

A. Answer the following questions in the affirmative using **ne** and the cue you hear. Follow the model and repeat each answer after the speaker.

> ESEMPIO: Hai ordinato le pizze? (due)
>
> **Sì, ne ho ordinate due.**

B. Answer the following questions using **ne** and the cue you hear. Follow the model and repeat each answer after the speaker.

> ESEMPIO: Hai paura degli esami? (Sì)
>
> **Sì, ne ho paura.**

C. Roberto is curious about your grandparents' house. Answer his questions, using **ci** or **ne** and the cues you hear. Follow the model and repeat each answer after the speaker.

> ESEMPIO: Hanno molti mobili antichi? (Sì)
>
> **Sì, ne hanno molti.**

Comprensione auditiva

Prepariamoci ad ascoltare

A. Osserva i due disegni e poi scrivi sotto ogni disegno le risposte alle domande che seguono.

   1. Dove hanno luogo le due scene? Descrivi l'ambiente.

   2. Chi sono i personaggi?

   3. Che emozioni rivelano i loro gesti?

   4. Di che cosa pensi che stiano parlando?

Disegno a

1. _____

_____

2. _____

_____

3. _____

_____

4. _____

_____

Disegno b

1. _____

_____

2. _____

_____

3. _____

_____

4. _____

_____

B. A quali disegni corrispondono i brani che seguono? Scrivi il numero di ogni disegno sotto il brano e indica quale personaggio del disegno sta parlando.

   1. Giovanni, dove sei stato? Lo sai che ora è? Ti ho detto che non devi uscire senza prima chiedermi il permesso, e poi, lo sai, che non voglio che tu frequenti quei ragazzacci. D'ora in avanti voglio vederti a casa prima delle otto. Questa casa non è un albergo, e devi rispettare i nostri orari, non puoi andare e venire come vuoi tu.

Disegno _____   Personaggio _____

2. Signora, purtroppo il suo ragazzo negli ultimi tempi sembra cambiato. Sembra svogliato e non si applica allo studio. Andrebbe un po' seguito in matematica.

Disegno _____   Personaggio _____

3. Dai, tesoro. Ti prego, ancora un altro boccone. Non hai mangiato niente oggi! Dai, è buono! Su, amore, fallo per la mamma. Facciamo un boccone a me e uno a te.

Disegno _____   Personaggio _____

4. La ringrazio per la sua pazienza e premura. Sono senza parole. Il ragazzo è sempre stato obbediente e diligente. Lo seguiremo con più attenzione a casa. Troveremo qualcuno che gli dia qualche ripetizione.

Disegno _____   Personaggio _____

Strategie

Using visual and environmental clues

When you listen in real-life situations, visual and environmental clues, such as the setting where a conversation takes place—surroundings, noises, smells—and facial expressions and gestures can provide valuable background information regarding the level of formality between the speakers as well as the general atmosphere and mood. These clues can help you infer the general sense of what is being said even if you don't understand every word. For example, if a conversation takes place in a formal boardroom setting and the speakers are wearing business suits and their facial expressions are somber, you wouldn't expect to hear the speakers discussing their children's playtime activities.

Paying careful attention to environmental and visual clues can provide you with a great deal of information about the level of formality, the type of emotional involvement of the speakers, the relationship between the speakers, and the general mood. This information can help you anticipate and predict the topic of the conversation and comprehend the general sense of what is said even if you don't understand every word.

The **Ascoltiamo** activities that follow will help you practice these listening skills, so familiarize yourself with them before listening to the recording.

Ascoltiamo

Nella seguente registrazione sentirai un uomo e una donna discutere. Ascolta (più volte) la registrazione e poi fa' gli esercizi che seguono.

A. Mentre ascolti, cerca di capire qual'è l'argomento principale della conversazione ed elenca gli elementi che ti aiutano a determinarlo.

_____

_____

_____

_____

_____

_____

B. Indica in quale dei due ambienti rappresentati nei disegni a pagina 192 ha luogo la conversazione che hai ascoltato.

Disegno _____

C. Indica con una **X** qual è l'argomento della conversazione.

_____ **1.** Un professore si congratula con un genitore per i successi scolastici del figlio.

_____ **2.** Un ragazzo va male a scuola.

_____ **3.** Un ragazzo è stato bocciato.

D. Adesso ascolta un'altra volta la registrazione e indica con uno **0** le informazioni che non hai e con una **X** quelle che puoi dedurre dalla discussione.

_____ **1.** Le persone che parlano non sono amici intimi.

_____ **2.** La donna che parla è una mamma.

_____ **3.** L'uomo che parla è un insegnante.

_____ **4.** Il padre del ragazzo è professore.

_____ **5.** La donna che parla è preoccupata.

_____ **6.** L'uomo che parla è deluso.

_____ **7.** Il ragazzo frequenta la prima media.

_____ **8.** Il ragazzo non va più bene a scuola come andava una volta.

E. Ascolta ancora una volta la registrazione e indica se le seguenti affermazioni sono vere o false, scrivendo **V** per vero o **F** per falso.

_____ **1.** Il ragazzo non è mai stato un bravo studente.

_____ **2.** Da bambino il ragazzo era bravo e buono.

_____ **3.** Il ragazzo in passato non è mai stato bocciato.

_____ **4.** Il ragazzo non è molto intelligente.

_____ **5.** Al padre non interessa come il figlio va a scuola.

_____ **6.** Il ragazzo va male in tutte le materie.

Capitolo 5

Il lavoro e le prospettive per il futuro

Strutture

Il futuro

A. Say what the following people will do. Answer each question, using the future and the cue you hear. Follow the model and repeat each answer after the speaker.

    ESEMPIO: Che cosa farà Fabrizio? (seguire un corso)

                Fabrizio seguirà un corso.

B. Listen to each of the following sentences. Then write a new sentence by changing the verb from the present to the future. You will hear each sentence twice.

    ESEMPIO: *You hear:* Stefano beve un'aranciata.

                You write: Stefano berrà un'aranciata.

1. _____

2. _____

3. _____

4. _____

5. _____

6. _____

7. _____

8. _____

9. _____

10. _____

11. _____

12. _____

C. Your friend, Chiara, just started a new job in Rome. You and your roommate are trying to imagine what she does every day. Answer your roommate's questions using the cues you hear and the future of probability. Follow the model and repeat each answer after the speaker.

> ESEMPIO: A che ora va a lavorare? (alle nove)
>
> **Andrà a lavorare alle nove.**

D. Say what the following people will have done by the end of the week by changing the following sentences from the **futuro semplice** to the **futuro anteriore**. Follow the model and repeat each answer after the speaker.

> ESEMPIO: Riccardo troverà un posto.
>
> **Riccardo avrà trovato un posto.**

E. Say who probably did the following things last week. Answer each question using the **futuro anteriore** and the cue you hear. Follow the model and repeat each answer after the speaker.

> ESEMPIO: Chi è andato al cinema? (Francesco)
>
> **Francesco sarà andato al cinema.**

F. Your parents want to know what you and your friends will do after graduation. Answer their questions using the future and the cues you hear. Follow the model and repeat each answer after the speaker.

> ESEMPIO: Che cosa farai, dopo che ti sarai diplomato? (fare un lungo viaggio)
>
> **Dopo che mi sarò diplomato, farò un lungo viaggio.**

Il modo condizionale

A. Listen to each of the following sentences. Then write a new sentence by changing the verb from the future to the conditional. You will hear each sentence twice.

> ESEMPIO: *You hear:* Arriverò a casa presto.
>
> *You write:* Arriverei a casa presto.

1. _____

2. _____

3. _____

4. _____

5. _____

6. _____

7. _____

8. _____

9. _____

10. _____

11. _____

12. _____

B. Say what the following people would do if they could. Answer each question using the conditional and the cues you hear. Follow the model and repeat each answer after the speaker.

    ESEMPIO: Che cosa faresti? (andare in Europa)

            Andrei in Europa.

C. Restate the following sentences in a more polite form, using the conditional. Follow the model and repeat each answer after the speaker.

    ESEMPIO: Devono finirlo per domani.

            Dovrebbero finirlo per domani.

D. Restate the following commands in a more polite form by using the conditional. Follow the model and repeat each answer after the speaker.

    ESEMPIO: Olivia, chiudi la porta!

            Olivia, chiuderesti la porta?

E. Write complete sentences stating what the following people would have done. Answer each question, using the past conditional and the cue you hear. Do not repeat the subject pronouns. You will hear each statement twice.

    ESEMPIO: *You hear:* Che cosa avresti fatto? (servire il caffè)

            You write: Avrei servito il caffè.

1. _____

2. _____

3. _____

4. _____

F. Your friend just had a job interview and is telling you what she did. You respond by saying that you and your other friends would never have done what she did. Use the subject cue you hear. Follow the model and repeat each answer after the speaker.

ESEMPIO: Mi sono messa il vestito rosso. (Luisa)

Luisa non si sarebbe mai messa il vestito rosso.

G. Tell your parents what your roommates told you they would do in order to find a job. Follow the model and repeat each answer after the speaker.

ESEMPIO: Preparerò un curriculum.

Ha detto che avrebbe preparato un curriculum.

I pronomi combinati

A. Answer the following questions in the affirmative, using double object pronouns. Follow the model and repeat each answer after the speaker.

ESEMPIO: Mi darai il suo numero di telefono?

Sì, te lo darò.

B. Answer the following questions in the negative, using double object pronouns. Follow the model and repeat each answer after the speaker.

ESEMPIO: Hai messo il cappotto nell'armadio?

No, non ce l'ho messo.

C. Answer the following questions in the affirmative, using double object pronouns. Follow the model and repeat each answer after the speaker.

ESEMPIO: Alessandro si è messo le scarpe?

Sì, se le è messe.

D. Answer the following questions in the affirmative, using double object pronouns. Follow the models and repeat each answer after the speaker.

ESEMPI: Hai parlato a Giovanni delle tue vacanze?

Sì, gliene ho parlato.

Ci hai spedito il telegramma?

Sì, ve l'ho spedito.

E. Your new boss expects you to do everything for him and is always asking you if you have done the things he requested. Answer his questions in the affirmative, using double object pronouns. Follow the model and repeat each answer after the speaker.

ESEMPIO: Mi ha portato la posta?

Sì, gliel'ho portata.

Comprensione auditiva

Prepariamoci ad ascoltare

A. Osserva i due disegni. Indica con una **X** quali delle seguenti condizioni di lavoro potrebbero essere causa di problemi o conflitti per le persone rappresentate.

Disegno 1   Disegno 2

	Disegno 1	*Disegno 2*
stipendio		
tasse		
gratificazioni personali		
rapporti con il pubblico		
rapporti con i colleghi		
rapporti familiari		
rapporti con i superiori		
preparazione professionale		
orario di lavoro		
tempo libero		
noia e ripetitività		

B. Quali delle seguenti affermazioni riassumono meglio le scene ritratte nell'esercizio A? Scrivi il numero del disegno nell'apposito spazio.

1. Il mio lavoro non è sempre facile, ma mi dà grandi soddisfazioni.

   Disegno _____

2. Nonostante tutti gli sforzi e la buona volontà che dimostro nel lavoro, sono sempre criticato e mai apprezzato.

   Disegno _____

3. I miei colleghi sono gelosi e sono sempre pronti a criticarmi. Farebbero di tutto per far carriera.

   Disegno _____

Strategie

Summarizing

When you listen to a lecture or conversation or watch a movie, it is often necessary to summarize what you heard or saw. The form of a summary can be oral or written and should include the main points of what was said in a logical order. The length of a summary depends upon the situation. Sometimes it can be accomplished in a sentence; other times it may require one or more paragraphs. In all cases, in order to summarize effectively, you have to learn to guess the meaning of unfamiliar words and expressions from context, to ignore unimportant and redundant details, and to focus on relating the main message that was communicated.

The **Ascoltiamo** activities in this chapter will help you practice summarizing. Before listening to the recordings, familiarize yourself with the tasks required in the activities.

Ascoltiamo

Nelle tre registrazioni che seguono sentirai alcune persone discutere delle loro condizioni di lavoro. Ascolta (più volte) le registrazioni e poi fa' gli esercizi che seguono.

A. Qual è l'occupazione dei personaggi delle tre registrazioni? Scrivi accanto ad ogni registrazione la lettera che corrisponde all'occupazione descritta.

_____ **1.** Registrazione 1   a. commercialista

_____ **2.** Registrazione 2   b. impiegato di banca

_____ **3.** Registrazione 3   c. segretaria d'azienda

                                       d. assistente di volo

                                       e. insegnante

                                       f. cameriere

                                       g. commessa

B. Ascolta un'altra volta le registrazioni e indica con una X nell'apposito spazio le affermazioni che meglio riassumono le idee principali di ciascuna delle tre registrazioni.

	Reg. 1	*Reg. 2*	*Reg. 3*
1. Spesso nessuno apprezza il mio entusiasmo per il lavoro.	_____	_____	_____
2. Lavorare con il pubblico richiede grande pazienza.	_____	_____	_____
3. Devo sempre lavorare con persone non preparate.	_____	_____	_____
4. Il mio lavoro non è ricompensato adeguatamente.	_____	_____	_____
5. A volte mi sento come se svolgessi un lavoro inutile.	_____	_____	_____
6. Sono usato e sfruttato da clienti, colleghi e superiori.	_____	_____	_____

C. Ascolta ancora una volta le tre registrazioni e indica se le seguenti affermazioni sono vere o false. Scrivi **V** per vero e **F** per falso.

_____ **1.** Tina Pelosi trova il suo lavoro sempre gratificante.

_____ **2.** Nonostante le frequenti delusioni, per Tina Pelosi ci sono dei momenti di grande soddisfazione morale.

_____ **3.** Il problema principale di Armando Testa sul lavoro è il rapporto con i superiori e i colleghi.

_____ **4.** Le uniche soddisfazioni di Armando Testa gli vengono dai clienti, che sono sempre molto gentili ed educati.

_____ **5.** Daniela Falchi trova il suo lavoro ben remunerato.

_____ **6.** Daniela Falchi torna a casa insodisfatta perché lavora molto e guadagna poco.

D. Quale sarebbe un titolo adatto ad ogni registrazione? Scrivi la lettera del titolo più appropriato accanto ad ogni registrazione.

_____ **1.** Registrazione 1   **a.** L'incompetenza altrui

_____ **2.** Registrazione 2   **b.** I giovani, che delusione!

_____ **3.** Registrazione 3   **c.** Lavorare stanca

                                               d. Una carriera esemplare

Tradizioni e feste

S trutture

Il passato remoto

A. Answer the following questions using the cues you hear. Do not use subject pronouns in your response. Follow the model and repeat each answer after the speaker.

> ESEMPIO: Dove mangiasti a Natale? (dalla zia)
>
> **Mangiai dalla zia.**

B. Listen to each of the following sentences. Then write the corresponding subject and infinitive of the verbs you hear. You will hear each sentence twice.

> ESEMPIO: *You hear:* Espressi un desiderio.
>
> *You write:* io / esprimere

1. _____

2. _____

3. _____

4. _____

5. _____

6. _____

7. _____

8. _____

9. _____

10. _____

11. _____

12. _____

C. Listen to each of the following sentences. Then form a new sentence using the cue you hear. Follow the model and repeat each answer after the speaker.

ESEMPIO: Perdesti i soldi. (Giorgio)

Giorgio perse i soldi.

D. A few years ago you and your friends went to Venice for Carnevale. Listen to each of the following sentences. Then form a new sentence by changing the subject according to the cue you hear. Follow the model and repeat each answer after the speaker.

ESEMPIO: Giuliana comprò una maschera. (Noi)

Noi comprammo una maschera.

E. Listen to each of the following sentences. Then decide if the verb is in the **presente** or the **passato remoto** and put an X in the appropriate column. You will hear each sentence twice.

Presente	*Passato remoto*
1. _____	_____
2. _____	_____
3. _____	_____
4. _____	_____
5. _____	_____
6. _____	_____

F. Listen to the following story. You will hear a beep in place of the verbs. Circle the form of the verb needed to complete each sentence. You will hear each sentence in the story twice.

1. si celebrava   si celebrò

2. andavamo   andammo

3. c'era   ci fu

4. passeggiava   passeggiò

5. esponevano   esposero

6. compravamo   comprammo

7. provavano   provarono

8. saliva   salì

9. ci divertivamo   ci divertimmo

I numeri

A. Listen to each of the following sentences. Then write the price you hear in Arabic numerals. You will hear each sentence twice.

    ESEMPIO: *You hear:* Le scarpe costano ottantanovemila lire.

                         You write: 89.000

1. _____

2. _____

3. _____

4. _____

5. _____

6. _____

B. Listen to the following cardinal numbers. Then say the masculine form of the corresponding ordinal number. Follow the model and repeat each answer after the speaker.

    ESEMPIO: due

                secondo

C. Say the name of each of the following historical figures during the pause provided after each number. Follow the model and repeat each answer after the speaker.

    ESEMPIO: *You hear:*   uno (pause)

                 You see: Luigi VI

                 You say: Luigi sesto

                 You hear: Luigi sesto

                 You repeat: Luigi sesto

1. Giovanni XXIII

2. Enrico VIII

3. Elisabetta II

4. Luigi XIV

5. Vittorio Emanuele III

6. Federico I

7. Enrico IV

I giorni, i mesi, le stagioni, l'anno, le date

A. Listen to the following statements about historical events. Then write the letter of each statement you hear next to the corresponding date. You will hear each statement twice.

_____ 1. 1946

_____ 2. 1945

_____ 3. 1918

_____ 4. 1265

_____ 5. 1492

_____ 6. 1871

B. Say the following dates during the pause provided after each number. Follow the model and repeat each answer after the speaker.

ESEMPIO: _You hear:_ uno (pause)

You see: 02/10

You say: il due ottobre

You hear: il due ottobre

You repeat: il due ottobre

1. 01/06

2. 30/07

3. 21/01

4. 23/05

Il trapassato prossimo e il trapassato remoto

A. Change the following sentences from the **imperfetto** to the **trapassato prossimo.** Follow the model and repeat each answer after the speaker.

ESEMPIO: Compravo un abito da sera.

Avevo comprato un abito da sera.

B. Tell your mother that you and your brothers did not do the following things this morning because you had already done them before. Use the **trapassato prossimo** and the appropriate direct or indirect object pronoun in each response. Follow the model and repeat each answer after the speaker.

> ESEMPIO: Perché non avete scritto i biglietti questa mattina?
>
> **Perché li avevamo già scritti.**

C. Restate each of the following sentences using **dopo che,** the **passato remoto,** and the **trapassato remoto.** Follow the model and repeat each answer after the speaker.

> ESEMPIO: Prima telefonai a Mario e poi lui venne a casa mia.
>
> **Dopo che ebbi telefonato a Mario, lui venne a casa mia.**

Comprensione auditiva

Prepariamoci ad ascoltare

A. Osserva i due disegni. Di cosa pensi che stiano parlando le persone rappresentate?

Lucia   **Paolo**

1. Lucia _____

_____

2. Paolo _____

_____

B. Indica con una **X** quali dei seguenti aggettivi descrivono meglio l'umore dei due personaggi.

	Lucia	*Paolo*
allegro(-a)	_____	_____
arrabbiato(-a)	_____	_____
ottimista	_____	_____
pessimista	_____	_____
malinconico(-a)	_____	_____
triste	_____	_____
contento(-a)	_____	_____

Strategie

Filling in missing information

When you listen to someone speaking in a real-life situation, you are not always able to grasp the exact meaning of each utterance. Background noise, indistinct pronunciation, and unfamiliar words and grammatical structures limit your comprehension. However, it is not necessary to understand every word and phrase to be an effective listener. Concentrating too much on the meaning of individual words and expressions can make you lose track of the main message. To be a good listener, it is important that you learn to cope with incomplete comprehension. At times you may be required to make educated guesses based on your knowledge of the world, visual clues, and the tone and register used. Doing so will help you fill in the information you lack, so that you can understand the main ideas.

The **Ascoltiamo** activities that follow will help you practice this listening skill. Before you start listening to the recordings, familiarize yourself with the tasks required in the activities.

Ascoltiamo

Nelle seguenti registrazioni sentirai Lucia e Paolo parlare al telefono con dei loro amici. Sentirai una sola parte delle due conversazioni telefoniche. Ascolta (più volte) le registrazioni e poi fa' gli esercizi che seguono.

A. Ascolta le battute di Lucia nella Registrazione 1 e cerca di ricostruire le risposte di Giovanna. Dopo ogni pausa nella registrazione, segna con un cerchio quale delle affermazioni che seguono è la più logica.

Pausa 1

a. Pronto, ci sei?

b. Ah, Lucia! Sei tu? Finalmente! dove sei stata?

c. Sto bene, grazie.

Pausa 2

a. Ho cercato più volte di telefonarti.

b. Sono appena tornata dall'ospedale.

c. Dimmi! Cosa hai fatto?

Pausa 3

a. Mi dispiace! Che peccato!

b. Ah si! e quando è andato?

c. Ma no! Come mai hai deciso di andarci?

Pausa 4

a. Sei andata sola?

b. Parti oggi?

c. Che fai stasera?

Pausa 5

a. Ma allora sei andata proprio sola?

b. Ah! Allora è venuta anche Susanna.

c. Ma, io non volevo venire.

Pausa 6

a. Deve essere stato davvero divertente.

b. Mi dispiace, allora vi siete proprio annoiate.

c. Ma guarda, quante cose brutte succedono!

Pausa 7

a. Non lo sapevo.

b. Da cosa si è vestita?

c. Perché no?

Pausa 8

a. Chissà com'era elegante!

b. Non la vedo da tanto tempo!

c. Figurati! Con quella sua faccia d'angelo!

B. Ascolta le battute di Paolo nella Registrazione 2 e cerca di ricostruire le risposte di Mario. Dopo ogni pausa, segna con un cerchio quale delle affermazioni è la più logica.

Pausa 1

a. Non è in casa.

b. Ciao, Paolo. Sono io.

c. Sono in ufficio.

Pausa 2

a. Che voce che hai!

b. Perchè mi hai telefonato?

c. Devo andare.

Pausa 3

a. Ma ci speri ancora?

b. Cosa ne pensi?

c. Dimmi. Cosa ti è successo?

Pausa 4

a. Hai fatto buon viaggio?

b. Che ti ha detto?

c. Cosa ci vuoi fare?

Pausa 5

a. E tu ci credi a queste cose?

b. Ma quando è successo?

c. Perché l'hai fatto?

Pausa 6

a. Ma se io ho già finito!

b. Ma se sono notizie proprio brutte!

c. Ma se te lo già detto mille volte che sono solo stupidaggini!

Gli italiani e le vacanze

Strutture

Il modo congiuntivo

A. Listen to each of the following sentences. Then form a new sentence, using the cue you hear and the correct form of the subjunctive. Follow the model and repeat each answer after the speaker.

> ESEMPIO: Lei decide di partire. (Penso)
>
> **Penso che lei decida di partire.**

B. Answer the following questions using the cues you hear. Follow the model and repeat each answer after the speaker.

> ESEMPIO: Che cosa credi che faccia Arianna? (volere partire)
>
> **Credo che Arianna voglia partire.**

C. Imagine what the following people did last summer. Answer each question using the cues you hear. Follow the model and repeat each answer after the speaker.

> ESEMPIO: Cosa pensi che loro abbiano fatto? (tornare a casa)
>
> **Penso che loro siano tornati a casa.**

D. Listen to the following story. You will hear a beep in place of the verbs. Circle the form of the verb needed to complete each sentence. You will hear each sentence in the story twice.

1. sia   sia stata

2. venga   sia venuta

3. andiamo   siamo andati

4. prendano   abbiano preso

5. faccia   abbia fatto

6. prepari   abbia preparato

7. arrivi   sia arrivata

8. possiamo   siamo potuti

L'uso del modo congiuntivo in proposizioni dipendenti

A. Restate each of the following sentences, using the cue you hear and the present subjunctive or present indicative. Follow the models and repeat each answer after the speaker.

ESEMPI: Tu e Stefano partite stasera. (Pensiamo)

Pensiamo che tu e Stefano partiate stasera.

Alberto e Susanna si divertono. (È chiaro)

È chiaro che Alberto e Susanna si divertono.

B. You and your friends are going on vacation. Respond to your father's comments about the trip and reassure him that you plan to do what he suggests. Follow the model using the cues you hear. Then repeat each answer after the speaker.

ESEMPIO: Spero che voi andiate al museo nazionale. (Desideriamo)

Desideriamo andare al museo nazionale.

Il congiuntivo dopo le congiunzioni

Answer each question in the affirmative using the following cues. Follow the model and repeat each answer after the speaker.

ESEMPIO: *You hear:* Vanno al mare?

                   You see: benché / piovere

                   You say: Sì, vanno al mare benché piova.

1. nonostante / avere paura

2. malgrado / non sapere dove andare

3. purché / pagare in anticipo

4. sebbene / non aver telefonato

5. affinché / non rimanere sola

I pronomi tonici

Answer the following questions, using a disjunctive pronoun and the cue you hear. Follow the model and repeat each answer after the speaker.

> ESEMPIO: Vuoi andare in campeggio con Gabriella? (Sì)
>
> **Sì, voglio andare con lei.**

Comprensione auditiva

Prepariamoci ad ascoltare

A. Osserva il seguente biglietto ferroviario e poi rispondi alle domande che seguono.

1. Quante persone viaggiano? _____

2. Dove vanno? _____

3. Da dove partono? _____

4. In che classe viaggiano? _____

5. In quale carrozza è il loro posto? _____

6. Qual è il numero del loro posto? _____

7. Che tipo di treno è? _____

8. Quando è stato emesso il biglietto? _____

9. Per quale giorno è valido? _____

10. A che ora parte il treno? _____

B. Osserva la seguente carta d'imbarco e poi rispondi alle domande che seguono.

1. Qual è il nome del passeggero? _____

2. Con quale linea aerea viaggia? _____

3. Qual è il numero del volo? _____

4. Qual è la data della partenza? _____

5. Dov'è il posto? _____

C. Indica con una X nello spazio appropriato a quali dei seguenti mezzi di trasporto si riferiscono i seguenti vocaboli.

	Aereo	Treno	Macchina	Traghetto
1. destinazione	_____	_____	_____	_____
2. binario	_____	_____	_____	_____
3. uscita	_____	_____	_____	_____
4. ritardo	_____	_____	_____	_____
5. partenza	_____	_____	_____	_____

	Aereo	Treno	Macchina	Traghetto
6. diretto	_____	_____	_____	_____
7. espresso	_____	_____	_____	_____
8. intercity	_____	_____	_____	_____
9. in transito	_____	_____	_____	_____
10. mare mosso	_____	_____	_____	_____
11. supplemento rapido	_____	_____	_____	_____
12. scalo	_____	_____	_____	_____
13. sciopero	_____	_____	_____	_____
14. decollo	_____	_____	_____	_____
15. nebbia	_____	_____	_____	_____
16. allacciare	_____	_____	_____	_____
17. cintura di sicurezza	_____	_____	_____	_____
18. assistente di volo	_____	_____	_____	_____
19. incidente	_____	_____	_____	_____
20. atterraggio	_____	_____	_____	_____

Strategie

Focusing on the setting

The setting of a conversation or an announcement can help you understand what is being said. For example, if you are in a railroad station and you hear an announcement over the loudspeaker, you can probably guess it is announcing the arrival or departure of a train, even if you don't understand every word. This is because your past experiences and your background knowledge of similar situations help you anticipate and predict what will be said.

If you need to know specific information when you listen to an announcement, such as the number of a gate or the time of departure, listen selectively for the details that interest you. Ignoring all extra and redundant information can simplify your task.

The **Ascoltiamo** activities that follow will help you practice these listening skills. Before you start listening to the recordings, familiarize yourself with the tasks to be done in the activities.

Ascoltiamo

Sentirai otto annunci. Ascolta (più volte) le registrazioni e poi fa' gli esercizi che seguono.

A. Indica con una **X** nello spazio appropriato dove viene fatto ogni annuncio.

Stazione ferroviaria / Treno	*Aeroporto / Aereo*	*Porto / Traghetto*	*Altri luoghi*
1. _____	_____	_____	_____
2. _____	_____	_____	_____
3. _____	_____	_____	_____
4. _____	_____	_____	_____
5. _____	_____	_____	_____
6. _____	_____	_____	_____
7. _____	_____	_____	_____
8. _____	_____	_____	_____

B. Ascolta un'altra volta la Registrazione 1 e indica se le seguenti affermazioni sono vere o false, scrivendo **V** per vero e **F** per falso nell'apposito spazio.

_____ 1. Il treno viene da Reggio Calabria.

_____ 2. Nell'annuncio si parla di un rapido.

_____ 3. Il treno è in orario.

_____ 4. Il treno arriverà con 45 minuti di ritardo.

C. Ascolta un'altra volta la Registrazione 4 e completa le frasi segnando con un cerchio l'affermazione appropriata.

1. È impossibile atterrare a Lamezia Terme a causa...

   a. del mal tempo.

   b. di uno sciopero.

   c. di un incendio sulla pista.

2. I passeggeri saranno trasportati...

    a. a Napoli in pullman.

    b. a Lamezia Terme in pullman.

    c. a Lamezia Terme in aereo.

D. Ascolta la Registrazione 5 un'altra volta e completa le frasi che seguono.

    1. L'intercity è in partenza per _____.

    2. L'intercity parte dal binario _____.

    3. L'intercity parte alle _____.

    4. Sul treno i passeggeri possono _____.

E. Ascolta un'altra volta la Registrazione 6 e indica se le seguenti affermazioni sono vere o false, scrivendo **V** per vero e **F** per falso.

_____ **1.** Il mare è agitato.

_____ **2.** Al nord dell'isola d'Elba fa bel tempo.

_____ **3.** I mari vicino all'isola d'Elba sono calmi.

Capitolo

La città italiana e la provincia

Strutture

I comparativi e i superlativi

A. Restate the following sentences using the cues you hear and the appropriate form of **tanto... quanto.** Follow the model and repeat each answer after the speaker.

> ESEMPIO: La mia città è grande. Anche la tua è grande.
>
> **La mia città è tanto grande quanto la tua.**

B. Listen to the following statements. Then combine the two sentences into one, using **più... di** or **meno... di.** Follow the models and repeat each answer after the speaker.

> ESEMPI: La piazza è rumorosa. La strada non è rumorosa.
>
> **La piazza è più rumorosa della strada.**
>
> La città non è vivibile. Il paese è vivibile.
>
> **La città è meno vivibile del paese.**

C. Form complete sentences using **più... che** and the cues you hear. Follow the model and repeat each answer after the speaker.

> ESEMPI: Antonio (intelligente / furbo)
>
> **Antonio è più intelligente che furbo.**

D. Answer the following questions in the affirmative, using the **superlativo relativo** and the cue you hear. Follow the model and repeat each answer after the speaker.

> ESEMPIO: È una città molto grande? (regione)
>
> **Sì, è la città più grande della regione.**

E. Answer the following questions in the affirmative using the **superlativo assoluto.** Follow the model and repeat each answer after the speaker.

> ESEMPIO: Sono persone gentili, vero?
>
> **Sì, sono persone gentilissime!**

F. You are convinced that everything you have is either better or worse than everyone else's. Respond to each comment you hear. Follow the model and repeat each answer after the speaker.

> ESEMPIO: Il mio professore di storia è cattivo.
>
> **Il mio è peggiore.**

G. You have a new neighbor who asks you about the quality of certain items in the local supermarket. Answer your neighbor's questions, using the **superlativo assoluto** of the adjective. Follow the model and repeat each answer after the speaker.

> ESEMPIO: È buono questo pane?
>
> **Sì, è ottimo!**

Gli avverbi

A. Write the adverbial form of the following adjectives. You will hear each adjective twice.

> ESEMPIO: *You hear:* lento
>
> *You write:* lentamente

1. _____

2. _____

3. _____

4. _____

5. _____

6. _____

B. You and your friends are comparing who does what better. Listen to each of the following sentences. Then form a new sentence, using the cue you hear and the comparative form of each adverb. Follow the model and repeat each answer after the speaker.

> ESEMPIO: Carlo canta bene. (Mario)
>
> **Mario canta meglio.**

Il congiuntivo imperfetto e trapassato

A. Restate the following sentences, using the cue you hear and changing the verb of the dependent clause to the **congiuntivo imperfetto.** Follow the model and repeat each answer after the speaker.

> ESEMPIO: Non vengono oggi. (Temevo)
>
> **Temevo che non venissero oggi.**

B. Answer the following questions, using the cues you hear. Follow the model and repeat each answer after the speaker.

> ESEMPIO: Cosa pensavi che facessero i tuoi cugini? (partire per la campagna)
>
> **Pensavo che i miei cugini partissero per la campagna.**

C. Restate the following sentences, using the cue you hear and the **congiuntivo trapassato.** Follow the model and repeat each answer after the speaker.

> ESEMPIO: Ha detto che Paolo e Mario erano andati al cinema. (Non sapevo)
>
> **Non sapevo che Paolo e Mario fossero andati al cinema.**

D. You are disappointed by your friends' behavior. Restate the following sentences, saying what you would have preferred them to have done differently. Follow the model and repeat each answer after the speaker.

> ESEMPIO: Sono usciti senza di me.
>
> **Avrei preferito che non fossero usciti senza di me.**

La concordanza dei tempi del congiuntivo

Your friends have just moved and you inquire about their new acquaintances. You will hear the first part of a series of statements. Circle the most appropriate conclusion. You will hear the first part of each statement twice.

1. a. abbiate conosciuto molta gente nuova.

   b. aveste conosciuto molta gente nuova.

2. a. facciate tante nuove conoscenze?

   b. fare tante nuove conoscenze?

3. a. sia così difficile adattarsi a un nuovo ambiente.

   b. fosse così difficile adattarsi a un nuovo ambiente.

4. a. sia felice.

   b. fosse felice.

5. a. voi vi siate già sistemati.

   b. voi vi foste già sistemati.

6. a. sia molto fortunata.

   b. fossi molto fortunata.

7. a. stiamo ancora insieme.

   b. stessimo ancora insieme.

Comprensione auditiva

Prepariamoci ad ascoltare

A. Indica in ordine d'importanza con un numero da 1 a 10 quali dei seguenti elementi prenderesti in considerazione prima di trasferirti in una città.

_____ attrezzature sportive

_____ clima

_____ costo della vita

_____ efficienza dei servizi

_____ mezzi di trasporto

_____ rapporti di amicizia

_____ ritmo di vita

_____ stimoli culturali

_____ bellezze naturali

_____ patrimonio artistico

B. Osserva i due disegni e poi rispondi alle domande che seguono.

1. Come si chiamano le due città nei disegni? _____
   _____

2. In quale parte d'Italia si trovano? _____
   _____

3. Perché sono importanti? Scrivi almeno due cose per ogni città. _____
   _____

4. In quale delle due città ti piacerebbe vivere? Perché? _____
   _____

Strategie

Paraphrasing

When you relate to someone else something you have heard in a conversation, a lecture, or on TV, you do not necessarily repeat the exact words that were used. Instead you often paraphrase, or restate in your own words what you heard. For example, if your aunt were to say to you: "Los Angeles has a lot of problems, but I still think it's a great place to live," you could express the gist of her statement without repeating precisely what she said. An accurate paraphrase might be: "My aunt loves Los Angeles despite all its problems, and she's very happy living there."

In order to paraphrase information you have heard, it is important to accept that you may not know every word used and to listen for the general sense of what is being said. When you paraphrase, you can rely on the vocabulary and structures you have at your command to restate the information you have grasped.

The **Ascoltiamo** activities that follow will help you practice these listening skills. As always, before you start listening to the recordings, be sure to familiarize yourself with the tasks required.

Ascoltiamo

Sentirai cinque registrazioni in cui alcune persone esprimono dei giudizi su due grandi città italiane: Roma e Milano. Ascolta (più volte) le registrazioni e poi fa' gli esercizi che seguono.

A. Ascolta la Registrazione 1 e poi segna con un cerchio tutte le affermazioni che parafrasano correttamente quello che hai sentito.

a. Sono innamorata di Roma, e non mi trasferirei mai in nessun'altra città.

b. Ci sono poche cose che mi piacciono qui.

c. Vivo a Roma da tre anni.

d. Trovo sempre cose nuove da fare.

e. Amo Roma, ma non apprezzo il caos e il disordine.

B. Ascolta la Registrazione 2 e poi segna con un cerchio tutte le affermazioni che parafrasano correttamente quello che hai sentito.

a. La gente a Milano lavora troppo.

b. I rapporti interpersonali sono sacrificati per il lavoro.

c. A Milano si lavora male, ma si vive bene.

d. Milano è una città dove il lavoro assorbe troppo.

e. Milano è una città che dà molte soddisfazioni nella vita privata, ma poche nel lavoro.

C. Ascolta la Registrazione 3 e poi segna con un cerchio tutte le affermazioni che parafrasano correttamente quello che hai sentito.

a. Tutti amano Roma, anche se spesso la criticano.

b. A Roma non funziona niente.

c. I problemi di Roma sono uguali a quelli di tutte le altre capitali del mondo.

d. Spesso la gente giudica Roma troppo severamente.

e. I problemi di Roma sono peculiari a questa città.

D. Ascolta la Registrazione 4 e poi segna con un cerchio tutte le affermazioni che parafrasano correttamente quello che hai sentito.

a. Non ho mai studiato urbanistica, né lavoro in questo campo.

b. Voglio spiegarvi attentamente quali sono i problemi urbanistici della città.

c. Vi dirò le mie opinioni e impressioni personali sulla periferia.

d. Penso di poter risolvere i problemi urbanistici.

e. Le abitazioni in periferia sono proprio brutte.

E. Ascolta la Registrazione 5 e poi segna con un cerchio tutte le affermazioni che parafrasano correttamente quello che hai sentito.

a. Le grandi città italiane sono molto indietro alle altre città europee per quanto riguarda i trasporti.

b. Milano è molto avanti nel settore trasporti.

c. Milano è una grande città europea.

d. Gli italiani non considerano la metropolitana un mezzo di trasporto importante.

e. Le città spagnole sono più avanti di quelle italiane nel settore trasporti.

La dieta mediterranea e la salute

Capitolo 9

Strutture

Il partitivo

A. Answer the following questions in the affirmative, using the correct form of the partitive, **di** + *definite article*. Follow the model and repeat each answer after the speaker.

> ESEMPIO: Mangi il pesce?
>
> **Sì, mangio del pesce.**

B. Answer the following questions in the affirmative, using **alcuni** or **alcune.** Follow the model and repeat each answer after the speaker.

> ESEMPIO: Hai conosciuto nuovi amici?
>
> **Sì, ho conosciuto alcuni nuovi amici.**

C. Answer the following questions in the affirmative, using **qualche** or **un po' di.** Make all other necessary changes. Follow the models and repeat each answer after the speaker.

> ESEMPI: Hai comprato il latte?
>
> **Sì, ho comprato un po' di latte.**
>
> Hai visto film italiani?
>
> **Sì, ho visto qualche film italiano.**

D. Imagine you have just lost a lot of weight. Your friend asks you about your diet and the routine you followed. Answer the following questions, using the cues you hear and **qualche** when the partitive is necessary. Follow the models and repeat each answer after the speaker.

ESEMPI: Conosci diete poco rigide? (Sì)

Sì, conosco qualche dieta poco rigida.

Ci sono ingredienti proibiti? (No)

No, non ci sono ingredienti proibiti.

L'imperativo

A. Answer the following questions in the affirmative, using the correct form of the informal imperative. Follow the models and repeat each answer after the speaker.

ESEMPI: Mangio le patate?

Sì, mangia le patate!

Prepariamo la cena?

Sì, preparate la cena!

B. Listen to each sentence. Then form new sentences, using the cues you hear and the informal imperative form of the verb. Follow the model and repeat each answer after the speaker.

ESEMPIO: Bambini, andate fuori! (Costanza)

Costanza, va' fuori!

C. Answer the following questions in the negative using the informal imperative. Follow the model and repeat each answer after the speaker.

ESEMPIO: Prepariamo l'insalata?

Non preparate l'insalata!

D. Answer the following questions in the affirmative using the informal imperative. Follow the model and repeat each answer after the speaker.

ESEMPIO: Devo svegliarmi presto?

Sì, svegliati presto.

E. Answer the following questions in the affirmative using the informal imperative. Replace all direct and indirect objects with the appropriate object pronouns. Follow the models and repeat each answer after the speaker.

> ESEMPI: Possiamo metterci gli stivali?
>
> **Sì, metteteveli!**
>
> Posso dare l'invito a Carlo?
>
> **Sì, daglielo!**

F. Listen to each of the following sentences. Then rewrite each sentence, using the informal negative imperative. Replace all direct and indirect objects with the appropriate object pronouns. You will hear each sentence twice.

> ESEMPIO: *You hear:* Fate una dieta!
>
> *You write:* Non fatela! *or* Non la fate!

1. _____
2. _____
3. _____
4. _____
5. _____
6. _____

G. Answer the following questions in the affirmative, using the formal imperative. Follow the models and repeat each answer after the speaker.

> ESEMPI: Telefono a Giovanni?
>
> **Sì, telefoni a Giovanni!**
>
> Telefoniamo a Luisa?
>
> **Sì, telefonino a Luisa.**

H. Imagine that you and a friend decide to get back in shape. You go to a health spa where the experts tell you what you must do. Listen to each sentence. Then form a new sentence by changing the informal imperative to the formal imperative. Repeat each answer after the speaker.

> ESEMPIO: Perdi qualche chilo!
>
> **Perda qualche chilo!**

I. Answer the following questions about a recipe using the cues you hear and the formal imperative. Replace all direct and indirect objects with the appropriate object pronouns. Follow the model and repeat each answer after the speaker.

> ESEMPIO: Devo frullare i pomodori? (Sì)
>
> **Sì, li frulli.**

Il periodo ipotetico

A. Listen to the following sets of sentences. Then write a hypothetical sentence using the cues you hear. You will hear each set of sentences twice.

> ESEMPIO: *You hear:* Cucinerai tu. Verrò a cena da te.
>
> *You write:* Se cucinerai tu, verrò a cena da te.

1. _____

2. _____

3. _____

4. _____

B. Listen to each of the following sentences. You will hear a beep in place of the verbs. Circle the form of the verb needed to complete each sentence. You will hear each sentence twice.

1. comprerei   comprassi

2. saremmo   fossimo

3. si farebbe   si facesse

4. Grattugerei   Grattugiassi

5. avreste   aveste

C. Complete each of the following sentences using the cues you hear. Follow the models and repeat each answer after the speaker.

> ESEMPI: Non mi sarei sentito male, se (mangiare meno)
>
> **Non mi sarei sentito male, se avessi mangiato meno.**
>
> Se avessi ascoltato i tuoi consigli, (trovarmi meglio)
>
> **Se avessi ascoltato i tuoi consigli, mi sarei trovato meglio.**

D. You will hear a series of incomplete statements about Italian food and eating habits. Circle the phrase that best completes each statement. You will hear the first part of each statement twice.

1. tornano a casa per pranzo.
   mangerebbero al ristorante.

2. non ci piacciono i cibi precotti.
   preferiremmo sempre cibi freschi.

3. se sono troppo conditi.
   se avessi saputo che c'erano conservanti.

4. se sarà molto grassa.
   se fosse meno cara.

5. mangerete la pasta più spesso.
   non avreste mangiato molta carne.

6. troviamo sempre una cucina diversa.
   abbiamo mangiato cibi molto variati.

7. non vuole cucinare.
   avrebbe fatto torte ogni giorno.

8. consumerebbero più olio d'oliva.
   usavano il burro.

Comprensione auditiva

Prepariamoci ad ascoltare

A. Inventa due piatti immaginari. Da' un nome ad ogni piatto e descrivi in breve come prepararlo. Indica gli ingredienti necessari e il modo di preparazione. Se hai bisogno di aiuto, puoi consultare le pagine 322–323 del libro di testo per una lista di vocaboli utili.

1. _____
   _____
   _____
   _____
   _____

2. _____
   _____
   _____
   _____
   _____

B. Identifica i seguenti oggetti nel disegno scrivendo la lettera corrispondente nell'apposito spazio.

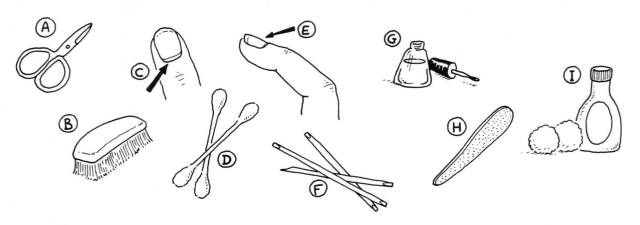

_____ **1.** l'unghia

_____ **2.** l'acetone

_____ **3.** le forbicine

_____ **4.** i bastoncini d'arancio

_____ **5.** lo spazzolino

_____ **6.** la lima

_____ **7.** le cuticole

_____ **8.** il bastoncino di cotone

_____ **9.** lo smalto

C. Indica con una **X** quali dei seguenti verbi si possono riferire a una manicure.

_____ **1.** allungare

_____ **2.** soffriggere

_____ **3.** abbronzarsi

_____ **4.** tagliare

_____ **5.** accorciare

_____ **6.** massaggiare

_____ **7.** spazzolare

_____ **11.** tritare

_____ **12.** asportare

_____ **13.** pettinare

_____ **14.** asciugare

_____ **15.** irritare

_____ **16.** applicare

_____ **17.** ammorbidire

_____ 8. mantenersi

_____ 9. ridurre

_____ 10. limare

_____ 18. proteggersi

_____ 19. mescolare

_____ 20. pulire

Strategie

Understanding instructions

Understanding oral instructions, requests, and orders is one of the most common listening activities you will perform in real-life situations. The comprehension of oral instructions involves many of the listening skills and strategies you have already practiced. Your expectations and visual aids such as maps, diagrams, facial expressions, and gestures can assist you in understanding oral instructions even if you don't understand every word. Your background knowledge and life experiences also play an important role.

When you listen to oral instructions, you need to pay careful attention to specific details, and filter out nonessential information. This requires a certain familiarity with the key vocabulary words and expressions. Grasping the sequence of actions is also crucial if you are to understand instructions and carry them out properly.

The **Ascoltiamo** activities that follow will help you practice these listening strategies. Before you start listening to the recordings, preview the tasks that you will be required to perform and, as you listen to the recordings, remember to use these strategies.

Ascoltiamo

Nelle due registrazioni che seguono ascolterai le spiegazioni per alcune ricette di cucina e per aver buona cura delle proprie mani. Ascolta (più volte) le registrazioni e poi fa' gli esercizi che seguono.

A. Tra i sette piatti della colonna A indica con una **X** quali sono i quattro descritti nella prima registrazione. Poi, vicino ai quattro piatti descritti, scrivi la lettera della descrizione appropriata degli ingredienti e del modo di preparazione indicati nella colonna B.

Attenzione: ci sono due descrizioni in più nella colonna B.

A

_____ 1. Spaghetti alla carbonara

_____ 2. Spaghetti all'arrabbiata

_____ 3. Risotto all'ortolana

_____ 4. Spinaci all'agro

B

a. arrotolato, legato con lo spago e cotto al girarrosto

b. verdure varie, piselli, asparagi, zucchine e pomodori, sono cotte insieme prima di aggiungere il riso

c. pomodoro, uova sbattute e cipolla sono aggiunti agli spaghetti

d. spaghetti conditi con un condimento composto di pancetta soffritta, uova sbattute e parmigiano grattugiato

_____ 5. Arrosto alla boscaiola

_____ 6. Bucatini alle olive nere

_____ 7. Tortellini alla Tonino

e. sono conditi con burro, formaggio, panna e pezzetti di prosciutto

f. limone, olio e zucchine sono mescolati insieme e poi aggiunti al tutto

B. Ascoltando la prima registrazione, indica l'ordine giusto delle varie fasi di preparazione del risotto all'ortolana scrivendo un numero da 1 a 9 accanto ad ogni indicazione.

_____ a. Aggiungete il riso.

_____ b. Soffriggete la cipolla in padella.

_____ c. Fate insaporire i piselli, gli asparagi e le zucchine affettate mescolando continuamente.

_____ d. Frullate i pomodori.

_____ e. Unite i pomodori alle verdure.

_____ f. Aggiungete i piselli, gli asparagi e le zucchine affettate.

_____ g. Fate cuocere le verdure per dieci minuti.

_____ h. Aggiungete il burro e il parmigiano.

_____ i. Mettete il brodo.

C. Indica con una **X** quali delle seguenti affermazioni sono vere secondo la prima registrazione.

_____ 1. La scena ha luogo a casa di Roberto.

_____ 2. Ci sono tre persone.

_____ 3. Roberto e Renata sono amici.

_____ 4. Roberto e Renata non mangiano il contorno.

_____ 5. A Renata non piace cucinare.

_____ 6. Roberto non sa fare niente in cucina.

D. Adesso ascolta la seconda registrazione e indica con una **X** quali delle seguenti parole, verbi ed espressioni hai sentito.

_____	**1.** smalto	_____	**12.** applicato
_____	**2.** unghia scheggiata	_____	**13.** arrotondate
_____	**3.** spalmate	_____	**14.** tre mani consecutive
_____	**4.** rossetto	_____	**15.** accorciate
_____	**5.** lima	_____	**16.** massaggiatela
_____	**6.** crema idratante	_____	**17.** pettinate
_____	**7.** impurità	_____	**18.** lavate
_____	**8.** bastoncino d'arancio	_____	**19.** asciugatele
_____	**9.** acetone	_____	**20.** mescolate
_____	**10.** pellicine	_____	**21.** ricomponete
_____	**11.** tagliate		

E. Adesso ascolta (più volte) la seconda registrazione e metti nell'ordine giusto i seguenti disegni secondo le indicazioni date, scrivendo il numero corrispondente sotto ogni disegno.

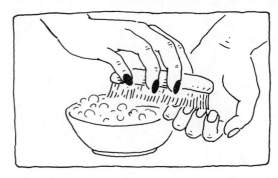

a. _____

b. _____

c. _____

d. _____

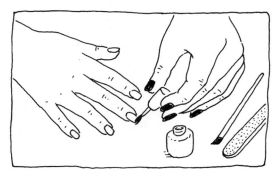

e. _____

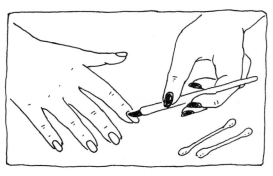

f. _____

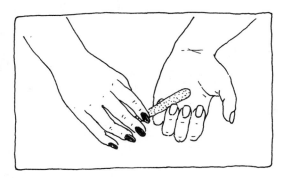

g. _____

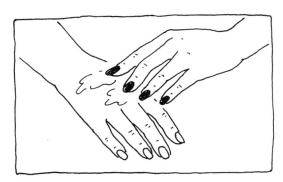

h. _____

10 Il fascismo, la guerra e il neorealismo

Strutture

L'infinito

A. Listen to each of the following sentences. Then rewrite each sentence, replacing the noun with the corresponding infinitive and making all other necessary changes. You will hear each sentence twice.

> ESEMPIO: *You hear:* Le chiacchiere non servono.
>
> *You write:* Chiacchierare non serve.

1. _____

2. _____

3. _____

4. _____

B. Answer the following questions in the affirmative, replacing the nouns with the appropriate object pronouns. Follow the model and repeat each answer after the speaker.

> ESEMPIO: Pensavi di andare a Roma?
>
> **Sì, pensavo di andarci.**

C. Say what you know about the following people. Answer the questions you hear, using the following cues and adding the appropriate preposition when necessary. Follow the model and repeat each answer after the speaker.

> ESEMPIO: *You hear:* Che cosa sai di Giovanni?
>
> *You see:* sperare / diventare medico
>
> *You say:* Giovanni spera di diventare medico.

1. essere disposto / trasferirsi

2. prepararsi / dare un esame

3. cominciare / stancarsi del suo lavoro

4. continuare / fare l'avvocato

5. credere / essere medici bravissimi

6. sperare / trovare lavoro

D. A friend of your grandfather is telling you about his life during the Fascist period. Complete each sentence, using the past infinitive and the cues you hear. Follow the model and repeat each answer after the speaker.

> ESEMPIO: Mi sono iscritto al partito. (senza capire bene com'era)
>
> **Mi sono iscritto al partito, senza aver capito bene com'era.**

Il gerundio

A. Sometimes you have to do two things at the same time. Say what two things the following people are doing, using the cues you hear and the present gerund. Follow the model and repeat each answer after the speaker.

> ESEMPIO: Luigi mangia. (ascoltare la radio)
>
> **Luigi mangia ascoltando la radio.**

B. Restate each of the following sentences using the gerund. Follow the model and repeat each answer after the speaker.

> ESEMPIO: Mentre studiavo, prendevo appunti.
>
> **Studiando, prendevo appunti.**

C. Answer the following questions, using the cues you hear and the **present progressive**. Follow the model and repeat each answer after the speaker.

> ESEMPIO: Che cosa fai? (mangiare)
>
> **Sto mangiando.**

D. Say what the following people were doing when you arrived. Restate each sentence, changing the verb you hear from the imperfect to the past progressive. Follow the model and repeat each answer after the speaker.

> ESEMPIO: Rita studiava.
>
> **Rita stava studiando.**

E. Answer the following questions, using the cues you hear and the present or past progressive. Replace all direct and indirect objects with the appropriate object pronouns. Follow the model and repeat each answer after the speaker.

> ESEMPIO: Studi la lezione? (Sì)
>
> **Sì, la sto studiando.**

F. Answer the following questions, using the cues you hear and the past gerund. Follow the model and repeat each answer after the speaker.

> ESEMPIO: Che cosa ha fatto Maria dopo aver mangiato? (uscire)
>
> **Avendo mangiato, è uscita.**

G. The following passage is from the diary of a young woman who lived in Italy in the 1940s. You will hear two short sentences. Listen to each pair of sentences, then combine them into a single sentence, using the past gerund. Follow the model and repeat each answer after the speaker.

> ESEMPIO: Abbiamo sofferto molto. Adesso siamo felici con poco.
>
> **Avendo sofferto molto, adesso siamo felici con poco.**

Il participio

A. Listen to the following sentences. Then restate each one, using the present participle of the verb you hear and making all necessary changes in agreement. Follow the model and repeat each answer after the speaker.

> ESEMPIO: È un discorso. (interessare)
>
> **È un discorso interessante.**

B. Restate each of the following sentences, using the past participle in the absolute construction. Follow the model and repeat each answer after the speaker.

> ESEMPIO: Dopo aver capito i problemi, li hanno risolti.
>
> **Capiti i problemi, li hanno risolti.**

C. Listen to the following passage describing people's reactions to the end of World War II. You will hear a beep in place of the verbs. Circle the form of the verb needed to complete each sentence. You will hear each sentence twice.

1. Avendo visto / Aver visto

2. scesi / essere scesi

3. Avendo ballato / Aver ballato

4. rendendosi conto / essersi resi conto

5. Ripreso / Aver ripreso

6. essendosi aiutati / essersi aiutati

7. Avendo / Avere

8. avendo raccontato / aver raccontato

9. rappresentando / rappresentare

10. Imparate / Aver imparato

Comprensione auditiva

Prepariamoci ad ascoltare

A. Prima di rispondere alle domande che seguono leggi le pagine 116–118 nel Quaderno degli esercizi che si riferiscono tra l'altro alla nascita del fascismo.

1. Quali possono essere i legami tra la conclusione della Prima Guerra Mondiale e la nascita del fascismo in Italia?

   _____

   _____

   _____

2. Quali furono alcune delle cause della nascita del fascismo?

   _____

   _____

   _____

   _____

3. Quali interessi rappresentava e difendeva il fascismo?

_____

_____

_____

_____

B. Descrivi la scena seguente che rappresenta uno sciopero negli anni '20. Chi pensi che siano i personaggi? Perché pensi che scioperino? Scrivi un breve paragrafo immaginando una storia basata sulla scena, dopo aver letto le pagine 116–118.

_____

_____

_____

_____

_____

_____

C. Prima di cominciare ad ascoltare le registrazioni, riguarda i vocaboli alle pagine 355–356 del libro di testo che riguardano l'epoca fascista e la Seconda Guerra Mondiale.

Strategie

Taking notes

Sometimes it is necessary to take notes on what you hear so that you can remember important details and facts. This is particularly true when you attend a class, a lecture, a conference, or a seminar.

You do not have to understand every word in order to take notes. Your knowledge of the topic and expectations of the material to be covered can help you predict what will be said. Listening for and jotting down important ideas also help you understand the gist of what is said even if the language is partially incomprehensible.

Note-taking essentially involves summarizing information. When you take notes, you restate very briefly the main points of what you hear. You can use a chart, an outline, or a list to summarize factual information quickly. Later, you can reorganize this information to enable you to recall ideas and details easily.

The **Ascoltiamo** activities that follow will help you practice note-taking skills. First listen to the recordings to familiarize yourself with the topics and the main ideas. Then skim the **Ascoltiamo** activities and listen to each recording a second time, taking notes on each activity's items.

Ascoltiamo

Nelle tre registrazioni che seguono ascolterai delle lezioni sulla storia italiana dalla fine della Prima Guerra Mondiale all'avvento del fascismo. Ascolta (più volte) le registrazioni e poi fa' gli esercizi che seguono.

A. Ascoltando la prima registrazione, prendi appunti per poi rispondere alle domande seguenti e fornire le informazioni richieste.

1. Perché il clima di euforia dopo la Prima Guerra Mondiale durò poco?

_____

_____

_____

_____

2. Come era il clima psicologico che regnava in Italia dopo la Prima Guerra Mondiale?

_____

_____

_____

_____

3. Quali furono i motivi per la nascita del mito della «vittoria mutilata»?

_____

_____

_____

_____

4. Com'era la situazione economica in Italia dopo la Prima Guerra Mondiale?

_____

_____

_____

5. Da' esempi precisi del disagio economico e sociale sofferto da:

    a. Contadini ed operai: _____

    _____

    _____

    _____

    b. Ufficiali: _____

    _____

    _____

    _____

6. Per quali motivi si pensava che la guerra fosse stata una follia?

_____

_____

_____

B. Ascoltando la seconda registrazione, prendi appunti per rispondere alle domande seguenti e fornire le informazioni richieste.

    1. Come erano il clima sociale e la situazione politica che regnavano in Italia alla fine della Prima Guerra Mondiale?

    _____

    _____

    _____

    2. Offri alcuni esempi a dimostrazione della crisi sociale e politica.

    _____

    _____

    _____

    _____

    3. Descrivi la situazione politica durante il primo dopoguerra.

    _____

    _____

    _____

    _____

4. Elenca alcuni motivi per spiegare la nascita del movimento dei fasci e la sua popolarità.

_____

_____

_____

_____

C. Ascoltando la terza registrazione, prendi appunti per rispondere alle domande seguenti e fornire le informazioni richieste.

1. Traccia in ordine cronologico le fasi dell'avvento del fascismo e della presa di potere di Mussolini.

_____

_____

_____

_____

_____

_____

2. Come cambiarono Mussolini e il suo partito una volta ottenuto il potere?

_____

_____

_____

3. Offri alcuni esempi della dittatura fascista.

_____

_____

_____

_____

D. Adesso ascolta le registrazioni un'altra volta e descrivi il clima in Italia subito dopo la prima guerra mondiale secondo lo schema seguente:

1. psicologico

_____

_____

_____

2. politico

_____

_____

_____

3. sociale

_____

_____

_____

4. economico

_____

_____

_____

_____

Capitolo 11

La Costituzione, il Governo e i partiti politici

Strutture

Gli aggettivi e i pronomi dimostrativi

A. Listen to each of the following sentences. Then form a new sentence, using the cues you hear and making all necessary changes. Follow the model and repeat each answer after the speaker.

> ESEMPIO: Questa lezione è importante. (capitolo)
>
> **Questo capitolo è importante.**

B. Answer the following questions, using **quello** and the cues you hear. Follow the model and repeat each answer after the speaker.

> ESEMPIO: Che cosa vuoi comprare? (quadri originali)
>
> **Voglio comprare quei quadri originali.**

C. A wealthy businessman is comparing some of his possessions to those of his major competitor. Listen to each of his statements. Then complete each one, using the appropriate form of the demonstrative pronoun **quello.** Follow the model and repeat each answer after the speaker.

> ESEMPIO: Io possiedo questa barca, e lui...
>
> **Io possiedo questa barca, e lui quella.**

I pronomi relativi

A. Imagine that your friend Armando is making the following statements. Respond to each statement, using **Non conosco** and the relative pronoun **che.** Follow the model and repeat each answer after the speaker.

> ESEMPIO: Ho letto dei libri.
>
> **Non conosco i libri che hai letto.**

B. Listen to each of the following sentences. Then form new sentences, using the relative pronoun **cui.** Follow the model and repeat each answer after the speaker.

> ESEMPIO: Esco con questi amici.
>
> **Sono gli amici con cui esco.**

C. Answer the following questions in the affirmative, replacing **quale** with **cui.** Follow the model and repeat each answer after the speaker.

> ESEMPIO: Il ragazzo al quale scrivi è italiano?
>
> **Sì, il ragazzo a cui scrivo è italiano.**

D. Listen as a newly elected representative to the Parliament expresses some of her ideas and hopes. You will hear a beep in place of the relative pronoun. Circle the form of the relative pronoun needed to complete each sentence. You will hear each sentence twice.

1. quali   che

2. ciò che   cui

3. quale   cui

4. quello che   che

5. quale   che

6. quali   che

7. cui   quali

8. cui   che

9. ciò che   cui

Il discorso indiretto

A. Listen to each of the following sentences. Then write a new sentence, changing the **discorso diretto** to the **discorso indiretto.** You will hear each sentence twice.

> ESEMPIO: *You hear:* Franco chiede:—Dammi il tuo appoggio.
>
> *You write:* Franco chiede di dargli il suo appoggio *or* Franco chiede che gli dia il
>
> suo appoggio.

1. _____

2. _____

3. _____

4. _____

5. _____

6. _____

B. The mayor of your city made many campaign promises but, to your disappointment, he has not kept many of them. You decide to keep a written record of the major promises he has not fulfilled. Listen to each of the following statements. Then write a new statement, changing the **discorso diretto** to the **discorso indiretto.** You will hear each statement twice.

     ESEMPIO: *You hear:* Ha promesso:—Tutti avranno una casa.

               You write: Ha promesso che tutti avrebbero avuto una casa.

1. _____

2. _____

3. _____

4. _____

5. _____

6. _____

Comprensione auditiva

Prepariamoci ad ascoltare

A. Indica con una **X** gli argomenti che pensi che saranno trattati nell'oggetto reclamizzato.

_____ 1. la corruzione politica

_____ 2. la nuova classe politica

_____ 3. il fallimento della precedente coalizione governativa

_____ 4. l'importanza della Democrazia cristiana nel nuovo governo

_____ 5. gli ultimi cambiamenti politici

_____ 6. il ruolo di Tangentopoli nella realtà politica italiana

_____ 7. la presunzione e l'arroganza della vecchia classe politica

_____ 8. la sorte dei politici della Democrazia cristiana

_____ 9. le nuove abitazioni dei politici della Democrazia cristiana

B. Descrivi la réclame. Quali simboli usa? Che cosa significano? Di che cosa fa la pubblicità?

_____

_____

_____

_____

_____

_____

_____

C. Descrivi la vignetta. A che cosa pensi che si riferisca?

_____

_____

_____

_____

_____

_____

D. Che cosa hanno in comune la réclame e la vignetta? Indica con una **X** quali delle affermazioni seguenti si riferiscono sia alla réclame che alla vignetta.

_____ **1.** La realtà politica sta cambiando.

_____ **2.** La realtà politica è molto stabile.

_____ **3.** Il governo è sempre formato dalle solite coalizioni.

_____ **4.** Questo momento rappresenta una svolta (*turn*) storica per la politica italiana.

E. Quale nuova tendenza politica rivelano sia la réclame che la vignetta? Quali cambiamenti politici riflettono? Scrivi un breve paragrafo.

_____

_____

_____

_____

_____

_____

_____

Strategie

Listening to the news

Listening to a news program in another language can be a challenging experience. This is especially true if the events narrated involve local issues with which you are not familiar. If no visual aids such as charts, diagrams, photographs, or film clips are provided, you have to rely entirely on the discourse of the broadcaster. Italian newscasters tend to use a very formal register, generally employing a very technical and bureaucratic style and language that can be difficult to understand. Thus, the newscaster's tone, gestures, and expressions won't usually help much in understanding the content. However, it is possible to get the general idea of what is being said even if you don't understand every word and expression used.

Many of the strategies presented in previous chapters can help you understand an Italian news program. For example, familiarizing yourself with important events and issues will help you anticipate a news program's content and also guess at the general meaning of those news items you don't fully understand. Listening with a purpose also can simplify the listening task. Usually you listen to the news for specific factual information and at times for supporting details or different points of view on an issue. Listening for specific details, ignoring nonessential and redundant information, and learning to cope with a certain amount of linguistic ambiguity can help you understand much of the information presented in a news program.

The **Ascoltiamo** activities that follow will help you practice these listening strategies and will help you improve your comprehension of news programs.

Ascoltiamo

Adesso sentirai quattro registrazioni di notizie diverse sulla situazione politica italiana. Ascolta (più volte) le registrazioni e poi fa' gli esercizi che seguono.

A. Ascolta le registrazioni ed indica con una **X** quali dei seguenti argomenti sono stati trattati.

_____ 1. la riforma elettorale

_____ 2. gli scandali politici di Tangentopoli

_____ 3. i problemi giudiziari di Tangentopoli

_____ 4. la crisi economica in Italia

_____ 5. personaggi coinvolti in Tangentopoli

_____ 6. storie di carcere

_____ 7. le prime elezioni dirette

_____ 8. la fine dei vecchi partiti tradizionali

_____ 9. il costo economico degli scandali politici

_____ 10. i rapporti tra genitori e figli

_____ 11. la fine della democrazia in Italia

_____ 12. nuove tendenze nella situazione politica

_____ 13. il prezzo del petrolio

_____ 14. l'effetto dell'inchiesta Mani Pulite sul mondo della politica

B. Ascolta di nuovo la prima registrazione ed indica se le seguenti affermazioni sono vere o false scrivendo **V** o **F** negli appositi spazi.

_____ 1. I cittadini voteranno per il Parlamento.

_____ 2. Tutti i cittadini voteranno il 6 giugno.

_____ 3. I cittadini eleggeranno direttamente il sindaco e chi amministrerà la loro città.

_____ 4. I segretari dei partiti decideranno chi governerà la città.

_____ 5. La legge 81 del 1993 dà più potere ai cittadini.

_____ 6. La legge 81 del 1993 stabilisce che chi riceve la maggioranza dei voti sarà eletto.

C. Ascolta di nuovo la seconda registrazione ed indica se le seguenti affermazioni sono vere o false scrivendo **V** o **F** negli appositi spazi.

_____ 1. In Italia gli imputati in Tangentopoli saranno più di 50.000.

_____ 2. Gli imputati sono per lo più cittadini comuni.

_____ 3. I processi di Tangentopoli metteranno in crisi il sistema giudiziario italiano.

_____ 4. Ci saranno pochi processi per Tangentopoli.

_____ 5. Non sarà facile risolvere i problemi causati da Tangentopoli.

D. Ascolta di nuovo la terza registrazione ed indica se le seguenti affermazioni sono vere o false scrivendo **V** o **F** negli appositi spazi.

_____ 1. Mario Zamorani era una figura molto importante nelle imprese italiane pubbliche e private.

_____ 2. Appena arrestato Zamorani rivelò tutto quello che sapeva del sistema-tangenti alla polizia.

_____ 3. Al principio Zamorani non volle parlare con i giudici dell'inchiesta Mani Pulite.

_____ 4. Zamorani passò solo pochi giorni in prigione.

E. Ascolta di nuovo l'ultima registrazione ed indica se le seguenti affermazioni sono vere o false scrivendo **V** o **F** negli appositi spazi.

_____ 1. Il futuro della Dc non è molto promettente.

_____ 2. Pochi politici democristiani sono stati coinvolti nell'inchiesta Mani Pulite.

_____ 3. Gli italiani ancora votano in massa per la Dc e gli altri partiti tradizionali.

_____ 4. La Dc è l'unico partito ad essere stato screditato dallo scandalo delle tangenti.

_____ 5. Il Psi continua ad essere molto importante.

_____ 6. Il Pds negli ultimi tempi ha visto un aumento delle iscrizioni e di nuove sezioni in tutta l'Italia.

_____ 7. La Dc, il Psi e il Pds sono in declino.

_____ 8. La Lega Nord diventa sempre più importante.

_____ 9. Il 1992 sarà ricordato come l'anno della protesta degli italiani contro i partiti tradizionali.

L'economia: il «sistema» Italia e l'economia italiana nel mondo

Strutture

L'impersonale

A. Listen to the following sentences. Then restate each sentence, using the impersonal construction with **si.** Follow the model and repeat each answer after the speaker.

> ESEMPIO: In Italia bevono il vino.
>
> **In Italia si beve il vino.**

B. Answer the following questions, using the cues you hear and the impersonal construction with **si.** Follow the model and repeat each answer after the speaker.

> ESEMPIO: Che cosa si è fatto ieri? (svegliarsi tardi)
>
> **Ci si è svegliati tardi.**

C. Answer the following questions, using the cues you hear and the impersonal construction with **si.** Make the necessary changes. Follow the model and repeat each answer after the speaker.

> ESEMPIO: Che cosa avete fatto? (cucinare delle pizze)
>
> **Si sono cucinate delle pizze.**

D. Answer the following questions, using the cues you hear and the impersonal construction with **si.** Make the necessary changes. Follow the model and repeat each answer after the speaker.

> ESEMPIO: Siete andati al cinema? (No)
>
> **No, non si è andati al cinema.**

E. Imagine you are a buyer for a famous American company and you have just arrived in Italy. A client is talking to you about his products and the Italian fashion industry. Listen to each of his statements. Then restate each one, using the impersonal construction with **si.** Follow the model and repeat each answer after the speaker.

> ESEMPIO: In Italia facciamo ottime scarpe.
>
> **In Italia si fanno ottime scarpe.**

La forma passiva

A. Listen to the following sentences. Then restate each one, using the passive construction and making all necessary changes. Follow the model and repeat each answer after the speaker.

> ESEMPIO: L'artigiano fa le ceramiche.
>
> **Le ceramiche sono fatte dall'artigiano.**

B. Answer the following questions, using the cues you hear and the passive construction. Follow the model and repeat each answer after the speaker.

> ESEMPIO: Chi ha presentato quei modelli? (una giovane stilista)
>
> **Quei modelli sono stati presentati da una giovane stilista.**

C. Answer the following questions, using the cues you hear and the passive construction. Follow the model and repeat each answer after the speaker.

> ESEMPIO: Gli italiani hanno pagato le tasse? (Sì)
>
> **Sì, le tasse sono state pagate dagli italiani.**

D. Listen to the following sentences. Then restate each one, using the passive construction with **andare** or **venire.** Follow the models and repeat each answer after the speaker.

> ESEMPI: I ragazzi erano aiutati dai genitori.
>
> **I ragazzi venivano aiutati dai genitori.**
>
> I nostri benefattori devono essere ringraziati.
>
> **I nostri benefattori vanno ringraziati.**

E. Imagine that you are an entrepreneur explaining how you became successful. Then restate each of your statements, using the passive construction. Follow the model and repeat each answer after the speaker.

> ESEMPIO: Mi ha aiutato uno zio.
>
> **Sono stato aiutato da uno zio.**

Gli interrogativi

A. Listen to Michele's answers to the questions his roommate Simone has asked him. Then write the missing questions. You will hear each statement twice.

ESEMPIO: *You hear:* È la macchina da scivere di Luigi.

You write: Di chi è la macchina da scrivere?

1. _____

2. _____

3. _____

4. _____

5. _____

6. _____

7. _____

8. _____

B. Listen to the following statements. Then formulate the appropriate question for each statement. Follow the model and repeat each answer after the speaker.

ESEMPIO: Parto da Napoli.

Da dove parti?

C. Listen as the manager of a successful factory tells you how she improved production. Circle the question that best corresponds to each of the manager's statements. You will hear each statement twice.

1. a. Quando ha speso molto?

   b. In che cosa ha speso molto?

2. a. Dove ha assunto il personale?

   b. Chi ha assunto?

3. a. Chi sono i commerciatisti?

   b. Quanti commercialisti ha?

4. a. Come sono le macchine che producete?

   b. Quante macchine producete?

5. a. Che cosa L'ha aiutata?

   b. Chi L'ha aiutata?

6. a. Che cosa ha fatto all'inizio?

   b. Perché ha fatto sacrifici?

7. a. Quando ha preso le sue decisioni?

   b. Quale decisione ha preso?

Comprensione auditiva

Prepariamoci ad ascoltare

A. Nella registrazione che ascolterai si parlerà di impiegati pubblici, cioè di persone che lavorano per lo Stato. Elenca gli aspetti negativi e gli aspetti positivi dell'impiego pubblico.

Negativi   *Positivi*

_____   _____

_____   _____

_____   _____

_____   _____

B. Rileggi le pagine del libro di testo sulle peculiarità dell'economia italiana (pagine 392 e 400) e poi indica con una **X** le affermazioni che sono vere. Correggi quelle che sono false.

_____ 1. L'Italia è un Paese a capitale misto.

   _____

_____ 2. In Italia ci sono solo aziende private.

   _____

_____ 3. In Italia lo Stato gestisce e controlla molti enti statali.

   _____

_____ 4. Lo Stato italiano impiega solo pochi funzionari pubblici.

   _____

_____ 5. Negli ultimi tempi si stanno privatizzando molti enti statali.

   _____

———————   **6.** Una grande parte delle spese pubbliche va all'assistenza sanitaria e alla previdenza sociale.

_____

———————   **7.** L'Italia non fa ancora parte della Comunità economica europea.

_____

———————   **8.** La competività a livello internazionale sarà una grande sfida che l'Italia dovrà affrontare per poter essere alla pari con gli altri Paesi.

_____

_____

C. Indica che cosa significano i termini seguenti.

1. il Prodotto interno lordo (Pil) _____

_____

_____

_____

2. la busta paga _____

_____

_____

_____

3. la retribuzione _____

_____

_____

_____

4. lo stipendio _____

_____

_____

_____

5. il dipendente _____

_____

_____

_____

6. la sanità _____

_____

_____

_____

7. l'indicatore di produttività _____

_____

_____

_____

Strategie

Listening to a technical lecture

Listening to a technical lecture and understanding the main points and ideas can be very difficult because such lectures often include technical terminology and vocabulary specific to that field or discipline. Thus, as already suggested in earlier strategy sections, familiarizing yourself with some related vocabulary and anticipating the content of the lecture can enhance your overall comprehension.

Utilizing some of the other listening strategies you have studied thus far enables you to comprehend better the material you hear. For example, the lecturer may raise his/her tone of voice or may slow the pace of his/her speech when making important points. The lecturer may emphasize key ideas by repeating words, phrases, or sentences, by restating them as a numbered list of summarized points, or by using charts and graphs to prove his/her point. You can focus on specific data and facts by taking notes that contain both the main ideas of the lecture and key details that support them. In addition, you can exploit visual aids, such as charts and graphs, either those supplied by the lecturer or those that you create as part of your own note-taking. Later, you can review these visual aids to recall specific facts and figures and make inferences or draw conclusions about material you heard.

The following activities will help you practice listening and note-taking skills for technical lectures. First listen to the lecture for the main ideas and to familiarize yourself with the topic. Then skim the **Ascoltiamo** activities that you will be required to complete, and listen to the lecture a second time before you fill in the graphs. After you have completed the graphs, answer the questions that follow.

Ascoltiamo

Nella registrazione che segue ascolterai parte di una conferenza sul costo dell'amministrazione pubblica in Italia, paragonata ad altri paesi europei. Ascolta (più volte) la registrazione e poi fa' gli esercizi che seguono.

A. Mentre ascolti la registrazione, compila i tre grafici che seguono.

Grafico 1

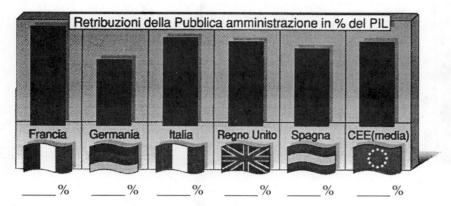

Retribuzioni della Pubblica amministrazione in % del PIL

| Francia | Germania | Italia | Regno Unito | Spagna | CEE(media) |
| ___% | ___% | ___% | ___% | ___% | ___% |

Grafico 2: Retribuzioni di 4 dipendenti pubblici in settori diversi

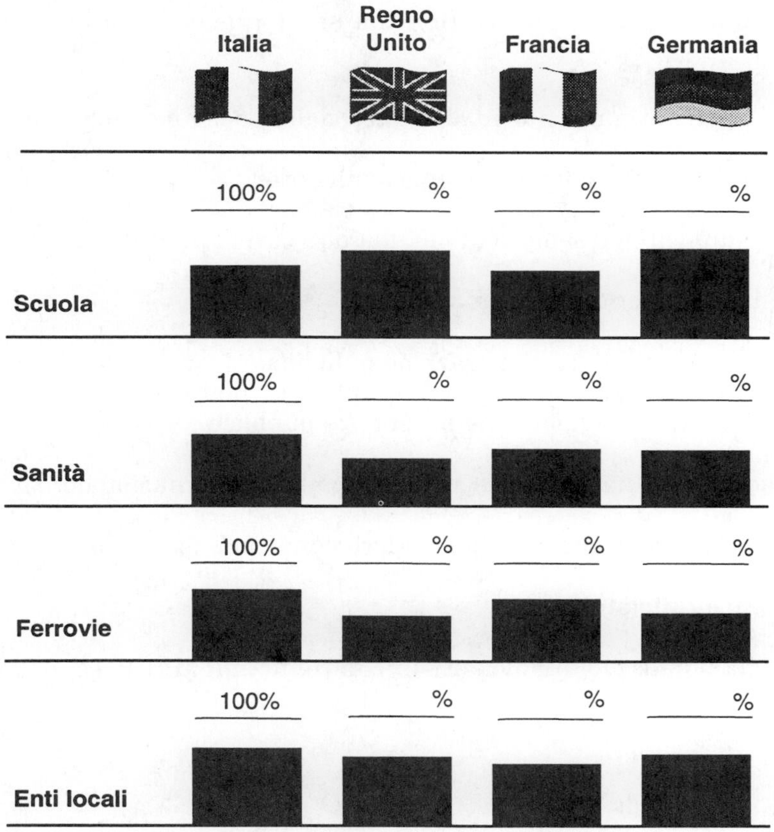

	Italia	Regno Unito	Francia	Germania
Scuola	100%	___%	___%	___%
Sanità	100%	___%	___%	___%
Ferrovie	100%	___%	___%	___%
Enti locali	100%	___%	___%	___%

Grafico 3

Produttività in Italia

_____ _____   _____ _____   _____ _____   _____ _____

B. Dopo aver studiato attentamente i grafici che hai compilato, ascolta un'altra volta la registrazione ed indica con una **V** quali delle seguenti affermazioni sono vere e con una **F** quelle che invece sono false.

_____ 1. La situazione economica italiana in confronto ad altri Paesi della Cee non è molto buona.

_____ 2. La Germania sembra godere della situazione economica migliore.

_____ 3. Le spese pubbliche italiane aumentano sempre di più, ma non così la produttività.

_____ 4. In Italia ci sono moltissimi alunni per ogni insegnante.

_____ 5. Il governo italiano spende troppo per l'amministrazione pubblica.

_____ 6. Nel settore privato la produttività è maggiore che nel settore pubblico.

_____ 7. Il costo del lavoro pubblico in Italia non influisce sulla competività internazionale.

_____ 8. I dipendenti statali italiani sono molto soddisfatti delle loro condizioni di lavoro.

_____ 9. I dipendenti statali non sono affatto ambiziosi.

_____ 10. La macchina burocratica italiana è molto efficiente in confronto agli altri Paesi dell'Unione Europea.

Gli italiani e le questioni sociali

Capitolo 13

S t r u t t u r e

Gli aggettivi e i pronomi indefiniti

A. Answer the following questions in the affirmative, using the correct form of **tutto.** Follow the model and repeat each answer after the speaker.

> ESEMPIO: Gli stranieri sono arrivati in albergo?
>
> **Sì, tutti gli stranieri sono arrivati in albergo.**

B. Restate the following sentences, using **ogni** and making all necessary changes. Follow the model and repeat each answer after the speaker.

> ESEMPIO: Ho ascoltato tutte le registrazioni.
>
> **Ho ascoltato ogni registrazione.**

C. Restate each of the following sentences, using the cue you hear and making all necessary changes. Follow the model and repeat each answer after the speaker.

> ESEMPIO: Ogni cultura va rispettata. (tutte)
>
> **Tutte le culture vanno rispettate.**

D. A well-known journalist is describing some of the characteristics of the Italian people. You will hear a beep in place of the indefinite adjective or pronoun. Circle the word needed to complete each statement. You will hear each statement twice.

1. molti   qualcuno

2. Alcuni   Qualcuno

3. ognuno   tutti

4. Qualcuno   Qualsiasi

5. Qualche	Ciascuno
6. Qualche	Certi
7. Alcune	Qualcuna
8. tutti	ognuno
9. Chiunque	Qualcosa
10. qualcosa	niente

L'uso delle preposizioni

A. Answer the following questions, using the cues you hear. Follow the model and repeat each answer after the speaker.

> ESEMPIO: Con chi esci stasera? (Giulio)
>
> **Esco con Giulio.**

B. Listen to the following sentences. You will hear a beep in place of the prepositions. Circle the preposition needed to complete each sentence. You will hear each statement twice.

1. di	da	7. sui	dei
2. in	a	8. circa	in
3. fra	di	9. fra	di
4. di	su	10. tra	in
5. a	di	11. alla	nella
6. di / a	di / in	12. sul	nel

C. You have just met a young Italian woman who is anxious to know more about you. Answer her questions, using the cues you hear and the appropriate preposition. Follow the model and repeat each answer after the speaker.

> ESEMPIO: Dove vai a scuola? (liceo)
>
> **Vado al liceo.**

Preposizioni e congiunzioni

Listen to the story of an immigrant who moved from Southern Italy to the North looking for a better job. You will hear a beep in place of the prepositions and conjunctions. Circle the preposition or conjunction needed to complete the sentence. You will hear each statement twice.

1. Dopo   Prima che

2. Quando   Prima che

3. Fino   Dopo che

4. Fino   Senza

5. dopo che   senza che

6. dopo di   finché

7. prima che   senza

I verbi di percezione e l'infinito

A. Answer the following questions, using the cues you hear and the infinitive. Follow the model and repeat each answer after the speaker.

> ESEMPIO: Hai visto tuo fratello che usciva? (No)
>
>   **No, non ho visto mio fratello uscire.**

B. You have just returned from two weeks in Rome and are telling a friend about your trip. She asks you various questions about the people and the things you saw. Answer her questions in the affirmative, using **ho visto** and replacing the nouns with the appropriate pronouns. Follow the model and repeat each answer after the speaker.

> ESEMPIO: Il vigile fermava gli automobilisti?
>
>   **Sì, ho visto il vigile fermarli.**

Comprensione auditiva

Prepariamoci ad ascoltare

A. Ci sono molti immigrati nel tuo Paese? Da quali Paesi provengono? Dove si sistemano? Qual è la situazione dell'immigrazione clandestina?

_____

_____

_____

_____

_____

_____

B. Indica con una **X** in quali settori sono occupati in prevalenza gli immigrati nel tuo Paese.

_____ 1. lavori domestici

_____ 2. ristorazione e alberghi

_____ 3. lavori agricoli

_____ 4. edilizia

_____ 5. industria

_____ 6. trasporti

_____ 7. commercio ambulante

_____ 8. università ed istituti di ricerca

C. Quali dei seguenti atteggiamenti sono evidenti tra i tuoi connazionali verso gli immigrati?

_____ 1. razzismo

_____ 2. intolleranza

_____ 3. sospetto

_____ 4. apertura e tolleranza

_____ 5. ostilità

_____ 6. indifferenza

_____ 7. compassione

_____ 8. ammirazione

D. Usando i numeri da 1 a 8, indica in ordine di importanza quali dei seguenti motivi spingono, secondo te, una persona a lasciare il proprio Paese per immigrare in un'altra nazione.

_____   difficoltà economiche nel Paese di origine

_____   desiderio di conoscere gente nuova

_____   speranza di trovare un lavoro migliore

_____ motivi politici

_____ motivi religiosi

_____ motivi di studio

_____ desiderio di conoscere un nuovo Paese

_____ ricongiungimento con i familiari

E. Quali pensi che siano alcuni dei problemi che gli immigrati incontrano nel nuovo Paese?

_____

_____

_____

_____

_____

F. Nella seguente tavola sono paragonate le aspettative degli immigrati in Italia e la situazione effettivamente trovata. Esamina attentamente le cifre riportate e poi rispondi alle domande che seguono.

Confronto tra aspettative e realtà nelle valutazioni degli immigrati (val. %)

Aspettative	Mi aspettavo	Ho trovato	Differenza
• libertà, democrazia	89,5	84,7	−4,8
• buoni rapporti con gli italiani	88,6	76,3	−12,3
• possibilità di studiare	55,5	41,3	−14,2
• lavoro	81,9	67,2	−14,7
• alloggio	89,5	72,3	−17,2
• assistenza da parte dei servizi sociali	74,5	50,5	−24,0
• benessere economico	77,7	36,5	−41,2

Fonte: indagine Censis, 1990.

1. In quali campi sono state meno deluse le aspettative degli immigrati e in quali sono state deluse di più?

_____

_____

_____

2. In quali settori invece non sono state soddisfatte le loro aspettative?

_____

_____

_____

3. Che cosa rivela il sondaggio sull'atteggiamento degli italiani verso gli immigrati? e sulle condizioni di vita degli immigrati in Italia?

_____

_____

_____

Strategie

Making inferences and understanding implications

When you listen to someone talking in a real-life situation, the content of the conversation is not the only thing that you take into consideration. You also perceive and take into account many other sociocultural factors such as who the person speaking is and the person's mood and attitude, not only about what he or she is saying, but also toward the person with whom he or she is speaking. The setting of the conversation can also provide you with many clues. Focusing on setting, visual clues such as gestures and facial expressions, and the tone and register the speaker uses, can help you make inferences about the mood of the speakers, their attitude, and the like, and help you understand what they are saying and the implications of their statements.

The **Ascoltiamo** activities that follow will help you practice these listening skills. As always, before you start listening to the recordings, be sure to familiarize yourself with the tasks required.

Ascoltiamo

Nelle seguenti registrazioni sentirai le opinioni di diverse persone intervistate a proposito del problema dell'immigrazione in Italia. Ascolta (più volte) le registrazioni e poi fa' gli esercizi che seguono.

A. Dopo aver ascoltato le registrazioni una prima volta, indica con una **X** in quali dei due ambienti ritratti nei disegni ha luogo ogni registrazione.

Disegno A

Disegno B

	Disegno A	*Disegno B*
Registrazione 1	_____	_____
Registrazione 2	_____	_____
Registrazione 3	_____	_____
Registrazione 4	_____	_____
Registrazione 5	_____	_____
Registrazione 6	_____	_____

B. Ascolta un'altra volta la Registrazione 1 e poi indica con una **X** quali delle seguenti affermazioni riassumono meglio il pensiero della persona che parla.

_____ **1.** Tutti pensano che le leggi ci aiutano e ci proteggono anche troppo, ma in realtà i pregiudizi del popolo rendono la nostra vita giornaliera molto difficile.

_____ **2.** Siamo fortunati di vivere in Italia perché le leggi ci garantiscono un alloggio gratuito e la parificazione completa con i lavoratori italiani.

_____ **3.** Nonostante non sia facile vivere in Italia da immigrati, i nostri rapporti con gli italiani sono ottimi.

_____ **4.** In Italia c'è ancora molta discriminazione contro gli immigrati.

C. Ascolta un'altra volta la Registrazione 2 e poi indica con una **X** quali delle seguenti affermazioni meglio esprimono il pensiero della persona che parla.

_____ 1. Le leggi non proteggono abbastanza gli extracomunitari nel nostro Paese.

_____ 2. Gli extracomunitari portano via il lavoro agli italiani.

_____ 3. In Italia non si può fare a meno degli extracomunitari.

_____ 4. Gli extracomunitari sono diversi dagli italiani e sarà sempre impossibile arrivare con loro ad una convivenza ugualitaria.

_____ 5. Gli emigrati italiani che andavano all'estero incontravano molte difficoltà, quindi è giusto che anche gli immigrati in Italia trovino dei problemi.

_____ 6. Le leggi italiane concedono troppi diritti agli extracomunitari.

_____ 7. Le persone che immigrano in Italia devono avere gli stessi diritti di chi vi è nato.

_____ 8. I nostri emigranti all'estero hanno sofferto molte discriminazioni e ingiustizie. Adesso dobbiamo cercare di non ripetere gli stessi errori con gli immigrati in Italia.

D. Ascolta un'altra volta la Registrazione 3 e poi indica con una **X** quali delle seguenti affermazioni esprimono meglio il pensiero della persona che parla.

_____ 1. Non vorrei passare per razzista, ma penso proprio che stiamo esagerando quando diamo agli extracomunitari gli stessi diritti dei cittadini italiani.

_____ 2. Gli extracomunitari dovrebbero avere tutti gli stessi diritti sociali e civili dei cittadini italiani.

_____ 3. Concedendo tanti diritti agli extracomunitari, è inevitabile che alcuni italiani ne paghino il prezzo.

_____ 4. Gli extracomunitari non portano via il lavoro agli italiani perché generalmente fanno i lavori che nessun italiano vuole fare.

_____ 5. Non è giusto trattare gli extracomunitari come se fossero cittadini italiani.

E. Ascolta un'altra volta la Registrazione 4 e poi indica con una **X** quali delle seguenti affermazioni riassumono meglio quello che hai sentito.

_____ **1.** Non è vero che tutti gli immigrati siano dei poveracci provenienti dalle situazioni più disperate.

_____ **2.** La vita dell'immigrato in Italia è dura.

_____ **3.** Gli immigrati che vengono in Italia sono tutti poveri, disposti a fare qualunque lavoro manuale.

F. Ascolta un'altra volta la Registrazione 5 e poi indica con una **X** quali delle seguenti affermazioni riassumono meglio il pensiero della persona che parla.

_____ **1.** Nell'affrontare i problemi dell'immigrazione non dobbiamo dimenticare alcuni principi fondamentali di umanità.

_____ **2.** La nostra società diventa sempre più multiculturale e multirazziale e bisogna accettare questa realtà.

_____ **3.** I problemi dell'immigrazione si risolveranno limitando i diritti degli extracomunitari.

_____ **4.** Solo un atteggiamento democratico nei confronti di tutte le razze e nazionalità può risolvere i problemi dell'immigrazione.

G. Ascolta un'altra volta la Registrazione 6 e poi indica quali delle seguenti affermazioni sono vere e quali false scrivendo **V** o **F** nell'apposito spazio.

_____ **1.** Bisogna dare aiuti concreti ai Paesi del terzo mondo.

_____ **2.** L'immigrazione va controllata rigidamente.

_____ **3.** L'Italia è un Paese molto ricco e può assorbire tanta immigrazione.

_____ **4.** Immigrare in un Paese diverso causa gravi crisi di adattamento.

_____ **5.** È importante conoscere culture diverse attraverso il contatto con gli extracomunitari.

_____ **6.** Gli altri Paesi europei controllano meglio l'immigrazione.

H. Riassumi brevemente quali sono i diversi atteggiamenti verso l'immigrazione che hai sentito esprimere dalle varie persone nelle registrazioni ascoltate.

_____

_____

_____

_____

_____

_____

_____

_____

_____

Capitolo 14 · *I mass media, la stampa e la pubblicità*

Strutture

Che, come e quanto in frasi esclamative

You and your friends are spending the evening at the opera. Your friends comment favorably about the evening. Write your reactions to their comments, using **che**, **come**, or **quanto**. You will hear each statement twice.

> ESEMPIO: Siamo proprio contenti.
>
> **Come siamo contenti!**

1. _____
2. _____
3. _____
4. _____
5. _____

Fare + infinito

A. Answer the following questions in the affirmative, using the cues you hear and the construction with **fare** + *infinitive*. Follow the model and repeat each answer after the speaker.

> ESEMPIO: Ripari la macchina?
>
> **Sì, faccio riparare la macchina.**

B. Answer the following questions in the negative, using the cues you hear and the construction **fare** + *infinitive*. Replace all direct objects with the appropriate pronouns. Follow the model and repeat each answer after the speaker.

> ESEMPIO: Hai aggiustato lo stereo? (elettricista)
>
> **No, l'ho fatto aggiustare all'elettricista.**

C. Answer the following questions in the affirmative, using the construction **fare** + *infinitive* and the appropriate direct and indirect objects pronouns. Follow the model and repeat each answer after the speaker.

> ESEMPIO: I tuoi genitori ti fanno fare i compiti dopo cena?
>
> **Sì, me li fanno fare dopo cena.**

D. Restate the following sentences, using the construction **fare** + *infinitive*. Follow the model and repeat each answer after the speaker.

> ESEMPIO: Mi sono tagliata i capelli.
>
> **Mi sono fatta tagliare i capelli.**

E. Imagine that you are a young actress and have just completed your first big acting job. Your friends ask you about your work, and you answer by telling them who did what for you. Answer the following questions in the negative, using the cues you hear. Replace the nouns with the appropriate direct and indirect object pronouns. Follow the model and repeat each answer after the speaker.

> ESEMPIO: Ti sei disegnata l'abito da sola? (Valentino)
>
> **No, me lo sono fatto disegnare da Valentino.**

Lasciare + infinito

A. Restate the following sentences, using **lasciare** + *infinitive* and replacing the nouns with the appropriate pronouns. Follow the model and repeat each answer after the speaker.

> ESEMPIO: Permetto che tu dorma.
>
> **Ti lascio dormire.**

B. Restate the following sentences, using the imperative of **lasciare** + *infinitive*. Replace the nouns with the appropriate pronouns. Follow the model and repeat each answer after the speaker.

> ESEMPIO: Lascia cantare la canzone a Maria.
>
> **Lasciagliela cantare!**

C. Answer the following questions, using **lasciare** + *infinitive* and the cues you hear. Replace the nouns with the appropriate pronouns. Follow the model and repeat each answer after the speaker.

> ESEMPIO: Posso guardare la televisione? (Sì)
>
> **Sì, te la lascio guardare.**

D. Imagine that you are a television director and that your producer does not let you make many decisions. Restate the following sentences, using the construction **lasciare** + *infinitive*. Follow the model and repeat each answer after the speaker.

 ESEMPIO: Non mi ha permesso di scegliere gli attori.

 Non mi ha lasciato scegliere gli attori.

E. Listen to each of the following sentences. Then rewrite each one, using the subjunctive with **lasciare.** Follow the model. You will hear each sentence twice.

 ESEMPIO: Il produttore non mi ha permesso di scegliere gli attori.

 Il produttore non ha lasciato che io scegliessi gli attori.

1. _____

2. _____

3. _____

4. _____

5. _____

I suffissi

A. Listen to the following descriptive phrases. Then write new words using the same nouns and the corresponding modifying suffix in place of the adjective. You will hear each phrase twice.

1. _____

2. _____

3. _____

4. _____

5. _____

6. _____

B. Your friend recently toured a TV station and is describing to you what she saw. Listen to each of her statements. Then circle the correct meaning of the nouns modified by suffixes. You will hear each statement twice.

1. a. notizie tristi   b. notizie di poca importanza

2. a. poltrona larga   b. piccola poltrona

3. a. borse grandi   b. portafoglio

4. a. paese piccolo e grazioso   b. paese brutto

5. a. giovane poeta   b. cattivo poeta

6. a. canzoni d'opera   b. canzoni semplici

7. a. vino dolce   b. vino leggero

8. a. molto basso   b. poco famoso

9. a. rose profumate   b. rose piccole

10. a. finestra piccola   b. finestra con balcone

Comprensione auditiva

Prepariamoci ad ascoltare

A. Osserva i programmi radiofonici riportati e poi rispondi alle domande che seguono.

La Radio

1 6 GR 1 Buongiorno; **6.14 GR 1** Mattino; **6.40** Bolmare; **6.45** Ieri al Parlamento; **7** GR 1; **7.20** GR regione; **7.30** GR 1 lavoro; **7.42** Come la pensano loro; **8** GR 1 - I fatti e le opinioni - Meteo; **8.30** GR 1 speciale; **8.40** Chi sogna chi chi sogna che; **9** Radiouno per tutti: tutti a Radiouno; **10 GR 1** flash - Meteo; **10.30** Effetti collaterali; **11** GR 1 Spazio aperto; **11.15** Radio Zorro; **11.30** Tu lui i figli gli altri; **12 GR 1** flash - Meteo; **12.11** Signori illustrissimi; **13** GR 1 - Meteo; **13.20** L'arte della parola; **13.47** La diligenza; **14 GR 1** flash - Meteo; **14.11** Oggiavvenne; **14.35** Stasera dove; **15** GR 1 business; **15.03** Sportello aperto a Radiouno; **15.30** Sportello aperto Radiouno; **16** Il Paginone; **17** GR 1 flash - Meteo; **17.04** L'inferno degli angeli; **17.27** Da St-Germain-des-Prés a San Francisco; **17.58** Mondo Camion; **18.08** Radicchio; **18.30** Me n'ero proprio dimenticato; **19 GR 1** sera - Meteo; **19.20** Agenda Week-end; **19.25** Ascolta si fa sera; **19.30** Radiouno e Radio France presentano Paolo Conte; **20** GR 1 Stereorai; **20.02** Note d'Italia; **20.20** Che vuoi dire?; **20.25** TGS presenta: Calcio. Boavista-Lazio (Coppa Uefa); **21.18 GR 1** flash - Meteo; **22.30** Intervallo musicale; **22.44** Bolmare; **22.49** Oggi al Parlamento; **23** GR 1 ultima edizione - Meteo; **23.09** La telefonata; **23.28** Chiusura. Le trasmissioni proseguono con **Notturno Italiano**.

2 6 Il buongiorno di Radiodue; **6.03** Titoli GR 2; **6.30 GR 2** Primomattino; **7.30 GR 2** Radiomattino - 1ª edizione - Meteo; **8** Italiani con valigia; **8.03** Radiodue presenta; **8.30 GR 2 Radiomattino** - 2ª edizione - Meteo; **8.46** L'eredità Menarini; **9.07** Radiocomando; **9.30 Speciale GR 2**; **9.45** Meteo; **9.46** Italiani con valigia; **9.49** Taglio di terza; **10.15** Tempo massimo; **10.31** 3131; **11.30 GR 2** Notizie; **12.10 GR 2** regione - Ondaverde; **12.30** GR 2 Radiogiorno - 1ª edizione - Meteo; **12.50** Il signor Bonalettura; **13.30** GR 2 Radiogiorno - 2ª edizione; **14.15** Intercity; **15** Il male oscuro; **15.30** GR 2 Economia - Bolmare; **15.45** Italiani con valigia; **15.48** Pomeriggio insieme; **16.30** GR 2 Notizie - Meteo; **17.30** GR 2 Notizie; **18.30 GR 2** Notizie; **18.32** Italiani con valigia; **18.35** Appassionata; **19.30 GR 2** Radiosera - Meteo; **19.55** DSE - Lizzie; **20.15** Dentro la sera; **22.19** Panorama parlamentare; **22.30** GR 2 Radionotte - Meteo; **22.41** Dentro la sera; **23.28** Chiusura. Le trasmissioni proseguono con **Notturno Italiano**.

3 6 Preludio; **6.45 GR 3** Primo mattino; **7.10** Calendario musicale; **7.30** Prima pagina; **8.45 GR 3**; **9** Concerto del mattino; **10** Arianna ritorno al futuro; **10.45** Interno giorno; **11.45 GR 3** - Flash. Tiro incrociato del GR 3; **12.15** Interno giorno (II parte); **13.45** GR 3 - Meteo; **14.05** Concerti Doc; **15.45** GR 3; **16** Alfabeti sonori; **16.30** Palomar; **17.15** Classica in compact; **18** Terza pagina; **18.45 GR 3** - Meteo; **19.10** DSE - Luigi Boccherini: Le ragioni del sentimento; **19.40** Radio suite; **20.45** GR 3 - Meteo; **21** Radio suite: Settimane musicali di Berlino 1992; **22.30** Alza il volume; **23.15 GR 3** - Ultime della notte; **23.15** Tam Tam Rock; **23.30** Il racconto della sera; **23.58** Chiusura. Le trasmissioni proseguono con **Notturno Italiano**.

1. Indica che cosa pensi che trasmettano le rubriche intitolate:

a. Ieri al Parlamento, sul canale 1 alle 6,45.

_____

b. Meteo, sul canale 3 alle 20,45.

_____

c. Radiosera, sul canale 2 alle 19,30.

_____

d. Classica in compact sul canale 3 alle 17,15.

_____

e. TGS presenta: Calcio. Boavista-Lazio (Coppa Uefa) sul canale 1 alle 20,25.

_____

2. Fra i programmi riportati, quali ascolteresti tu durante la giornata?

a. Appena sveglio

_____

b. Mentre guidi la macchina

_____

c. Il pomeriggio quando studi

_____

d. La sera dopo cena

_____

B. Quali programmi sportivi ti piace ascoltare alla radio? Quando e dove li ascolti?

_____

_____

_____

C. Indica con una S quali dei seguenti vocaboli si riferiscono generalmente allo sport e con una E quelli che si riferiscono prevalentemente all'economia.

_____ 1. partita   _____ 5. divario

_____ 2. incontro   _____ 6. quotazione

_____ 3. reddito   _____ 7. campo

_____ 4. benessere   _____ 8. stadio

D. Quali notizie economiche si possono ascoltare alla radio? Quando?

_____

_____

_____

_____

E. Indica con una **X** quali dei seguenti vocaboli si applicano alle condizioni meteorologiche indicate nel disegno nelle varie regioni italiane.

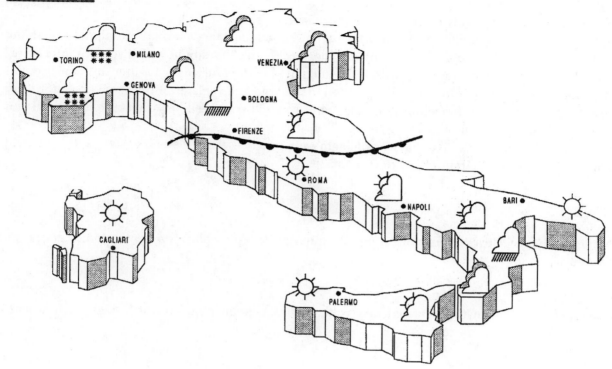

_____   **1.** soleggiato, sereno

_____   **2.** addensamenti, coperto, nuvoloso

_____   **3.** precipitazioni, perturbazioni

_____   **4.** variabile

Strategie

Listening to the radio

When you listen to a radio program, you have no visual aids to assist you in deriving meaning from what you hear: you have to rely exclusively on your listening skills.

The techniques and strategies presented throughout this laboratory manual are aimed at helping you to get the gist of what you hear and to obtain the specific information in which you are interested.

Remember always to listen actively with a specific purpose in mind, to try to filter out nonessential information and minor details, and to pay attention to the tone and register of the speaker. Before you start listening, try to predict the general topic of what you will hear; keeping the context in mind can help you make inferences and anticipate content.

The **Ascoltiamo** activities that follow will help you practice these listening strategies and will improve your ability to understand radio programs.

Ascoltiamo

Ascolterai quattro registrazioni di notizie dalla radio. Ascolta (più volte) le registrazioni e poi fa' gli esercizi che seguono.

A. Dopo aver ascoltato le registrazioni una volta, indica con un numero quale registrazione corrisponde alle seguenti categorie.

1. Sport   _____

2. Economia   _____

3. Previsioni del tempo   _____

4. Oroscopo   _____

B. Ascolta un'altra volta la Registrazione 1 e poi rispondi alle domande che seguono.

1. In quale stagione siamo?

   _____

2. Descrivi brevemente il tempo al nord, al centro e al sud d'Italia.

   _____

   _____

   _____

3. Indica con una **X** quali delle seguenti affermazioni corrispondono meglio al tempo previsto per i prossimi due giorni.

_____ a. La temperatura sarà in forte aumento in tutte le regioni.

_____ b. Ci sarà il sole sulle Alpi.

_____ c. Ci sarà nebbia sulla pianura al nord.

_____ d. Al centro il cielo sarà sereno.

_____ e. Entro due giorni la temperatura scenderà di nuovo.

C. Ascolta un'altra volta la Registrazione 2 e rispondi alle seguenti domande.

1. Indica a quali dei tre segni (Ariete, Vergine, Acquario) corrispondono le affermazioni seguenti.

a. Avrà grande fortuna nel campo del lavoro.   _____

b. Deve cercare di avere una vita attiva.   _____

c. Deve avere il coraggio di correre rischi.   _____

d. Passerà una bella serata.   _____

e. Deve fare attenzione alla propria salute.   _____

f. Una persona l'aiuterà nella professione.   _____

2. Indica con una **V** se le seguenti affermazioni sono corrette e con una **F** se sono sbagliate.

_____ a. Per l'Ariete e l'Acquario sarà una giornata di grande passione.

_____ b. Nell'oroscopo della Vergine si parla solo di amore.

_____ c. I nati dell'Ariete e della Vergine avranno fortuna in campo professionale.

_____ d. I nati della Vergine avranno l'occasione di iniziare un nuovo progetto.

_____ e. I nati nell'Acquario riceveranno una telefonata che li renderà felici.

_____ f. I nati nell'Acquario passeranno una bella serata.

D. Ascolta un'altra volta la Registrazione 3 e poi rispondi alle domande che seguono.

1. Indica con una **X** quale dei seguenti titoli potrebbe meglio riassumere il contenuto della notizia sportiva.

_____ a. Il pallone d'oro iuventino a vita.

_____ b. La giovane squadra incontra il Bologna.

_____ c. Una partita di beneficenza.

_____ d. Partita valevole per le olimpiadi.

2. Segna con un cerchio quale espressione meglio completa le frasi date.

a. L'incontro fra la Juventus e il Bologna avrà luogo...

domani.

stasera.

la settimana prossima.

b. L'incontro avrà luogo a...

Bologna alle ore 20,30.

Torino alle 15,30.

al Rossoblu alle 20,30.

c. L'incontro è stato organizzato per...

stabilire chi parteciperà ai mondiali.

raccogliere fondi per la prevenzione di malattie gravi.

dimostrare solidarietà nella lotta contro la droga.

E. Ascolta un'altra volta la Registrazione 4 e poi rispondi alle domande che seguono.

1. Indica con una X quale dei seguenti titoli meglio potrebbe riassumere l'argomento principale della registrazione.

_____ a. Il divario tra Nord e Sud va diminuendo.

_____ b. Qualità della vita: il Sud in coda.

_____ c. Emerge il ritratto di un'Italia a più velocità.

_____ d. Nord e Sud procedono alla stessa velocità.

2. Indica con una V quali delle seguenti affermazioni sono corrette e con una F quali sono sbagliate, secondo la Registrazione 4.

_____ a. Il Paradiso italiano si trova ancora una volta al Nord.

_____ b. Le regioni meridionali si vanno avvicinando sempre di più a quelle settentrionali.

_____ c. Le grandi metropoli sono ai primi posti per il tenore di vita, ma anche per la criminalità.

_____ d. Al Sud diminuisce la possibilità di morire di cancro.

_____ e. Al Sud ci sono più divorzi.

Chiavi

Quaderno degli esercizi

Capitolo 1

L'articolo determinativo

A. 1. Lo 2. il 3. l', l', la 4. il 5. il 6. La, l'
7. le 8. le 9. l'

B. 1. I 2. Il, la 3. Il, il, i 4. i 5. Il, la 6. gli
7. I, gli

C. 1. I 2. La 3. La, X 4. gli, i 5. X 6. L'
7. la, gli 8. X (*or* La) 9. La 10. la, X

I nomi

A. *Answers will vary.*

B. 1. la / Queste sono le borse di Luisa.
2. l' / Ecco gli orologi di Mario.
3. il / Ecco i rossetti di Luisa.
4. lo / Questi sono gli zaini di Gianni.
5. la / Ecco le chiavi della macchina di Carlo.
6. l' / Queste sono le agende di Marta.
7. l' / Questi sono gli orecchini di Rosalba.
8. il / Ed ecco i golf di Pietro.
9. il / Questi sono i maglioni di Luca.
10. la / Queste sono le giacche a vento di Alba.

C. 1. la / No, è il padre di Roberto.
2. la / No, è il professore di Paolo.
3. il / No, è la giornalista americana.
4. lo / No, è la scrittrice di questo best seller.
5. l' / No, è l'autrice di quel bel romanzo.
6. il / No, è la poetessa che ha scritto quelle famose rime.
7. la / No, è il direttore del reparto.
8. la / No, è il marito della nostra vicina.
9. la / No, è il collega tedesco di Franca.
10. il / No, è la famosa protagonista di quel nuovo telefilm.
11. il / No, è la cugina di Pietro.
12. lo / No, è la psicologa di Serena.
13. la / No, è il bravissimo musicista della Scala.

Gli aggettivi

A. *Answers will vary.*

B. 1. Lo / Gli psicologi sono sposati. Portano sempre giacche larghe e nere.
2. La / Le dottoresse non sono sposate; sono nubili. Sono socievoli, simpatiche ed energiche. Hanno bici rosse.
3. Il / I giornalisti vivono da soli. Sono uomini introversi e poco loquaci. Portano sempre vestiti blu e camicie beige.
4. L' / Gli avvocati sono ambiziosi e sempre molto stanchi. Guidano auto vecchie. Anche le mogli lavorano.
5. La / Le dentiste sono giovani e brave. Hanno figli simpatici, gentili e altruisti.
6. Il / I farmacisti sono ostinati. Portano sempre camici bianchi.
7. Il / I medici sono tedeschi. Sono pazienti. Hanno magnifici cuochi francesi.

C. 1. bell' 2. bella 3. bel 4. bei 5. bell'
6. bel 7. bella 8. bei 9. buoni 10. bel
11. buon 12. buon' 13. bella 14. buona
15. belli 16. bell' 17. begli 18. San
19. Sant' 20. Santo

D. 1. grande 2. gran 3. grandi 4. grande
5. grande, gran, grandi 6. grand' 7. grande
8. grande 9. grandi 10. grand' 11. grandi

Gli aggettivi e i pronomi possessivi

A. 1. la tua *or* la mia / La mia *or* La tua 2. i tuoi / I miei 3. vostra / Nostra 4. tuo / Mio 5. miei
6. le tue / Le mie 7. I loro 8. i tuoi / I miei
9. vostri / nostri

B. 1. tue / le mie 2. la tua / la mia 3. i tuoi / i miei 4. la tua / la mia 5. il tuo / il mio 6. il tuo, la tua / i miei

I verbi essere e avere

1. hai 2. sono 3. ho 4. ho 5. sono
6. hai 7. è 8. hanno 9. avete 10. sono
11. abbiamo 12. ho

Capitolo 2

I pronomi personali soggetto

A. 1. Io 2. Lui 3. Io 4. noi 5. lei 6. lui
7. loro 8. Io 9. tu 10. io 11. Io 12. Noi
13. voi

B. *Answers will vary.*

Il presente indicativo

A. 1. lavora 2. prende 3. aspettano 4. Prendono 5. scambiano 6. arriva 7. saluta
8. risponde 9. scrive 10. pranza
11. preferisce 12. rientra

B. 1. esce 2. Sale 3. va 4. arriva 5. prende
6. scende 7. chiedono 8. vanno 9. hai
10. dice 11. finisco 12. vado 13. solleva
14. fa 15. è 16. conosce 17. dà 18. sorride 19. ringrazia

C. 1. ama 2. rimane 3. telefona 4. domanda
5. fai 6. dice 7. andiamo 8. Dobbiamo
9. viene 10. usciamo 11. facciamo 12. vedi
13. conduciamo 14. fate 15. aggiunge
16. vuole 17. traduco 18. suppongo

D. 1. abita 2. vive 3. vengono 4. sente
5. soffro 6. sono 7. riuscite 8. arrivano
9. esco 10. giochiamo 11. costringono
12. obbedisco 13. so 14. crescono
15. fa 16. rimango 17. devo 18. raggiungo
19. scegliamo 20. beviamo 21. andiamo
22. conoscono

E. *Answers will vary.*

Il presente indicativo dei verbi riflessivi

A. 1. mi sveglio 2. Mi alzo 3. mi faccio 4. mi
asciugo 5. mi rado 6. mi spruzzo 7. mi spaz-
zolo 8. mi metto 9. vado 10. mi preparo
11. mi lavo 12. mi guardo 13. mi pettino
14. esco

B. 1. si alzano 2. si sveglia 3. si bisticciano
4. dice 5. ti sbrighi 6. dobbiamo 7. passa
8. Si pettina 9. si lava 10. si toglie 11. si
veste 12. si arrabbiano 13. hanno 14. si
mette 15. si trucca 16. si specchia 17. si
infila 18. fanno 19. si fermano

C. 1. escono 2. mi siedo 3. mi riposo 4. Mi
distraggo 5. mi annoio 6. mi metto
7. sciacquo 8. rifaccio 9. ci telefoniamo
10. ci raccontiamo 11. tornano 12. ci rilas-
siamo 13. mi sdraio 14. si corica 15. si
addormenta 16. gioca 17. si allena
18. fanno 19. si mantengono

D. *Answers will vary.*

E. *Answers will vary.*

F. *Answers will vary.*

Le preposizioni

A. 1. dall', alle 2. in, al 3. a, in 4. in, con i
5. alla, sul

B. 1. in, alle 2. sulla, alla 3. dalla, sui 4. agli
5. all' 6. in, a

L'articolo indeterminativo

1. una 2. un 3. uno 4. un 5. X 6. una
7. una 8. un 9. un 10. un'

I giorni della settimana

1. Il lunedì 2. Il martedì e il mercoledì
3. giovedì, venerdì 4. domenica, sabato 5. il
sabato, la domenica

Che cosa sappiamo degli italiani? 1

Answers will vary. Possible answers include:
1. Il nucleo familiare è diventato molto più
ristretto: dalla famiglia patriarcale si è passati
alla famiglia mononucleare.

2. Il capofamiglia era il solo e incontestato
padrone e signore di numerosi familiari a lui
sottoposti e dipendenti dalle sue decisioni. La
funzione della donna era soprattutto quella di
madre, figlia, sorella e moglie, sempre in
relazione all'uomo.

3. Oggi i rapporti di coppia sono basati in genere
sulla parità fra l'uomo e la donna.

4. Fra le cause che hanno modificato la struttura
della famiglia ci sono l'urbanizzazione e l'in-
dustrializzazione, ed anche alcune leggi che
hanno stabilito la parità fra l'uomo e la donna.
In base a queste leggi oggi il marito e la moglie
hanno gli stessi diritti e doveri all'interno della
famiglia.

5. *Answers will vary.*

Capitolo 3

Il passato prossimo

A. 1. siete andati 2. siamo restati 3. sei uscita
4. ho incontrato 5. abbiamo mangiato
6. sei tornato 7. Sono rientrato 8. Ho ballato 9. hai visto 10. siamo andati 11. Abbiamo visto 12. abbiamo cenato 13. siamo
ritornati 14. sei andata 15. è venuta 16. è
partito 17. abbiamo ascoltato 18. abbiamo
parlato

B. *Answers will vary.*

C. 1. si è svegliata *or* si è alzata 2. Si è tolta
3. Si è fatta 4. si è messa 5. Si è pettinata
6. si è svegliato *or* si è alzato 7. si è lavato
8. si è vestito

D. *Answers will vary.*

E. 1. è rimasto 2. Si è steso 3. ha letto 4. si è
ritrovata 5. ha conosciuto 6. si sono mossi
7. si sono seduti 8. hanno acceso 9. Hanno
guardato 10. hanno riso 11. si sono divertiti
12. ho offerto 13. mi sono messa 14. Ho
scritto 15. ho spento 16. sono andata
17. mi sono addormentata

F. 1. ho passato 2. sono passata 3. ho cambiato
4. ha finito 5. sono salita 6. sono corsa
7. sono arrivata 8. ho dovuto 9. Sono scesa
10. ho camminato 11. sono giunta 12. è
cambiato 13. ha cominciato 14. ho potuto
15. Sono saltata 16. sono ripartita

Il negativo

A. 1. Non penso mai ai soldi.
2. Non sono affatto materialista.
3. Non compro niente solo per la marca.
4. Non vado mai né al cinema né in discoteca.
5. Nessuno mi invita mai a cena.

6. Non frequento più la vecchia comitiva del liceo.

7. Non ho ancora ventun'anni e non penso mai solo a divertirmi.

B. 1. Non vado mai a teatro.

2. Non mi piace né l'opera né il balletto.

3. Non sono affatto ambizioso(-a).

4. Non frequento più il liceo.

5. Non ho ancora cominciato a cercare lavoro.

6. Nessuno mi sta aiutando a trovare un lavoro.

7. Non mi aspetto niente dalla vita.

I pronomi diretti

A. *Answers will vary.*

B. 1. ti   2. Eccomi   3. le   4. comprate   5. prepararli   6. la   7. invitata   8. lo   9. l'   10. invitato   11. lo   12. Eccole   13. le   14. prese   15. le   16. lasciate   17. comprarli   18. li   19. messi   20. Eccoli   21. lo

I pronomi indiretti

A. *Answers will vary.*

B. 1. le telefona   2. la guarda   3. l'aiuta   4. gli parla   5. li fa   6. li chiama   7. l'ascolta   8. le somiglia

C. 1. vederLa   2. Mi   3. Le   4. li   5. regalati   6. accompagnarmi   7. vederli   8. Eccoli   9. lo   10. accompagnarLa   11. prenderLa   12. La   13. Mi

L'ora

A. 1. Che ore sono? *or* Che ora è?   2. Sono le due.   3. A che ora   4. Alle quattro   5. alle nove e un quarto di sera   6. alle dieci meno un quarto   7. a mezzanotte   8. alle sei e mezzo(-a)   9. a mezzogiorno   10. all'una

B. 1. Dalle undici e mezzo(-a) alle tre e mezzo(-a).   2. Dalle sette e mezzo(-a) di sera all'una e mezzo(-a) di notte.   3. Prima delle sette e mezzo(-a) e dopo mezzanotte e mezzo(-a).   4. Fino all'una e mezzo(-a) di notte.

Capitolo 4

L'imperfetto indicativo

A. 1. suonava   2. cercavamo   3. passeggiava   4. prendeva   5. leggeva   6. dormivano   7. traduceva   8. facevano

B. 1. avevo   2. vivevamo   3. era   4. vivevano   5. erano   6. c'erano   7. giocavamo   8. faceva   9. andavamo   10. era   11. ci riunivamo   12. raccontava   13. avevamo   14. ci divertivamo

C. *Answers will vary.*

D. 1. sei nato   2. Sono nato   3. sono vissuto *or* ho vissuto   4. era   5. affittavamo   6. si conoscevano   7. hanno venduto   8. Avevi   9. si chiamava   10. Abitava   11. facevate   12. trascorrevamo   13. andavate   14. ci siamo conosciuti   15. abbiamo fatto   16. era   17. conosceva   18. ho detto   19. si è seduto   20. è morto

E. 1. ha studiato   2. Ho studiato   3. Mi sono iscritto   4. avevo   5. frequentavo   6. dividevo   7. andavamo   8. bevevamo   9. era   10. ho dato   11. ha bocciato   12. era   13. ho cominciato   14. sono riuscito   15. Mi sono laureato   16. ha deciso   17. ero

F. 1. L'alunno si chiamava Antonio Bartolo.   2. Faceva la seconda elementare.   3. È stato promosso alla terza elementare.   4. *Answers will vary.*   5. *Answers will vary.*

Il verbo piacere ed altri verbi simili

A. 1. A Carlo non piaceva la scuola.

2. Gli mancava sua madre.

3. Non gli bastavano i compagni per renderlo felice.

4. Gli occorreva la famiglia.

5. A Luisa bastava poco per essere felice.

6. Le piacevano le sue maestre.

7. Non le mancavano né gli amici né la famiglia.

8. Le occorreva solo una bella cartella per essere contenta.

9. Non ci dispiacevano affatto gli insegnanti.

10. Non ci piaceva essere interrogati.

B. 1. ti piacevano   2. non mi dispiacevano   3. Ti piacciono   4. non mi dispiace   5. non mi piacciono   6. ti restano   7. Ci restano   8. Ti serve *or* Ti occorre   9. non ti sono bastate   10. piace   11. le piace   12. Le piacciono   13. non le piace   14. Le manca   15. Le restano

Ci

A. 1. ci è tornato   2. non ci è stata   3. non ci è riuscito   4. ci   5. ci   6. ci   7. Ci   8. ci   9. ci   10. c'   11. Ci

B. 1. ci hai messo   2. Ci ho messo   3. ci vogliono   4. ci vuole   5. ci mettono   6. ci ho messo   7. Ci sono voluti   8. ci vogliono   9. ci ho messo

C. 1. ci sentiva   2. ci vedeva   3. ce l'aveva   4. c'entrava   5. ci cascavo *or* ci cadevo   6. ce le ho

Ne

A. 1. ne ho avuto paura   2. ne ho conosciute alcune   3. ne ho mangiata metà   4. ne ho bevuto un po'   5. ne ho voglia

B. *Answers will vary.*

Che cosa sappiamo degli italiani? 2

A. 1. V
2. F: L'università finora è stata quasi gratis e quasi totalmente di stato.
3. V
4. V
5. V
6. F: Si tratta di un sistema di insegnamento basato sull'assimilazione di nozioni.

B. 1. Tutti sono obbligati ad andare a scuola.
2. La scuola è ancora molto tradizionale.
3. Iscriversi a scuola non costa nulla.
4. Il metodo di apprendimento è basato molto sull'assimilazione non critica delle nozioni.
5. Soprattutto ai licei, la funzione della scuola è di selezionare gli studenti più capaci, mentre gli altri vengono bocciati.

C. *Answers will vary. Possible answers include:*
1. Il 1968, il 1977, il 1985 e il 1993. Alcuni motivi dell'insoddisfazione dei giovani sono stati e sono la selettività e il nozionismo della scuola italiana, e la mancanza di coordinamento tra la scuola e il mondo del lavoro.
2. Le varie nazioni della Cee devono cercare di uniformare i loro diversi sistemi scolastici. Il progetto Erasmus provvede agli scambi tra studenti e docenti.

Capitolo 5

Il futuro

A. *Answers will vary.*
B. 1. si diplomerà   2. si iscriverà   3. si laureeranno   4. incomincerà   5. finirà   6. cercherò   7. ci sposeremo
C. 1. sarò   2. farò   3. vorrò   4. dovrò   5. vivrò   6. uscirò   7. dimenticherò   8. Rimarrò   9. Scriverò   10. leggerò   11. parlerò   12. mangerò   13. avrò   14. potrò   15. tornerò   16. vedrò   17. sarà   18. avrà   19. pulirà   20. servirà
D. *Answers will vary.*
E. *Answers will vary.*
F. 1. ti sarai diplomata   2. farai   3. Cercherò   4. dovrò   5. indicherai   6. scriverò   7. avrai finito   8. manderai   9. saranno   10. cercheranno   11. avrò trovato   12. spedirò   13. Ti rivolgerai   14. Sosterrai   15. avrà esaminato   16. telefonerà   17. discuterete   18. vorrà   19. avrò sostenuto   20. deciderà
G. 1. darà   2. Guadagnerà   3. avrà trovato   4. sarà stato   5. avrà aiutata   6. sarà   7. avrà conosciuto   8. farà   9. sarà

H. *Answers will vary.*

Il modo condizionale

A. 1. ci frequenteremmo   2. ci vorremmo   3. interromperemmo   4. ci sposeremmo   5. farebbe   6. otterrebbe   7. mi sistemerei   8. assumerebbe   9. risparmieremmo   10. compreremmo
B. 1. piacerebbe   2. Vorrei   3. sarebbe   4. Vorrei   5. passeremmo   6. lavorerebbe   7. Farebbe   8. scriverebbe   9. leggerei   10. vivreste   11. avremmo   12. sareste   13. moriremmo   14. avrei
C. *Answers will vary.*
D. 1. Mi sarei chiuso   2. sarei uscito   3. Avrei passato   4. Avrei guardato   5. avrei ascoltato   6. avrei risposto   7. avrei parlato   8. avrei toccato
E. 1. Non avrei fatto molti concorsi per avere il posto.
2. Non lavorerei in un grande ufficio con molti altri dipendenti.
3. Il mio caporeparto non sarebbe arrogante.
4. Avrei fatto una grande carriera.
5. Potrebbero licenziarmi facilmente.
6. Non avrei mai avuto molte ore libere durante la settimana e avrei sempre dovuto lavorare il week-end.
F. *Answers will vary.*

I pronomi combinati

A. 1. Sì, me le hanno spiegate.
2. No, non gliene ho parlato.
3. Sì, ve lo farò vedere.
4. No, non ce le ho messe.
5. Sì, mi ci accompagnerà.
6. Sì, me ne comprerò una nuova (*or* me la comprerò).
7. No, non glieli ho consegnati.
8. Sì, ve lo farò.
B. 1. Sì, gliele ho mandate ieri.
2. No, non me l'hanno data ancora.
3. Sì, gliene ho parlato la settimana scorsa.
4. Sì, glieli ho portati.
5. Ce ne ho messi tre.
6. Sì, me ne sono ricordato.
7. Sì, glielo ho detto *or* Sì, l'ho detto loro.

Capitolo 6

Il passato remoto

A. 1. organizzarono   2. invitarono   3. scrisse   4. spedì   5. arrivarono   6. portarono

7. fece   8. offrii   9. cenammo   10. finimmo
11. andammo   12. accese   13. ballammo
14. tagliai   15. fecero   16. aprii   17. fu

B. *Answers will vary.*

C. 1. vi scambiaste   2. comprai   3. dissi   4. feci
5. desti   6. diedi/detti   7. comprai   8. nascosi
9. mettesti   10. nascose   11. presi   12. misi
13. scesero   14. videro   15. furono

D. 1. era   2. possedeva   3. aveva   4. coltivava
5. invitava   6. rifiutava   7. diceva   8. eravamo
9. era   10. decise   11. avevo   12. venne
13. guidava   14. indicava   15. ci divertimmo
16. raccolsi   17. ridemmo   18. perse
19. pianse   20. promise   21. tacque

E. *Answers will vary.*

I numeri

A. 1. dodici   2. trentuno   3. trecentosessanta-
cinque   4. ventiquattro   5. sessanta   6. cento
7. milleduecento   8. trentaseimilacinquecen-
toventicinque

B. 1. quattromilionicinquecentomila
2. unmilionecinquecentomila
3. settecentocinquantamila
4. duemilioniottantanovemila

C. 1. la seconda settimana di gennaio   2. il nostro
venticinquesimo   3. trentotto   4. diciannove
5. quindicimila   6. centocinquantamila   7. tre-
cento

D. *Answers will vary.*

I giorni, i mesi, le stagioni, l'anno, le date

1. il primo compleanno   2. secondo figlio   3. il
venticinque (di) aprile   4. il loro trentesimo
anniversario   5. il primo (di) giugno   6. diciot-
tesimo   7. il trentuno (di) luglio   8. autunno
9. il ventotto (di) ottobre

Il trapassato prossimo e il trapassato remoto

A. *Answers will vary.*

B. *Answers will vary.*

C. 1. mi svegliai   2. stavo   3. avevo bevuto
4. avevo preso   5. avevano fatto   6. mi
preparai   7. mi sentii   8. promisi

D. 1. avevo dormito   2. mi fui svegliata   3. ebbe
sentito   4. mi ero alzata   5. ebbi finito
6. ebbi fatto   7. erano arrivati   8. avemmo
aperti   9. avevano mandato   10. aveva messo
11. mi ebbe pettinato

Che cosa sappiamo degli italiani? 3

A. 1. F: La lingua italiana si va uniformando sempre
di più.

2. V
3. F: Il Palio di Siena è una corsa di cavalli.
4. V
5. F: L'artigianato italiano è sofisticato soprattutto per l'influenza dell'elevata arte del
Medioevo e del Rinascimento.
6. V
7. F: La Biennale di Venezia è una mostra d'arte
d'avanguardia.

B. *Answers will vary.*

C. *Answers will vary.*

Capitolo 7

Il modo congiuntivo

A. 1. andiate   2. prenotiate   3. siano   4. pren-
diate   5. paghiate   6. viaggiate   7. faccia

B. 1. sia tornata   2. sia partita   3. sia andata
4. abbia fatto   5. si sia recata   6. abbia visi-
tato   7. abbia comprato   8. abbia noleggiato
9. sia stata   10. si sia innamorata   11. abbia
conosciuto

C. 1. partano   2. siano cambiati   3. abbiano
scelto   4. comprino   5. preferiscano
6. restino   7. si fermino   8. abbia fatto
9. stiano   10. guadagniamo   11. possiamo

D. *Answers will vary.*

L'uso del modo congiuntivo in proposizioni dipendenti

A. 1. evitare   2. chiudano   3. scaglionare   4. ci
siano   5. provochi   6. partire   7. viaggiare
8. si riposino   9. fermarsi   10. bevano
11. tengano   12. cambiare

B. 1. va   2. restiamo   3. partano   4. vadano
5. preferiscono   6. passino   7. visitino
8. scelgono   9. abbiano   10. piaccia
11. piace   12. possiamo

C. *Answers will vary.*

D. 1. Mi auguro che i miei genitori mi lascino usare
la casa di Courmayeur.
2. Ho paura di dover rimanere in città a lavorare.
3. Mi dispiace che i miei fratelli non abbiano
ancora deciso dove andare.
4. Mi rincresce che mia madre abbia prenotato
un viaggio in Indonesia. Vorrei stare a casa.
5. Sono contento di passare l'estate a lavorare e
leggere.
6. Spero che i miei amici non vadano in montagna.
7. Penso che mio padre abbia affittato la solita
casa al mare.
8. Mi aspetto che voi abbiate già organizzato le
vacanze.

9. Sono sorpreso che Salvo e Bianca abbiano deciso di fare una crociera.

E. 1. Non ci sono molte persone, i prezzi sono ottimi, e non fa né troppo caldo né troppo freddo. 2. *Answers will vary.* 3. In Europa e in America. 4. *Answers will vary.* 5. I passeggeri dell'Alitalia possono anche avere sconti sul noleggio di una macchina Hertz, sugli alberghi ITT Sheraton e sui biglietti d'ingresso a Universal Studios a Hollywood e in Florida. 6. *Answers will vary.*

F. *Answers will vary.*

Altri usi del congiuntivo in proposizioni dipendenti

1. possa 2. sia 3. venga 4. possa 5. voglia 6. abbia mai visto 7. abbia mai fatto 8. piaccia

Il congiuntivo dopo le congiunzioni

1. Vengo, purché tu non parta prima di luglio.
2. Ti aspetto, benché io cominci le ferie a giugno.
3. Cercherò di organizzarmi presto, nonostante non abbia abbastanza tempo.
4. Io vado in vacanza soltanto per divertirmi e conoscere gente.
5. Prenoti l'albergo prima di partire per le vacanze?
6. Sì, bisogna prenotare prima che tutto sia esaurito.
7. Allora, telefoniamo, nel caso che le camere siano tutte occupate.
8. Non mi piace viaggiare senza sapere quando si parte.

I pronomi tonici

1. Sì, penso di partire con loro.
2. No, non penso di andare senza di lui.
3. Sì, mia sorella vorrebbe andare insieme a me.
4. Sì, mi piacerà vedere il mare tutto intorno a me.
5. Sì, voglio venire in campagna da voi.
6. No, non parte con lei.

Capitolo 8

I comparativi e superlativi

A. *Answers will vary.*
B. *Answers will vary.*
C. *Answers will vary. Possible answers include:*
   1. Il traffico a Palermo scorre tanto lentamente quanto (il traffico) a Firenze.
   2. A Milano ci sono meno isole pedonali che a Roma.
   3. Le strade di Siena sono tanto (così) strette quanto (come) le strade di Pisa.
   4. A Roma ci sono più fontane che a Milano.
   5. I palermitani passeggiano tanto quanto (passeggiano) i fiorentini.

6. Nelle città italiane è più difficile circolare in macchina che a piedi.
7. Alcuni comuni spendono più soldi di quante tasse riscuotono.
8. A Roma ci sono più chiese barocche che (chiese) moderne.
9. Per chi vive in una grande metropoli ci sono più vantaggi che svantaggi.

D. 1. È la chiesa più antica della regione.
   2. Sono gli artisti più famosi del Medioevo.
   3. Sono le strade più frequentate della città.
   4. Sono le vie più eleganti di Palermo.
   5. È la strada più rumorosa del quartiere.
   6. Sono i monumenti più importanti dell'epoca normanna.
   7. È il parco più grande della zona.

E. 1. affollatissima 2. carissimo 3. ricchissimo 4. bellissima 5. famosissimi 6. antichissime 7. altissimo 8. importantissima 9. lunghissime 10. vecchissimo

F. 1. migliori 2. ottime 3. pessime 4. maggiori 5. migliore 6. ottimo 7. minori 8. peggiore 9. pessimo 10. migliore 11. maggiori 12. maggiori 13. peggiore 14. ottima 15. pessima

G. *Answers will vary.*
H. *Answers will vary.*

Gli avverbi

A. 1. In campagna viviamo piacevolmente.
   2. I vicini con noi si comportano cortesemente.
   3. La notte dormiamo serenamente.
   4. Mangiamo meravigliosamente.
   5. Le strutture funzionano regolarmente.

B. 1. spesso 2. raramente 3. velocemente 4. comodamente 5. assiduamente 6. là vicino 7. solamente

Il congiuntivo imperfetto e trapassato

A. 1. Temevo che facesse freddo.
   2. Volevo che loro si mettessero una giacca.
   3. Desideravo che loro telefonassero appena arrivati.
   4. Avevo paura che loro perdessero il treno.
   5. Pensavo che mio marito li accompagnasse alla stazione.
   6. Mi rincresceva che loro dormissero in albergo.
   7. Speravo che loro si divertissero.
   8. Avevo paura che gli succedesse qualcosa.

B. 1. Mia madre non voleva che io partissi.
   2. Mio padre desiderava che io trovassi lavoro in paese.
   3. I miei fratelli dubitavano che io mi trasferissi.
   4. Mia sorella aveva paura che io me ne andassi.

5. I miei amici temevano che io mi dimenticassi di loro.
6. Era probabile che all'inizio io mi sentissi solo.
7. Era possibile che i miei amici venissero a trovarmi.
8. Mi rincresceva che la mia famiglia vivesse tanto lontano.
9. Mi dispiaceva che la mia ragazza restasse sola.

C. *Answers will vary.*

La concordanza dei tempi del congiuntivo

A. *Answers will vary.*

B. 1. Penso che anche d'estate la città sia molto bella.
2. Mi sembrava strano che ci fossero tanti concerti all'aperto.
3. Sarebbe stato bello se molti musei fossero restati aperti la sera.
4. Mi meraviglio che siano arrivati tanti turisti stranieri.
5. Credo che il festival del cinema sia stato molto interessante.
6. Non immaginavo che gli altri amici fossero partiti tutti.
7. Mia madre non pensava che andassimo in pizzeria spesso.
8. Era difficile che non uscissimo ogni sera in compagnia di gente nuova.

C. 1. frequentavo 2. avevo 3. voleva 4. visitassimo 5. disse 6. avrebbe portato 7. aveva organizzato 8. aggiunse 9. saremmo partiti 10. ero 11. avevo visto 12. pensava 13. fossi stata già 14. ci svegliammo 15. erano 16. avevano dormito 17. sperava 18. ascoltassimo 19. voleva 20. prendessi 21. arrivammo 22. rimasi 23. immaginavo 24. fosse 25. avesse parlato

Che cosa sappiamo degli italiani? 4

A. 1. F: Ci sono organi statali e organizzazioni private che si occupano dell'ambiente, oltre anche ad un partito politico, quello dei Verdi.
2. F: In Italia ci sono due grandi catene di montagne.
3. V
4. V
5. F: Tutte le epoche storiche sono rappresentate nel patrimonio artistico italiano.
6. V

B. È il marchio della Cee che rappresenta il simbolo del controllo ecologico.

C. Il problema dell'inquinamento è sentito in particolare nei centri storici delle città italiane.

D. *Answers will vary.*

Capitolo 9

Il partitivo

A. 1. del 2. del 3. dei 4. della 5. della 6. dello 7. dei 8. delle 9. dell' 10. delle 11. del 12. delle 13. del

B. *Answers will vary. Possible answers include:* del latte, della birra, della frutta, ecc.

C. 1. Sì, c'erano degli / alcuni studenti stranieri.
2. No, non c'erano ragazzi americani.
3. Sì, hanno servito degli / alcuni aperitivi.
4. Sì, ho bevuto dello spumante.
5. No, non hanno preparato panini.
6. Per primo hanno servito della pasta / del riso.
7. Per secondo ho mangiato della carne / del pesce.
8. Sì, hanno servito degli asparagi come contorno.
9. Sì, ci hanno offerto dei dolci.
10. Sì, abbiamo cantato delle / alcune canzoni italiane.

D. 1. delle 2. i 3. dei 4. delle 5. dei 6. X 7. X 8. la / della 9. del 10. qualche 11. dei 12. dei 13. i 14. le 15. qualche

E. 1. Alcuni / Degli 2. alcune / delle 3. alcuni / dei, alcuni / degli 4. qualche 5. dei / alcuni 6. dei / alcuni 7. qualche 8. Alcuni / dei, dello 9. alcuni / dei 10. degli / X, delle / X, del / X, qualche 11. dell' / un po' di, della / un po' di 12. X, qualche

L'imperativo

A. 1. Sì, dimagrisci!
2. Sì, mangia molte verdure!
3. No, non fumare!
4. Sì, dormi otto ore per notte!
5. Sì, prendi qualche giorno di ferie!
6. No, non lavorare troppo!
7. Sì, va' in palestra tre volte alla settimana!
8. Sì, fa' molta ginnastica!
9. Sì, bevi molta acqua!
10. No, non bere alcolici!
11. Sì, esci di più con gli amici!
12. Sì, abbi più pazienza!
13. Sì, sii più calma!

B. 1. Signori, vengano da questa parte!
2. Signori, abbiano un po' di pazienza!
3. Signora, scriva il Suo nome qui!
4. Signori, mi mostrino un documento!
5. Signore, mi dia il Suo indirizzo!
6. Signora, mi dica per quanti giorni resteranno!

7. Signora, lasci il Suo bagaglio qui!
8. Signora, metta i Suoi gioielli nella cassaforte!
9. Signori, si accomodino in camera!

C. 1. Sì, usateli!
2. No, non mettertela!
3. Sì, idratatela!
4. No, non truccarti sempre!
5. No, non nutrirtela con una crema da notte!
6. Sì, fatevele!

D. *Answers will vary. Possible answers include:*
spalmala, non usarne troppa, ecc.

E. 1. Sì, vacci presto! 2. No, non svegliarti molto presto! 3. Sì, truccati! 4. Sì, mettitelo! 5. Sì, mettitele! 6. No, non vestirti molto elegante! 7. Sì, fagliene molte! 8. Sì, parlagliene! 9. No, non dirglielo! 10. Sì, daglielo!

F. *Answers will vary. All verbs in the doctor's responses must be in the formal imperative.*

G. 1. Sì, andateci!
2. No, non darglieli!
3. Sì, li lavi!
4. Sì, diglielo!
5. Sì, comprateglieli!
6. Sì, glieli offra!
7. Sì, preparale!
8. Sì, li prepari!

Il periodo ipotetico

A. 1. si sente 2. voglio 3. hanno 4. bevo 5. condisci 6. avranno 7. berranno 8. smetterai

B. *Answers will vary. All verbs in the responses must be in the conditional. Possible answers include:*
1. ...userei una crema idratante.
2. ...prenderei qualche giorno di vacanza.
3. ...mi metterei a dieta.
4. ...mangerei molti dolci.
5. ...andrei in palestra.
6. ...mi curerei di più.

C. 1. Se non avessero trascurato gli amici, ora non sarebbero soli.
2. Se Anna non si fosse truccata troppo, non avrebbe la pelle rovinata.
3. Se Giuseppe non avesse studiato tanto, si sarebbe divertito.
4. Se non fossero stati sempre stressati, si sarebbero rilassati.
5. Se Anna non avesse cucinato pesante, non avrebbe avuto mal di stomaco.
6. Se Giuseppe non avesse mangiato troppo, non si sarebbe ingrassato.

D. *Answers will vary. Possible answers include:*
1. ...avrei più tempo da dedicare alla famiglia.
2. Se non avessi trovato lavoro subito...
3. ...cambieremo casa.
4. ...avessi fatto dello sport.
5. ...non avrei un buon lavoro.
6. ...mi trasferirò in campagna.
7. Guadagnerei molto di più...
8. ...non avessi lavorato troppo.

Capitolo 10

L'infinito

A. 1. Lottare 2. Vivere 3. ricordare 4. Sperare 5. Morire 6. Ricostruire

B. 1. ad 2. di 3. di 4. a 5. a 6. X 7. per 8. di 9. a 10. da

C. 1. Dopo averlo scoperto, la guardia lo rincorse.
2. Dopo aver cercato di fermarlo, alcune persone si allontanarono spaventate.
3. Dopo esser fuggito, il ladro nascose la bicicletta.
4. Dopo aver visto il padre, il figlio del ladro si vergognò.
5. Dopo essersi ritrovati a casa, padre e figlio si abbracciarono.
6. Dopo aver perso tutto durante la guerra, quella famiglia non aveva più niente.
7. Dopo aver trovato il ladro a casa, la guardia voleva arrestarlo.
8. Dopo aver spiegato la situazione, il povero ladro disse di essere pentito.
9. Dopo aver capito i motivi del furto, la guardia non arrestò l'uomo.
10. Dopo aver promesso di non rubare più, il ladro abbracciò suo figlio.

D. *Answers will vary.*

Il gerundio

A. 1. stai facendo? 2. Sto leggendo 3. Ti sto telefonando 4. Mi stavo chiedendo 5. sto impazzendo 6. ti sto proponendo 7. Sto perdendo 8. Ti sto dicendo 9. mi stava parlando 10. Mi sto domandando

B. *Answers will vary.*

C. 1. Salendo 2. Essendo arrivato 3. Facendo 4. Avendo visto 5. Essendoci 6. Essendo la vita in città pericolosa 7. Pur pensando 8. Tornando 9. Avendo rivisto 10. Pur non essendo stata bombardata questa città

D. 1. Camminando 2. vedendo 3. descrivere 4. Scrivere 5. scegliendo (*or* con lo scegliere)

6. essersi avere guardato   7. Avendo considerato
8. Avendo perso   9. Essere   10. rendendosi
conto   11. aver scritto   12. leggendo

Il participio

A. 1. interessante   2. brillanti   3. combattenti
   4. morti   5. vinti   6. corrente   7. rappresen-
   tante   8. nascosta   9. abitanti   10. passato
   11. risultato   12. compreso
B. 1. Arrivato   2. Vista   3. osservate   4. Consi-
   derata   5. persa   6. arrivati   7. resomi conto
   8. preoccupatasi   9. ripulite   10. visti
C. 1. girare   2. avere   3. aver trovato   4. letti
   (*or* avendo letto)   5. scegliendolo (*or* avendolo
   scelto)   6. preparata   7. aver visto
   8. Decidere   9. Finita (*or* Avendo finito)
   10. determinati (*or* avendo determinato)
   11. iniziare
D. 1. a. Dopo essersi reso conto che non mangiava
      da molto tempo, cercò un ristorante.
      b. Essendosi reso conto che...
      c. Resosi conto che...
   2. a. Dopo aver vagato in cerca di un amico,
      arrivò vicino al Pantheon.
      b. Avendo vagato in cerca di...
      c. Vagato in cerca di...
   3. a. Dopo aver ricordato i tempi passati, man-
      giarono insieme.
      b. Avendo ricordato i tempi...
      c. Ricordati i tempi...
   4. a. Dopo aver visto che in cucina non c'era
      niente, mandò i figli a fare la spesa.
      b. Avendo visto che...
      c. Visto che...
   5. a. Dopo aver mangiato ogni cosa, Remo capì
      che l'amico non aveva niente ed era povero.
      b. Avendo mangiato ogni cosa,...
      c. Mangiata ogni cosa,...
   6. a. Dopo essersi ingannati a vicenda, i due
      amici si dissero la verità.
      b. Essendosi ingannati a vicenda,...
      c. Ingannatisi a vicenda,...
E. *Answers will vary.*
F. *Answers will vary.*

Che cosa sappiamo degli italiani? 5

A. Simboli del fascismo: Alcuni simboli del fascismo
erano i fasci dell'antico impero romano e le camicie nere.
Mezzi della presa di potere: I fascisti adottarono
la violenza come principale mezzo di persuasione
e di intimidazione.

Politica sociale: I fascisti seguivano una politica
anticontadina ed antioperaia, a difesa delle classi
industriali e borghesi.
B. Anni in cui si svolse: La guerra civile italiana durò
dal 1943 al 1945.
Parti avverse che vi parteciparono: Le due parti
della guerra civile erano i fascisti e i tedeschi da
un lato e i partigiani e gli alleati dall'altro.
Ideologie delle parti avverse: Nella repubblica di
Salò si riorganizzarono i fascisti più accaniti e
con i partigiani si unirono tutti gli oppositori del
fascismo.
C. 1. Gli anni del cinema neorealista vanno soprattutto dal 1945 al 1953.
   2. Il neorealismo si manifestò soprattutto in letteratura e nel cinema.
   3. Il cinema d'evasione tende a rappresentare
   una realtà falsa, immaginaria ed artificiosa,
   mentre i film neorealisti cercano di rivelare la
   realtà e i problemi sociali.
   4. Il film d'evasione era stato usato durante il
   fascismo per dare agli italiani l'illusione di
   vivere in un Paese senza problemi. Il cinema
   neorealista si proponeva invece di rappresentare la realtà e i problemi sociali della
   guerra e del dopoguerra.
   5. *Answers will vary.*

Capitolo 11

Gli aggettivi e i pronomi dimostrativi

A. 1. Questa, quegli   2. Questi, quelle   3. Queste,
quelle   4. Questi, quei   5. Quest', quell'
B. *Answers will vary. Possible answers include:*
   1. No! Quelle sono ancora più sorpassate.
   2. No! Quella è più giusta.
   3. No! Quella è più incredibile.
   4. No! Quella è più tradizionale.
   5. No! Quello è più degenerato.
C. *Answers will vary. Possible answers include:*
   1. Preferisco quelle più rivoluzionarie.
   2. Voto per quelli tradizionali.
   3. È più importante quella sulla scuola.
   4. Nel mio Paese si segue di più quello della libertà.

I pronomi relativi

A. 1. per cui   2. che   3. a cui   4. a cui   5. di
cui   6. che
B. 1. che   2. cui   3. che   4. quali   5. che
   6. cui   7. che   8. cui   9. quale, cui   10. che
   11. quale, cui   12. quale, cui   13. cui   14. cui

C. *Answers will vary.*

D. 1. ciò che / quello che 2. quelli che / coloro che
3. ciò che / quello che 4. chi 5. quelli che /
coloro che 6. Chi 7. quello che 8. chi

Il discorso indiretto

A. 1. Il direttore di una multinazionale ha chiesto al
deputato se il suo partito aveva bisogno di
appoggi economici.

2. Il deputato gli ha risposto che sapeva bene che
il suo partito non aveva più un soldo e che non
poteva portare a termine la campagna elettorale.

3. Il direttore gli ha detto che quei pochi milioni
che gli offriva avrebbero potuto aiutare lui e
gli altri del suo partito a risolvere i loro problemi finanziari.

4. Il deputato gli ha ribattuto che sapeva bene
che non poteva e che non voleva fare niente in
cambio per lui e che non avrebbe fatto mai
niente per ripagarlo.

5. L'industriale gli ha risposto che non si aspettava nulla! Voleva solo sapere se poteva fare
qualcosa per far passare più in fretta quella
nuova legge sulle esportazioni.

6. E poi ha aggiunto che facesse (*or* di fare) in
modo che fosse approvata presto in Parlamento, lo pregava! Gli dicesse (*or* Di dirgli)
quello di cui aveva bisogno e glielo avrebbe
dato.

7. Il deputato, che è onestissimo, ha affermato
che non aveva intenzione di accettare nulla da
lui. E poi ha aggiunto che si prendesse (*or* di
prendersi) i suoi soldi e andasse (*or* di andare)
via prima che lo facesse arrestare, e non gli
parlasse (*or* di non parlargli) più in quel modo!

B. *Answers will vary. Possible answers include:*

1. Nel titolo ho letto che anche i partiti, che
hanno il potere devono spendere meno.

2. Nel sottotitolo hanno scritto che i partiti
cercano di escogitare modi diversi per
finanziarsi.

3. Il giornalista ha scritto che il Pli non poteva
pagare neanche le bollette del telefono.

4. La Lega del Nord ha detto che avrebbe cercato
di finanziarsi con il sistema dell'autotas-
sazione.

C. 1. La giornalista ha domandato come era riuscito
ad avere tanti voti e a far passare la Sua proposta. E poi ha chiesto quali erano allora i Suoi
programmi.

2. Il deputato ha risposto che credeva che la
gente della cittadina da cui proveniva

conosceva bene la sua onestà. Ha aggiunto che
allora avrebbe ripreso ad impegnarsi ed a bat-
tersi anche per un ambiente sempre più pulito.

3. La giornalista ha detto che l'avevano infor-
mata che i primi risultati positivi della riforma
elettorale cominciavano a farsi sentire anche
in campo economico, grazie al loro nuovo partito.

4. Un altro deputato ha replicato che era proprio
così. Ha aggiunto che sarebbe stato meraviglioso se fossero riusciti ad aumentare i posti
di lavoro. Lui personalmente prometteva che
loro avrebbero fatto di tutto per creare nuove
attività soprattutto per i giovani.

5. La giornalista ha chiesto se era difficile far
accettare le loro idee. Le sembrava che in
Parlamento fosse sempre arduo far passare
una proposta davvero nuova.

6. Il deputato ha riconosciuto che era stato
arduo, ma dopo la riforma elettorale erano
state elette tante persone nuove che avevano
voglia di migliorare veramente la situazione
italiana.

7. La giornalista ha domandato che le spie-
gassero (*or* di spiegarle) un po' come sarebbero riusciti a creare nuovi posti di lavoro e
come sarebbe stato possibile migliorare l'economia.

8. I deputati, insieme, hanno risposto che avevano proposto di abbassare il tasso degli interessi bancari. Avrebbero cercato poi di rendere
più semplice investire il denaro. Volevano
favorire le piccole imprese.

9. Hanno aggiunto che nelle loro città di provincia, ad esempio, già si erano visti i primi
risultati positivi. Le industrie avevano ripreso
a lavorare e loro prevedevano soprattutto che
ci sarebbe stata una forte ripresa delle
esportazioni.

D. *Answers will vary.*

E. *Answers will vary. Possible answers include:*

1. La domanda n. 1 chiede se siamo disponibili a
pagare per ottenere favori, anche se l'affare è
poco onesto.

2. La domanda n. 2 propone un caso ipotetico,
cioè se saremmo disposti a pagare una tangente per ricevere una licenza edilizia, cioè un
permesso di costruzione.

3. *Answers will vary*

4. *Answers will vary.*

Capitolo 12

L'impersonale

A. 1. si fabbricano 2. Ci si basa 3. si considerano 4. Si fanno 5. Si trovano 6. si conoscono 7. ci si preoccupa 8. si paghino 9. si può 10. si vede 11. si legge

B. 1. si sarebbe arrivati
2. ci si è recati
3. non si è capito
4. Si diceva
5. Si è visto
6. si possa
7. Non si sa
8. Ci si è meravigliati
9. Si è passati
10. Si è mangiato
11. Si è bevuto
12. si poteva / si è fumato

C. *Answers will vary.*

D. *Answers will vary.*

La forma passiva

A. 1. Sì, le borse sono esportate dalla nostra ditta in tutto il mondo.
2. Sì, i prodotti sono pagati regolarmente dai clienti.
3. Sì, noi siamo stimati dai nostri dipendenti.
4. No, molte richieste non sono presentate dagli operai.
5. Sì, le nostre giacche sono disegnate da una stilista specializzata.
6. Sì, la linea è rinnovata da noi ogni anno.
7. Sì, le richieste del mercato sono considerate dal disegnatore.
8. Sì, i profitti sono dichiarati dal nostro commercialista onestamente.
9. No, tutti i prodotti non sono controllati da noi personalmente.

B. 1. L'Alitalia è stata scelta da Roberto Premier.
2. Altre linee aeree erano state prese in considerazione da Roberto Premier.
3. Molte comodità sono offerte dalla nuova Business Class Alitalia.
4. Nuovi interni sono stati creati dall'Alitalia.
5. Lo spazio tra le file è stato allargato dai disegnatori.
6. I pasti sono serviti dal carrello.
7. Tanti punti possono essere accumulati dai viaggiatori con il Premium Program MilleMiglia.
8. Viaggi aerei saranno vinti dai viaggiatori Alitalia in una delle possibili 117 destinazioni.

C. *Answers will vary.*

D. 1. Sì, tutte le ricevute vanno conservate.

2. Sì, i **contributi** per la commessa vanno pagati.
3. Sì, una segretaria andrà assunta presto.
4. Sì, i prodotti andranno scelti accuratamente.
5. No, l'affitto non andava pagato per un anno.
6. Sì, ogni tanto una svendita va promossa.
7. Sì, degli sconti vanno fatti ai clienti speciali.
8. No, i prezzi non andranno abbassati per Natale.

Gli interrogativi

A. *Answers will vary. Possible answers include:*
1. Che cosa esporterà l'Italia l'anno prossimo? *or* Quanto vino esporterà?
2. Sa quanti litri d'olio d'oliva si producono ogni anno? *or* Quanti litri d'olio d'oliva si producono ogni anno?
3. Quanti prodotti italiani si esportano in tutto il mondo?
4. Che cosa è importante?
5. Di chi è il merito del successo della produzione italiana?
6. Per che cosa sono ricercati i prodotti italiani?
7. Quali prodotti italiani sono conosciuti in tutto il mondo?
8. Quale potrebbe essere una ragione del successo dei prodotti italiani?
9. Qual è l'industria più importante in Italia?
10. Per quali ragioni vengono in Italia i turisti?

B. *Answers will vary.*

C. *Answers will vary.*

Che cosa sappiamo degli italiani? 6

Answers will vary. Possible answers include:
1. Gli organi dello stato italiano sono: il Parlamento, cioè la Camera dei Deputati, e il Senato che hanno il potere legislativo; il Consiglio dei Ministri, che ha il potere esecutivo; la Magistratura, che ha il potere giudiziario.
2. Finora il Presidente è stato eletto dal Parlamento. Uno dei ruoli principali del Presidente è quello di nominare il capo del Governo. Inoltre può sciogliere le camere ed indire le elezioni.
3. Fino a qualche tempo fa i cittadini italiani hanno votato per un determinato partito, in un sistema di votazione indiretta.
4. Fin dal 1993 è stata data agli italiani la possibilità di votare direttamente per i rappresentanti dei vari partiti.
5. Per Tangentopoli si indica un insieme di scandali che hanno rivelato la corruzione di tanti uomini politici. Questo ha provocato la trasformazione dei maggiori partiti tradizionali. Ha influenzato la vita politica italiana a molti livelli, poiché molti importanti rappresentanti dei partiti sono stati coinvolti.

Capitolo 13

Gli aggettivi e pronomi indefiniti

A. 1. molti 2. Ogni 3. certa 4. Qualcuno
5. tanti 6. altri 7. qualcuno 8. chiunque
9. tutti 10. nessuno 11. Altri 12. qualcosa

B. *Answers will vary. Possible answers include:*
1. No, nessuno spende molto per i vestiti.
2. Sì, qualcuno pensa che possedere una casa sia molto importante.
3. Sì, ognuno desidera possedere una casa pro-pria.
4. No, non abbiamo bisogno di altro per vivere felici.
5. No, non importiamo niente dall'estero.
6. Sì, c'è qualcuno che si preoccupa soltanto del-l'apparenza.
7. Sì, tutti pensano soprattutto a lavorare.
8. Sì, è vero che nessuno al mio Paese sa vera-mente godersi la vita.
9. No, non è vero che solo pochi si possono permettere una vacanza.

C. 1. tutti 2. qualcuno 3. altri 4. qualche
5. qualsiasi 6. ogni 7. certa 8. Chiunque
9. molti

L'uso delle preposizioni

A. 1. a. Viene dalla Boemia. b. È stato soffiato a bocca. c. Le decorazioni sono incise a mano.
d. Lo si può comprare da Art House.
2. a. Sono scarpe all'americana; sono scarpe da trekking. b. Sono della Five Ten. c. Sono fatte negli Stati Uniti. d. Si possono com-prare da K2 Sport, a Cortina.
3. a. È una giacca da uomo. b. Si può indos-sare con camicie colorate. c. È stata dise-gnata da Katharine Hamnett.

B. 1. di 2. di 3. all' 4. di 5. a 6. di 7. a *or* di 8. da 9. in 10. in 11. di 12. Da
13. di 14. di 15. da 16. del 17. da
18. per *or* a 19. ai 20. di 21. dai 22. di

C. 1. Vanno in prevalenza in Germania.
2. Emigrano in minor numero in Oceania.
3. *Answers will vary.*
4. *Answers will vary.*

Preposizioni e congiunzioni

A. 1. prima che 2. Prima del 3. dopo di 4. Da quando 5. fino ad 6. Senza 7. senza che
8. Dopo che 9. dato che 10. Dopo 11. Da

B. 1. Fino a 2. da quando 3. Dato che 4. dal
5. dopo che 6. A causa 7. Prima che
8. senza che

I verbi di percezione e l'infinito

A. *Answers will vary.*
B. *Answers will vary.*

Capitolo 14

Che, come e quanto in frasi esclamative

A. *Answers will vary. Possible answers include:*
1. Che attori bravi! / Come sono bravi gli attori!
2. Com'è originale l'argomento! / Che argomento orginale!
3. Che musica bella! / Com'è bella la musica!
4. Che messaggio commovente trasmette! / Com'è commovente il messaggio che trasmette!
5. Quanto coraggio ha avuto il regista!
6. Quanto ha speso il produttore!
7. Come era inaspettata la fine! / Che fine inaspettata!
8. Che (Quanto) realismo c'era nella scelta dei luoghi!

B. *Answers will vary. Possible answers include:*
1. Che titolo appropriato!
2. Che argomento interessante!
3. Come è incoraggiante una notizia del genere!
4. Quant'è intelligente questo giornale!

Fare + infinito

A. 1. Ho fatto mettere poltrone comode.
2. Ho fatto installare un sistema stereo.
3. Farò allargare le sale.
4. Ho fatto ridurre il prezzo del biglietto.
5. Farò vendere gelati e Coca-Cole.
6. Ho fatto proiettare due film diversi al prezzo di uno solo.

B. 1. L'ho fatto acquistare a mio padre.
2. L'ho fatto portare a mio fratello.
3. Lo farò pagare a mia madre.
4. L'ho fatto comprare a mia sorella.
5. Le farò scegliere alla mia amica.
6. L'ho fatto decidere alle mie compagne.
7. La faccio spegnere alla mia amica.

C. 1. Sì, gliel'ho fatto approvare.
2. Sì, gliele ho fatte correggere.
3. Sì, glieli farò preparare.
4. Sì, glieli farò usare.
5. Sì, glieli ho fatti scegliere.
6. Sì, gliel'ho fatta leggere.
7. Sì, glielo farò provare.

D. *Answers will vary. Possible answers include:*
1. Me lo sono fatto scegliere dalla costumista.
2. Mi sono fatta aiutare da un altro attore.
3. Mi ci sono fatta portare dall'autista.

4. Mi sono fatta consigliare da una vecchia attrice.
5. Mi sono fatta pettinare dal parrucchiere.
6. Me lo sono fatto dire dal regista.
7. Me li sono fatti prestare dalla produttrice.
8. Me lo sono fatto insegnare da una prima ballerina.

E. *Answers will vary.*
F. *Answers will vary. Possible answers include:*
1. Mi farebbe scegliere qualsiasi film a qualsiasi ora.
2. Mi farebbe prenotare un viaggio molto facilmente.
3. Mi farà scegliere solo la pubblicità che mi interessa.
4. La Tv interattiva mi permetterebbe di avere informazioni bancari restando a casa.
5. Il più importante mi sembra il campo dell'informazione, perché la Tv interattiva mi farà conoscere tutto quello che succede nel mondo quasi nel momento stesso in cui accade.

Lasciare + infinito

A. 1. Io non lascio guardare la televisione al mio figlio minore.
2. Mia moglie non lascia leggere i giornali di moda a nostra figlia.
3. Noi non lasciamo leggere i fumetti ai ragazzi.
4. Io lascio leggere solo i romanzi classici a mio figlio.
5. Mio marito non lascia vedere film romantici alle ragazze.
6. Mia moglie lascia guardare unicamente programmi educativi ai bambini.
7. Io lascio leggere solo riviste d'economia e politica alla mia figlia maggiore.
8. Noi non lasciamo andare troppo spesso al cinema i nostri figli.

B. 1. I redattori lasciano riferire sempre la verità ai giornalisti.
2. Il direttore lascia presentare molti servizi speciali ai conduttori.
3. I direttori del telegiornale lasciano dire quello che pensano ai presentatori.
4. I redattori lasciano presentare dibattiti politici ai conduttori.
5. Il direttore lascia fare interviste controverse ai giornalisti.
6. Il direttore lascia esprimere la loro opinione alle conduttrici.
7. I produttori lasciano avere un telefonino a tutti i dipendenti per comunicare velocemente le notizie.

C. 1. I redattori gliela lasciano riferire sempre.
2. Il direttore glieli lascia presentare.
3. I direttori glielo lasciano dire.
4. I redattori glieli lasciano presentare.
5. Il direttore gliele lascia fare.
6. Il direttore gliela lascia esprimere.
7. I produttori glielo lasciano avere per comunicare velocemente le notizie.

D. 1. No, i musicisti non me li hanno lasciati scegliere.
2. No, non glielo ho lasciato interrompere.
3. Sì, le costumiste glieli hanno lasciati scegliere.
4. Sì, il produttore me l'ha lasciata spendere.
5. Sì, gliel'ho lasciato dire.
6. No, i redattori non glieli hanno lasciati portare.

I suffissi

A. *Answers will vary. Possible answers include:*
1. Sono occhi grandi e dolci.
2. È un ragazzo alto e grosso.
3. È un film brutto e sgradevole.
4. Sono ville piccole e carine.
5. È un orso (giocattolo) soffice e grazioso. / È un nipote ancora piccolo e molto giovane.
6. Sono vestiti poco eleganti e troppo semplici.
7. È un formaggio leggero e piccolo di misura.
8. Sono tavoli piccoli e bassi.
B. 1. il nasone
2. a. le manine   b. i piedini   c. la faccina   d. i vestitini
3. un paesino / un paesello / un paesetto
4. a. le manone   b. i piedoni

Che cosa sappiamo degli italiani? 7

Answers will vary. Possible answers include:
A. 1. Extracomunitario è un immigrato in Italia che non proviene dai Paesi del mercato comune europeo.
2. Tossicodipendente è una persona che abusa di droghe illegali, che causano appunto dipendenza.
B. 1. La legge stabilisce che il numero degli immigrati ammessi in Italia venga stabilito ogni anno, a seconda delle strutture sociali e della domanda del lavoro.
2. *Answers will vary.*
C. *Answers will vary.*
D. *Answers will vary.*

E. 1. F: Sono presenti anche nelle ricche cittadine di provincia.
   2. V
   3. F: L'Aids è una malattia causata anche dall'uso delle droghe.
   4. V
   5. F: In Italia ci sono le comunità terapeutiche e le strutture sanitarie pubbliche.
   6. F: Ci sono cause sociali ed individuali, come l'insicurezza e la solitudine.
F. *Answers will vary.*
G. *Answers will vary*

Manuale d'ascolto

Capitolo 1

Nomi

B. 1. il bambino 2. gli zoccoli 3. gli impermeabili 4. la nipote 5. le scarpe 6. l'orologio
C. 1. la regista 2. il collega 3. le giacche 4. le facce 5. le mani 6. il labbro 7. le paia 8. gli uomini

Comprensione auditiva

Prepariamoci ad ascoltare
Answers will vary. Possible answers include:
   1. La signorina Sali: alta, magra, giovane, sui venti anni, bella, di carnagione chiara e con i capelli biondi, lunghi e lisci
   2. La signora Trentini: una signora anziana (vecchia), sui sessant'anni, con i capelli corti, bianchi e ricci, porta gli occhiali

Ascoltiamo
A. 1. Registrazione 1: A
      Registrazione 2: B
      Registrazione 3: E
   2. Registrazione 1: Un uomo solo con i baffi e gli occhiali, vestito male e senza giacca.
      Registrazione 2: Un uomo grasso con la barba e pochi capelli, ma ancora bello.
      Registrazione 3: Una giovane ragazza magra con i capelli lunghi e biondi che balla con un ragazzo.
B. 1. c 2. b 3. a
C. Registrazione 1: antipatia e disprezzo
   Registrazione 2: ammirazione e rispetto
   Registrazione 3: simpatia e affetto

Capitolo 2

I pronomi personali soggetto
A. 1. Lui 2. Lei 3. Loro 4. Noi 5. Voi 6. Lei 7. Tu 8. Io

Il presente indicativo
C. 1. Rimango in ufficio fino alle otto.
   2. Una collega propone un nuovo progetto.
   3. Alcuni clienti vengono in ufficio.
   4. Accolgo i clienti in ufficio.
   5. Dobbiamo discutere di molte cose.
   6. Vogliono un caffè.
   7. Scelgono un buon ristorante a mezzogiorno.
   8. Tutti sanno sempre dove trovarmi.

Il presente indicativo dei verbi riflessivi
A. 1. Sì 2. No 3. Sì 4. No 5. No 6. Sì
D. 1. Tu e tuo fratello vi stancate durante il giorno.
   2. Mi annoio la sera.
   3. Mio marito si toglie le scarpe.
   4. Mia figlia si mette a leggere il giornale.
   5. I miei figli si spogliano.
   6. Mi infilo la vestaglia.

Comprensione auditiva

Prepariamoci ad ascoltare
Disegno 1: a, d
Disegno 2: b, c

Ascoltiamo
A. 1. Disegno b   4. Disegno a
   2. Disegno a   5. Disegno b
   3. Disegno b
B. 1. Conversazione formale: registrazione 3
   2. Conversazione familiare: registrazione 2
C. 1. Registrazione 2: 4 persone
   2. Registrazione 3: 2 persone
D. *Answers will vary.*
E. Registrazione 2: arrabbiato, autoritario, frustrato, nervoso
   Registrazione 3: efficiente, professionale, rispettoso
F. 1. F 2. F 3. F 4. V 5. F
G. 1. b 2. a 3. c

Capitolo 3

Il passato prossimo
C. 1. Ci siamo addormentati tardi.
   2. Paolo si è stancato molto.
   3. Renata e Maria si sono divertite alla festa.
   4. Tu e Luigi vi siete ritrovati in discoteca.

5. Lorena si è preparata per uscire.
6. Pietro e Paolo si sono vestiti bene.
7. Rosalba si è messa un bel vestito.
8. Tu e Roberto vi siete persi per strada.

Comprensione auditiva

Prepariamoci ad ascoltare
Answers will vary. Possible answers include:
1. È un festival per i musicisti e gli artisti della strada, e i nuovi talenti.   2. Dura quattro giorni.
3. Si fa a Pelago.   4. Lo fanno al Castello di Nipozzano.   5. È organizzato dal Comune di Pelago, la provincia di Firenze, il Ministero del Turismo e Spettacolo e la Comunità Montana Zona «E», con il contributo della Cassa di Risparmio di Firenze.   6. Fanno concerti di diversi tipi di musica e anche spettacoli con artisti della strada, buskers (*street singers*), clowns, ecc.
7. Ci sono concerti giovedì, venerdì, sabato e domenica. Incominciano alle 21.30 (alle 9.30 di sera).

Ascoltiamo
A. *L'ultimo dei Mohicani*
   Cinema: Odeon; Ingresso: 12.000 lire; Ore: 21.30 (9.30)

   La bella e la bestia
   Cinema: Astro; Ingresso: 8.000 lire; Ore: 20.30 (8.30)

   Come l'acqua per il cioccolato
   Cinema: Manzoni; Ingresso: 10.000 lire; Ore: 22.30 (10.30)

   Il silenzio degli innocenti
   Cinema: Supercinema; Ingresso: 8.000 lire; Ore: 19.15 (7.15)
B. 1. *Il silenzio degli innocenti*   2. comincia
   3. Pizzeria Da Teo   4. di fronte
C. 1. F   2. V   3. F   4. F   5. F   6. V

Capitolo 4

L'imperfetto indicativo
E. 1. sono andata   2. Faceva   3. mi sentivo
   4. Avevo   5. Sono rimasta   6. ha telefonato
   7. ha dato   8. stavo   9. Ho fatto   10. è venuto   11. aveva   12. abbiamo giocato

Il verbo piacere ed altri verbi simili
A. 1. Gli piace la campagna.
   2. Ti piace la periferia.
   3. Le piace il nostro palazzo.
   4. Gli piacciono i suoi professori.
   5. Mi piacciono i miei amici.
   6. Ci piace scherzare.

Comprensione auditiva

Prepariamoci ad ascoltare
A. *Answers will vary.*
B. 1. Disegno b; Personaggio: il padre
   2. Disegno a; Personaggio: l'insegnante
   3. Disegno b; Personaggio: la madre
   4. Disegno a; Personaggio: la madre

Ascoltiamo
A. *Answers will vary.*
B. Disegno b
C. 2
D. 1. X   2. X   3. X   4. 0   5. X   6. X   7. 0
   8. X
E. 1. F   2. V   3. V   4. F   5. F   6. F

Capitolo 5

Il futuro
B. 1. Darò il curriculum all'avvocato.
   2. Staremo a casa.
   3. Andranno in Germania.
   4. Vivrà a Roma.
   5. Rimarremo in ufficio.
   6. Saprò la verità.
   7. Condurremo una vita tranquilla.
   8. Sarete a casa.
   9. Vedranno Giovanni.
   10. Avremo fame.
   11. Proporrò di partire.
   12. Dovremo finire.

Il modo condizionale
A. 1. Entrerebbero in salotto.
   2. Aprireste la porta.
   3. Ascolteremmo la radio.
   4. Prenderei un caffè.
   5. Leggeremmo il giornale.
   6. Ci riposeremmo.
   7. Mangerebbero alle otto.
   8. Vi mettereste a studiare.
   9. Ci offriresti un tè.
   10. Giocherei a carte.
   11. Ci divertiremmo molto.
   12. Si addormenterebbero tardi.
E. 1. Si sarebbero svegliati presto.
   2. Ci saremmo vestiti meglio.
   3. Avrei detto la verità.
   4. Avresti speso meno.

Comprensione auditiva

Prepariamoci ad ascoltare
A. *Answers will vary. Possible answers include:*
   Disegno 1: stipendio, gratificazioni personali, rap-

porti con il pubblico, rapporti con i superiori, noia e ripetività; Disegno 2: tasse, rapporti con il pubblico, rapporti familiari, preparazione professionale, orario di lavoro, tempo libero

B. 1. Disegno 2
2. Disegno 1
3. Disegno 2

Ascoltiamo

A. 1. e 2. b 3. g
B. 1. Registrazione 1   4. Registrazione 3
2. Registrazioni 2 e 3   5. Registrazioni 1, 2 e 3
3. Registrazione 2   6. Registrazione 2
C. 1. F 2. V 3. V 4. F 5. F 6. V
D. 1. b 2. a 3. c

Capitolo 6

Il passato remoto

B. 1. noi / decidere
2. loro / conoscere
3. voi / leggere
4. io / scegliere
5. tu / rispondere
6. lui, lei / vivere
7. io / vedere
8. lui, lei / volere
9. loro / nascere
10. io / rimanere
11. lui, lei / bere
12. io / venire
E. 1. presente   2. passato remoto   3. passato remoto   4. passato remoto   5. presente   6. passato remoto
F. 1. si celebrava   2. andammo   3. c'era   4. passeggiava   5. esponevano   6. comprammo   7. provarono   8. salì   9. ci divertimmo

I numeri

A. 1. 187.000   2. 1.200.000   3. 73.000
4. 24.000   5. 15.000   6. 8.500

I giorni, i mesi, le stagioni, l'anno, le date

A. 1. f 2. a 3. d 4. c 5. b 6. e

Comprensione auditiva

Prepariamoci ad ascoltare

A. *Answers will vary.*
B. Lucia: allegra, ottimista, contenta
Paolo: arrabbiato, pessimista, malinconico, triste

Ascoltiamo

A. Pausa 1: b; Pausa 2: c; Pausa 3: c; Pausa 4: a;
Pausa 5: b; Pausa 6: a; Pausa 7: b; Pausa 8: c

B. Pausa 1: b; Pausa 2: a; Pausa 3: c; Pausa 4: b;
Pausa 5: a; Pausa 6: c

Capitolo 7

Il modo congiuntivo

D. 1. sia 2. venga 3. andiamo 4. abbiano preso 5. faccia 6. abbia preparato 7. arrivi 8. possiamo

Comprensione auditiva

Prepariamoci ad ascoltare

A. 1. una 2. A Roma 3. Da Firenze 4. In 1a classe 5. nella n. 11 6. È il 22. 7. È un intercity. 8. Il 24/2/94 9. Per il 25/2/94 10. Alle 15.31 (le tre del pomeriggio)
B. 1. A. Merlino 2. Alitalia 3. 621
4. 21/3 5. 11E Fumatori
C. 1. destinazione: aereo, treno, macchina, traghetto
2. binario: treno
3. uscita: aereo
4. ritardo: aereo, treno, traghetto
5. partenza: aereo, treno, macchina, traghetto
6. diretto: aereo, treno, traghetto
7. espresso: treno
8. intercity: treno
9. in transito: aereo
10. mare mosso: traghetto
11. supplemento rapido: treno
12. scalo: aereo, traghetto
13. sciopero: aereo, treno, traghetto
14. decollo: aereo
15. nebbia: aereo, macchina, traghetto
16. allacciare: aereo, macchina
17. cintura di sicurezza: aereo, macchina
18. assistente di volo: aereo
19. incidente: treno, macchina, aereo, traghetto
20. atterraggio: aereo

Ascoltiamo

A. 1. Stazione ferroviaria / Treno
2. Aeroporto / Aereo
3. Altri luoghi
4. Aeroporto / Aereo
5. Stazione ferroviaria / Treno
6. Porto / Traghetto
7. Altri luoghi
8. Aeroporto / Aereo
B. 1. F 2. F 3. F 4. V
C. 1. a 2. b
D. 1. Roma 2. 18 3. 14,23 (2.23) 4. mangiare
E. 1. V 2. F 3. F

Capitolo 8

Gli avverbi

A. 1. difficilmente 2. velocemente 3. probabilmente 4. irregolarmente 5. rapidamente
6. perfettamente

La concordanza dei tempi del congiuntivo

A. 1. a 2. b 3. b 4. a 5. b 6. a 7. b

Comprensione auditiva

Prepariamoci ad ascoltare

A. *Answers will vary.*

B. 1. Roma e Milano.
2. Roma si trova nell'Italia centrale e Milano si
trova nell'Italia settentrionale (nord).
3. *Answers will vary. Possible answers include:*
Roma è la capitale d'Italia; è importante per il
cattolicesimo, poiché il Papa vive a Roma; è
anche importante per l'arte e la storia; Roma
era il centro dell'impero romano. Milano è un
importante centro commerciale e finanziario.
Milano è anche importante per la moda e il
design contemporaneo. A Milano c'è anche La
Scala, un importante teatro lirico.
4. *Answers will vary.*

Ascoltiamo

A. Registrazione 1: a, c, d

B. Registrazione 2: a, b, d

C. Registrazione 3: b, c, d

D. Registrazione 4: a, c, e

E. Registrazione 5: a, c, e

Capitolo 9

L'imperativo

F. 1. Non andarci! *or* Non ci andare!
2. Non vestitevi in fretta! *or* Non vi vestite in
fretta!
3. Non dirmela! *or* Non me la dire!
4. Non fateglielo! *or* Non glielo fate!
5. Non darmelo! *or* Non me lo dare!
6. Non farmelo! *or* Non me lo fare!

Il periodo ipotetico

A. 1. Se mangiamo poco, dimagriamo.
2. Se ti metterai a dieta, perderai qualche chilo.
3. Se seguirete la mia ricetta, la pizza sarà
ottima.
4. Se i cibi sono genuini, non fanno male.

B. 1. comprerei 2. fossimo 3. si farebbe
4. Grattugerei 5. aveste

D. 1. tornano a casa per pranzo
2. preferiremmo sempre cibi freschi

3. se avessi saputo che c'erano conservanti
4. se fosse meno cara
5. mangerete la pasta più spesso
6. troviamo sempre una cucina diversa
7. avrebbe fatto torte ogni giorno
8. consumerebbero più olio d'oliva

Comprensione auditiva

Prepariamoci ad ascoltare

A. *Answers will vary.*

B. 1. e 2. i 3. a 4. f 5. b 6. h 7. c
8. d 9. g

C. 1, 4, 5, 6, 7, 10, 12, 14, 16, 17, 20

Ascoltiamo

A. 1. d 3. b 5. a 7. e

B. a. 7 b. 1 c. 3 d. 5 e. 6 f. 2 g. 4
h. 9 i. 8

C. 2, 3 e 5 sono vere.

D. 1, 2, 5, 7, 8, 9, 10, 12, 13, 14, 15, 16, 19

E. a. 3 b. 8 c. 5 d. 1 e. 7 f. 6 g. 2
h. 4

Capitolo 10

L'infinito

A. 1. Fumare fa male.
2. Giocare è divertente.
3. Passeggiare fa bene.
4. Leggere è istruttivo.

Il participio

C. 1. Avendo visto 2. essere scesi 3. Avendo
ballato 4. rendendosi conto 5. Ripreso
6. essersi aiutati 7. Avendo 8. aver raccontato 9. rappresentare 10. Imparate

Comprensione auditiva

Prepariamoci ad ascoltare

A. *Answers will vary. Possible answers include:*
1. Mussolini si fece portavoce dei malcontenti che
si erano diffusi a tutti i livelli tra la popolazione italiana e che erano la conseguenza
delle delusioni nate alla fine della Prima
Guerra Mondiale.
2. Il fascismo si presentava come una difesa contro il comunismo.
3. Il fascismo rappresentava gli interessi delle
classi industriali e borghesi.

B. *Answers will vary. Possible answers include:*
La scena rappresenta un'insurrezione popolare,
forse negli anni '20. La popolazione è in sciopero,
sta protestando per la situazione economica. La
gente vorrebbe più lavoro e più diritti sul lavoro...

Ascoltiamo

A. *Answers will vary. Possible answers include:*
1. Perché la città di Fiume e la Dalmazia non passarono all'Italia.
2. Gli italiani provavano risentimento, delusione e scontento per la conclusione della guerra.
3. Il concetto di «vittoria mutilata» cioè parziale nacque dal fatto che l'Italia non ottenne tutti i territori che si aspettava.
4. La crisi economica era grave e riguardava vari strati sociali.
5. a. I contadini che tornavano dalla guerra trovavano la stessa miseria e povertà di prima della partenza per la guerra.
   b. Gli ufficiali ricevevano uno stipendio basso e non si sentivano ricompensati in maniera adeguata per gli anni di guerra.
6. *Answers will vary.*

B. *Answers will vary. Possible answers include:*
1. Dopo la guerra ci furono anni di crisi sociale, in cui tutti facevano sciopero. In diverse città ci furono grosse agitazioni contro il carovita. Riguardo alla situazione politica, non c'era un governo stabile.
2. I contadini spesso occupavano le terre dei ricchi e costringevano il governo a legalizzare le loro appropriazioni. Nel luglio del 1919 ci fu anche uno sciopero generale per solidarietà con la rivoluzione russa.
3. Tra i vari partiti e all'interno dei partiti stessi c'erano forti contrasti ideologici che impedivano la formazione di un governo stabile.
4. Molti italiani pensarono di trovare in Benito Mussolini e nel movimento fascista un mezzo per prevenire il socialismo e per superare la crisi sociale, economica e politica del Paese.

C. *Answers will vary. Possible answers include:*
1. I fascisti adottarono all'inizio una politica di violenza ed intimidazione. Nel 1922 Mussolini ed un gruppo di fascisti fecero la marcia su Roma. Il re diede l'incarico a Mussolini di formare il nuovo governo.
2. All'inizio Mussolini si preoccupò soprattutto di ristabilire l'ordine, ma poi si trasformò in dittatore.
3. I partiti politici furono proibiti, escluso il partito nazionale fascista. Mussolini abolì il diritto allo sciopero ed i sindacati, ed instaurò la censura.

D. *Answers will vary. Possible answers include:*
1. Gli italiani erano profondamente delusi dal risultato della guerra.
2. Il governo era debole ed i partiti erano divisi ed incapaci di portare ordine nel Paese.
3. I contadini e gli ufficiali, tornati dalla guerra, trovarono una situazione molto difficile e cominciarono a ribellarsi.
4. L'inflazione era alta, gli stipendi degli ufficiali erano bassi, i contadini, tornati dalla guerra, trovarono la stessa miseria di prima.

Capitolo 11

I pronomi relativi

D. 1. che 2. ciò che 3. cui 4. quello che
5. che 6. quali 7. cui 8. cui 9. ciò che

Il discorso indiretto

A. 1. Paolo risponde che vorrebbe sapere cosa gli serve.
2. Franco dice che oggi ha bisogno del suo voto.
3. Paolo promette che potrà sempre contare su di lui.
4. Franco aggiunge che crede che gli servano anche i voti dei loro amici.
5. Paolo dice di fare loro quelle promesse. *or* Paolo dice che faccia loro quelle promesse.
6. Franco domanda se voteranno per lui.

B. 1. Ha detto che credeva che la giustizia dovesse essere uguale per tutti.
2. Ha giurato che avrebbe combattuto il crimine.
3. Ha detto che non aveva ricevuto soldi da nessuno.
4. Ha affermato di scrivergli pure tutti direttamente. *or* Ha affermato che gli scrivessero pure tutti direttamente.
5. Ha proclamato che quello era un momento storico.
6. Ha assicurato che non avrebbe fatto mai nulla di disonesto.

Comprensione auditiva

Prepariamoci ad ascoltare
A. *Answers will vary. Possible answers include:* 1, 5, 7, and 8.
B. *Answers will vary. Possible answers include:* La réclame fa la pubblicità di un libro. Usa il simbolo della Democrazia cristiana, ecc.
C. *Answers will vary. Possible answers include:* La vignetta si potrebbe riferire ai grandi partiti politici italiani che per tanti anni hanno dominato la scena politica del Paese.
D. 1 and 4
E. *Answers will vary. Possible answers include:* Stanno scomparendo i grandi partiti tradizionali che hanno dominato la scena politica italiana per tanto tempo.

Ascoltiamo

A. 1, 2, 3, 5, 7, 8, 12, 14

B. 1. F 2. F 3. V 4. F 5. V 6. V

C. 1. V 2. F 3. V 4. F 5. V

D. 1. V 2. F 3. V 4. F

E. 1. V 2. F 3. F 4. F 5. F 6. F 7. V
   8. V 9. V

Capitolo 12

Gli interrogativi

A. 1. Che cos'è?
   2. Dove l'hai comprato?
   3. Cosa c'è sulla scrivania? *or* Dove sono i libri?
   4. Quante lingue parli?
   5. Di chi è la nuova stampante? *or* Che cos'è?
   6. Quando torna Giorgio? *or* Chi torna domani?
   7. Quali giornali leggi? *or* Che cosa leggi?
   8. Chi ti ha appena telefonato?

C. 1. b 2. b 3. b 4. a 5. b 6. a 7. b

Comprensione auditiva

Prepariamoci ad ascoltare

A. *Answers will vary. Possible answers include:*

Negativi	Positivi
L'impiego pubblico offre poche soddisfazioni personali e di carriera.	L'impiego pubblico offre la sicurezza del posto di lavoro.

B. 1. X
   2. In Italia ci sono anche aziende pubbliche.
   3. X
   4. Lo Stato italiano impiega molti funzionari pubblici.
   5. X
   6. X
   7. L'Italia fa parte della Cee da molto tempo.
   8. X

C. *Answers will vary.*

Ascoltiamo

A. Grafico 1
   Francia: 13,6%; Germania: 9,6%; Italia: 12,6%; Regno Unito: 11,8%; Spagna: 10,8%; Cee (media): 11,8%

   Grafico 2

	Italia	Regno Unito	Francia	Germania
Scuola	100	121	93	124
Sanità	100	66	80	78
Ferrovie	100	63	87	67
Enti locali	100	89	80	92

Grafico 3

	1985	1989
Scuola	11	9
Poste	30	37
Trasporti urbani	10	11
Finanze	52	47

B. 1. V 2. V 3. V 4. F 5. V 6. V 7. F
   8. F 9. V 10. F

Capitolo 13

Gli aggettivi e i pronomi indefiniti

D. 1. molti 2. Qualcuno 3. tutti 4. Qualcuno
   5. Ciascuno 6. Certi 7. Alcune 8. tutti
   9. Chiunque 10. qualcosa

L'uso delle preposizioni

B. 1. di 2. a 3. di 4. di 5. di 6. di / di
   7. sui 8. circa 9. di 10. tra 11. alla
   12. sul

Preposizioni e congiunzioni

   1. Dopo 2. Prima che 3. Fino 4. Senza
   5. senza che 6. finché 7. senza

Comprensione auditiva

Prepariamoci ad ascoltare

A. *Answers will vary.*

B. *Answers will vary.*

C. *Answers will vary.*

D. *Answers will vary.*

E. *Answers will vary. Possible answers include:*
   Penso che gli immigrati trovino difficoltà di lingua, di cultura e di inserimento in una realtà diversa. Spesso incontrano anche incomprensione e razzismo.

F. *Answers will vary. Possible answers include:*
   1. Il campo in cui le aspettative degli immigrati sono state deluse di meno è quello della libertà e della democrazia.
   2. Le loro aspettative non sono state soddisfatte praticamente in nessun settore, soprattutto in campo economico.
   3. I rapporti con gli italiani non corrispondono alle aspettative degli immigrati, quindi evidentemente non sono buoni.

Ascoltiamo

A. Registrazione 1: Disegno A
   Registrazione 2: Disegno B

Registrazione 3: Disegno B
Registrazione 4: Disegno A
Registrazione 5: Disegno B
Registrazione 6: Disegno B
B. 1, 4
C. 2, 4, 5, 6
D. 1, 3, 4, 5
E. 1, 2
F. 1, 2, 4
G. 1. V   2. V   3. F   4. V   5. F   6. V
H. *Answers will vary. Possible answers include:*
Alcuni pensano che gli extracomunitari debbano avere gli stessi diritti degli italiani. Altri pensano che bisogna aiutare concretamente i Paesi del terzo mondo. Altri pensano che bisogna limitare severamente il numero degli immigrati perché in Italia non c'è lavoro per tutti.

Capitolo 14

Che, come e quanto in frasi esclamative

Answers will vary. Possible answers include:
1. Che bravi cantanti!
2. Che belle scene!
3. Come suona bene l'orchestra!
4. Quanto ha lavorato il regista!
5. Come è affascinante quest'opera!

Lasciare + infinito

E. 1. Non ha lasciato che io decidessi la sceneggiatura.
2. Non ha lasciato che io cambiassi i dialoghi.
3. Non ha lasciato che io modificassi la fine.
4. Non ha lasciato che io spendessi per un musicista.
5. Non ha mai lasciato che io mi riposassi.

I suffissi

A. 1. una casetta   2. un nasone   3. un ragazzaccio   4. un portone   5. una chiesina / una chiesetta   6. una parolaccia
B. 1. b   2. b   3. a   4. a   5. b   6. b   7. b   8. a   9. b   10. a

Comprensione auditiva

Prepariamoci ad ascoltare

A. 1. a. Notizie politiche
   b. Le previsioni metereologiche
   c. Le notizie del giorno
   d. Musica classica
   e. Sport

2. *Answers will vary. Possible answers include:*
   a. Appena sveglio ascolterei la trasmissione «Calendario musicale» sul terzo canale.
   b. In macchina ascolterei «I fatti e le opinioni».
   c. Il pomeriggio ascolterei «Concerti DOC».
   d. Dopo cena ascolterei le notizie «Ultime della notte».

B. *Answers will vary.*
C. 1. S   2. S   3. E   4. E   5. E   6. E   7. S   8. S
D. *Answers will vary. Possible answers include:*
Si possono ascoltare, per esempio, i risultati della Borsa delle principali città del mondo, e le notizie su eventuali licenziamenti o accordi importanti fra industrie diverse.
E. *Answers will vary. Possible answers include:*
1. Centro e isole
2. Nord
3. Nord
4. Centro e Sud

Ascoltiamo

A. 1. Reg. 3   2. Reg. 4   3. Reg. 1   4. Reg. 2
B. 1. *Answers will vary. Possible answers include:*
Siamo in inverno.
2. *Answers will vary. Possible answers include:*
Al Nord c'è la nebbia e la temperatura è in aumento. Al Centro è poco nuvoloso e la temperatura è in aumento. Al Sud aumenta la nuvolosità sul versante adriatico.
3. c, e
C. 1. a. Vergine / Ariete   b. Acquario   c. Ariete   d. Acquario   e. Ariete   f. Vergine
2. a. V   b. F   c. V   d. V   e. F   f. V
D. 1. c
2. a. stasera   b. Bologna alle ore 20,30   c. raccogliere... gravi
E. 1. c
2. a. V   b. F   c. V   d. V   e. F